서태호의 영화로 보는 삶 ❸

내 인생의 어느 멋진 날

서태호 지음

박영사

내 인생의 어느 멋진 날

잊힌 로맨틱한 사랑은,
영화 속에서 그 설렘을 찾는다!

◇ 굵은 비가 주룩주룩 내리는 날 우산에 마스크까지 쓰고 차를 타는데 빗물이 옷을 적시면 우울감이 밀려온다. 인생은 매일 해가 쨍쨍 비치는 날만 계속되지 않는다. 하지만 영화 <어느 멋진 날>에서 이혼 후 아이를 키우며 재미없게 살아가던 두 남녀가 우연히 만나 우여곡절 끝에 새로운 사랑을 키워가며 궂은 날씨 같은 삶에서 벗어나 사랑으로 가득 찬 멋진 날을 맞이하게 된다. 행복의 기준은 스스로가 어떻게 생각하느냐에 달렸지만 분명한 것은 자신에게 불행이 닥쳤을 때 헤쳐나갈 한 줄기 빛과 같은 사랑이 있어야 슬기롭게 탈출을 꿈

꿀 수 있다.

◇ 금성에서 온 외계인만큼이나 이해하기 힘든 여자의 마음을 얻고 싶다면?

<왓 위민 원트>에서 뜻밖의 감전 사고로 여자의 속마음을 읽게 된 남자는 경쟁자의 아이디어를 뺏어 성공하게 되지만 그녀를 사랑하게 되면서 '옳은 일을 하는데 늦은 것은 없어'라며 그녀에게 찾아가 진정한 사과를 하고 멋진 사랑을 얻게 되듯이 우리는 진정성과 용기만이 삶을 아름답고 행복하게 만들어 준다는 것을 배우게 된다.

◇ 찬란한 사랑도 항상 행복한 결말을 맺지는 못한다. 영화 <애수>에서 전쟁이라는 극한 상황에서 운명적으로 사랑하게 된 남녀는 전쟁이라는 비참한 환경 속에서 애절한 이별을 하게 되고 이런 상처를 갖게 된 남자는 오랫동안 사랑의 상처 속에서 살아가게 된다. 순수한 사랑의 추억을 간직한 삶만으로도 현재를 더욱 의미 있게 살아가는 길을 찾고, 복잡한 계산이 앞서는 현실에서 가보지 않은 길을 밝혀줄 수 있는 빛은, 인류 상상력의 보물창고인 영화이다.

◇ 한경닷컴에 연재했던 칼럼 <서태호의 영화로 보는 삶>을 '로맨틱 러브, 사랑의 슬픔, 감동의 순간, 환상의 나라'의 4개 카테고리 53개의 영화를 입체적으로 해석하여 책으로 발간하게 되었다.

◇ 영화 <언제나 마음은 태양>에서 어둠 속에 있던 아이들에게 희망의 빛인 '사랑, 용기, 소통, 리더십, 행복, 성공, 자유'가 가득 담긴 이야기를 통해 열정 리더가 만들어내는 부활의 길을 발견할 수 있을 것이다.

◇ ≪서태호의 영화로 보는 삶3≫에서 실연의 아픔을 치유하고 로맨틱한 러브를 꿈꿀 수 있는 <중경삼림>을, 순수하고 슬픈 사랑을 통해 너무나도 가벼워진 사랑의 의미를 찾을 수 있는 <부베의 연

4

인>, 따뜻한 마끼아또 커피의 달콤함과 감동을 느낄 수 있는 <아이엠 샘>, 인간애와 자연의 생동감을 선물한 빈센트의 별밤이 담긴 <러빙 빈센트>에서 환상의 영감을 얻을 수 있을 것이다.

◇ 영화 <미드나잇 인 파리>의 주인공 극작가는 자신이 갈망하던 문학과 예술의 황금기로 시간 여행을 떠나 전설적인 인물들과 교류하며 큰 감동과 설렘을 느끼지만, '과연 동경하던 과거로 돌아가면 모든 것이 나아질까'라는 자문을 하게 되면서, 결국 인생은 스스로가 만들고 살아가면서 가치를 완성해 나간다는 것을 깨닫고 실천해 나가게 된다. 현대인들은 주어진 환경 속에서 다람쥐 쳇바퀴처럼 달려가고 있지만, 영화 속 주인공처럼 자기 삶의 방식을 성찰하며 조금씩 삶의 가치와 행복의 방식을 자신의 것으로 바꾸어 나가는 시도가 필요하다. 인생은 한 번 밖에 살 수 없기에 기쁨과 행복, 설렘 가득한 낭만적 사랑을 추구하는 길을 주도적으로 찾아 나서야 한다.

◇ 영화 이야기를 쓰는 데 혜안을 충전해 준 '장애령 님'께 감사의 마음을 전한다.

차 례

2부 사랑의 슬픔

3부 감동의 순간

4부 환상의 나라

#잊힌 로맨틱한 사랑은,
  영화 속에서 그 설렘을 찾는다!

제1부
___

로맨틱 러브

01

사랑의 마법에 잠 못 이루는 밤!

시애틀의 잠 못 이루는 밤Sleepless In Seattle, 1993

프롤로그
—

"Fall in Love" 사랑에 빠진다는 동화적인 표현은 이제 더 이상 현실사회에서는 존재하지 않는 소설 같은 것인가? 영화 <시애틀의 잠 못 이루는 밤Sleepless In Seattle, 1993>은 사랑에 빠져 느끼는 설렘의 묘한 마법 같은 시간을 그대로 보여준다. 특히 컬틱한 (Cultic: 종교적 숭배의 열광적 지지받는) '시애틀'과 화려한 '뉴욕'이라는 공간적 배경을 오버크로스하며 시각적 묘미를 더  해 주고, 감성적인 배경음악 "When I Fall in Love, Stand by your man, A kiss to build a dream on"으로 우리가 첫사랑에 빠져 잠 못 이루고 설레던 그 시간으로 데려다준다.

[시애틀: 미국 북서부 최대 도시이자 워싱턴주 중부의 도시로, 빌딩 사이사이 풍성한 녹지와 쾌적한 시설, 아마존 등 IT직업군들의 지적인 인구 구성, 국경 너머 밴쿠버와의 교류로, 1971년 문을 연 스타벅스 1호점과, 책 <펄떡이는 물고기처럼FISH!)>으로 유명한 생선가게 파이크 플레이스 마켓Pike Place Market, 맨인블랙이 살고 있을법한 스페이스 니들Space Needle이 있다.]

● 영화 줄거리 요약

아내 매기를 암으로 떠나보낸 '샘(톰 행크스 분)'은 "매일 억지로 일어나 숨을 쉬며 살아야 할 정도로" 깊은 슬픔에서 벗어나기 위해 아들 '조나(로스 맬링거 분)'와 함께 보스톤을 떠나 시애틀의 선상가옥으로 이사한다. 한편, 완벽한 남친 '월터(빌 풀만 분)'와의 결혼을 앞둔 신문기자 '애니(맥 라이언 분)'는 가족들에게 남자친구를 소개하고 집으로 돌아오는 길이었다. 우연히 새엄마가 필요하다는 깜찍한 사연을 심야 라디오 고민상담방송에 보낸 '조나'와 아내와의 행복했던 추억을 잊지 못하는 '샘'의 이야기를 듣게 된다. 방송 이후 폭발적인 인기와 함께 '잠 못 이

14

루는 시애틀 씨'라는 애칭을 얻게 된 '샘'. 그의 진심 어린 사연에 푹 빠진 '애니'는 그가 자신의 운명적 사랑이라는 강렬한 이끌림을 느끼게 되고 결국 '샘'과 '조나'를 만나기 위해
볼티모어에서 시애틀로 향하게 되지만 그곳에서 샘을 위로하기 위해 온 친구의 부인을 여친으로 오해하고 볼티모어로 되돌아간다. 그러나 약속한 밸런타인데이에 약혼자에게 파혼을 전한 후 자신의 운명적 사랑이 기다리는 엠파이어스테이트빌딩으로 찾아가서 샘의 손을 잡게 된다.

● 관전 포인트

A. 이 영화를 복고풍으로 보는 이유는?

　지금은 없어진 마법같은 사랑을 믿는 두 주인공의 사랑을 이어주는 가교 역할을 하는 것이 현대 첨단을 걷는 컴퓨터나 텔레비전이 아닌 라디오 라는 점, 그리고 영화 전편에 흐르는 고전 팝송 때문이다. 덕분에 바쁘게 돌아가는 현실에서 잠시나마 벗어나 이 영화를 보는 시간만큼은 편안한 여유를 가지고 감상할 수 있다.

B. 영화 속 아름다운 배경 음악들은?

　미국 컨트리 음악계의 퍼스트레이디 '테미 와이넷Tammy Wynette'의 'Stand by your man'. 그리고 셀린 디온과 클리프 그리핀Celine Dion & Clive Griffin이 부른 [When I fall in love: When I fall in love it will be forever/Or I'll never fall in love/In a restless world like this is/Love is ended before it's begun/And too many moonlight kisses/Seem to cool in the warmth of the sun(내가 사랑에 빠지는 순간 그 사랑은 영원할 거예요. 그렇지 않는다면 내가 사랑에 빠지는 일은 결코 없을 거예요. 이처럼 안전하지 못한 세상에서는 사랑은 시작도 되기 전에 끝나버리곤 하지요, 수많은 달빛 아래 입맞춤들이 태양의 따스함 속에서 차갑게 식는 것처럼) When I give heart it will be completely/Or I'll never give my heart/And the moment I can feel that you feel that way too/Is when I fall in love with you(내가 마음을 드릴 때는 내 마음 전부를 드리는 거예요. 그렇지 않다면 결코 난 내 마음을 드리지 않을 거예요. 당신 마음과 제 마음이 통했다고 느끼는 순간 제가 당신과 사랑에 빠지게 되는 순간이죠) And the moment I can feel that you feel that way too/Is when I'll fall in love with you/I love you(내가 느끼는 것과 마찬가지로 당신도 느끼는 순간, 그 순간이 바로 사랑에 빠지는 순간인 거죠. 내가 사랑에 빠지는 순간 당신과 사랑에 빠지는 순간인 거죠. 당신을 사랑합니다)]

C. 심야 라디오 방송을 들은 청취자들의 마음을 울린 요소는?

꼬마는 심야 라디오 방송에 전화 연결을 하여 "나는 엄마가 없어요"라고 심금을 울리고, 급기야 아버지가 라디오 방송을 타도록 계획을 추진하여, 샘의 목소리가 전국으로 퍼져 나간다. 불특정 다수의 여성이 그 목소리를 듣게 되고, 사람의 마음을 울리게 된다. 또한 화려해야 할 크리스마스에 어두컴컴한 거실에 앉아 있던 샘과 조니, 그리고 심야 라디오 방송, 딱한 샘의 처지, 이 모든 것이 청취자들을 움직였고, 애니도 한밤에 운전을 하던 중 방송을 듣고 강한 끌림을 느끼게 된다. 애니는 급기야 컴퓨터로 그 남자의 신원을 추적하기에 이르고, 비행기를 타고 먼 거리를 거쳐 시애틀로 직접 가지만 샘의 곁에 있는 어떤 여인 때문에 길가에서 "Hello"라는 말만을 남겨둔 채 다시 돌아간다.

16

D. 애니가 약혼자에게 파혼을 통보하는 장면은?

운명적 사랑에 끌린 애니는 약혼자에게 "나 당신과 결혼 하지 못하 겠어요. 그럴 자격이 없는 여자예요"라고 통보하자, 약혼자도 자신도 대역으로 살 수는 없다며, 애니의 마음을 이해하고 받아준다. 어떤 낯 선 남자에게 이끌려 결혼 상대를 버리고 간다는 설정은 어찌 보면 어 이없기까지 하지만, 그만큼 우리는 현실에 길들여져있기 때문일지도 모른다. 들떠 있는 애니에게 친구는 "넌 영화를 너무 많이 봤어"라고 충고하지만, 애니는 운명적 만남을 위해 밸런타인데이에 빨간 하트가 반짝이고 있는 엠파이어 스테이트 빌딩으로 향하게 된다.

E. 두 사람의 운명적 만남은 어떻게 이루어지나?

애니가 보낸 진심과 운명이 담긴 편지는 수많은 여성 청취자들이 보낸 편지 속에서 샘의 어린 아들 조나에게 먼저 전달된다. 밸런타인 데이, 조나는 아빠 몰래 편지에 쓰인 대로 애니를 만나기 위해 미국의 서부 맨 끝에 있는 시애틀에서 동부 끝 뉴욕의 엠파이어스테이트빌딩 까지 혼자 26개 주를 횡단하는 비행기를 타고 떠나자 샘도 아들을 찾 아 뉴욕으로 날아오고 운명처럼 애니의 손을 잡는다. (라디오 방송에서 샘은 사별한 부인과의 만남에서 "차에서 내리는 그녀의 손을 잡았을 때 난 알았어요. 그건 마법이었어요"라며 손을 잡는 것이 견고한 사랑을 예상케 한다)

F. 로맨틱 코미디로 히트한 작품들은?
◇ 러브 어페어(An affair to remember, 1957: 캐리 그랜트, 데보라 카 주연)
◇ 해리가 샐리를 만났을 때(When Harry Met Sally, 1989)
◇ 러브 어페어(Love Affair, 1994: 워렌 비티, 아네트 베인 주연)
◇ 내 남자친구의 결혼식(My Best Friend's Wedding, 1997)
◇ 유브 갓 메일(You've got mail, 1998)

◇ 노팅힐(Notting Hill, 1999)

◇ 브리짓 존스의 일기(Bridget Jones's Diary, 2001)

◇ 사랑할 때 버려야 할 아까운 것들(Somethings gotta give, 2003)

◇ 그 여자 작사 그 남자 작곡(Music & LYRICS, 2007)

에필로그
—

오늘을 사는 현대인들은 낭만 바이러스 결핍으로 메마른 삶을 살아가고 있다. 그래서 이 영화는 다소 비현실적이지만 낭만 바이러스를 배양하는 데는 큰 도움이 될 것이다. 사랑은 환상적인 설렘과 반짝이는 기쁨으로 가득한 것이니까. 오늘 스마트폰을 잠시 꺼놓고, 라디오 속에서 흘러나오는 아름다운, 그리고 때로는 슬픈 이야기를 들으면서 운명적인 사랑과 따뜻한 우정이 살아 숨 쉬는 시간을 그려보자.

[엠파이어 스테이트 빌딩Empire State Building: 뉴욕 맨해튼 34번가, 높이 381m, 102층으로 1931.5.1 개관한 미국의 대표적인 랜드마크 건물로 모더니스트 아르데코풍(공업적 생산 방식을 미술과 결합시켜 기능적이고

18

고전적인 직선미를 추구) 디자인을 보여주는 최상의 예이다. 밤이 되면 색깔 있는 투광 조명이 건물 꼭대기를 환히 밝히며 시각적 효과를 드높인다. 86층의 전망대는 <러브 어페어>, <킹콩> 등 영화에서 로맨틱한 장소로 활용되었다.

02

사랑의 벤치를 점령하라!

노팅힐Notting Hill, 1999

프롤로그

—

최근 일본 NHK 방송국에서 전설적 가수였던 '미소라 히바리'를 AI 형태로 만들어 신곡을 발표하여 많은 팬이 눈물을 흘리는 감동을 자아 내었다. 죽은 사람도 그리워하는데 현실에서는 넘지 못할 사랑의 장벽 은 없다. 우리는 평범한 사람과 유명한 사람의 사랑 이야기에 관심이 크다. 그 이유는 그런 관계가 현실적으로 이루어지기 힘들기 때문이기 도 하고 살아온 가치관이 크게 달라 좋은 관계로 이어지기가 어렵다고

판단하기 때문이다. 하지만
사랑은 그런 장벽을 뛰어넘
는 힘을 가지고 있다. 영화
<노팅힐Notting Hill, 1999>
에서도 할리우드의 유명 여
배우와 평범한 런던 교외 마

을 책방 주인과의 현실의 벽을 넘는 사랑은 더욱 숭고하고 아름다워
보였다. 연인을 AI를 통해 그리워 하기 전에 지금 그 사람을 만나서
사랑하라!

● 영화 줄거리 요약

웃는 모습이 멋진 이혼남 '윌리엄 태커(휴 그랜트 분)'는 영국 노팅힐
에서 여행 관련 서적을 판매하는 책방 경영인이다. 그는 예술가를 지
망하는 괴팍한 친구 '스파이크(리스 이 판 분)'와 동거하고 있다. 어느 날,
세계적으로 유명한 할리우드 여배우 '애나 스콧(줄리아 로버츠 분)'이 런
던 여행 중 여행책을 구매하러 윌리엄의 책방에 들어오면서 인연은 시
작된다.

얼마 후 둘은 다시 길거리에서 우연히 부딪혀 들고 있던 오렌지 주
스를 쏟게 되는데, 윌리엄은 애나가 옷을 갈아입을 수 있게 맞은편에
있는 자신의 집으로 데려간다. 옷을 갈아입은 애나는 윌리엄의 친절함
에 반해 키스하고 서로의 매력에 빠져든다. 며칠 후, 윌리엄은 친구
스파이크에게 자신에게 걸려온 전화가 없는지 물어본다. 스파이크는
윌리엄에게 걸려온 전화 내용을 정확하게 기억하지 못하지만, "애나라
는 어떤 미국 여자애"가 며칠 전에 자신에게 전화해 달라며 전화했다
고 말한다. 애나는 익명으로 리츠 호텔에서 지냈고, 윌리엄에게 방문

해 달라고 요청한 것이다. 윌리엄이 도착했을 때, 애나는 기자 회견 중이었고 당황한 윌리엄은 놓여있는 '말과 사냥개' 잡지를 보고 그 회사의 기자 행세를 한다. 윌리엄은 비록 자신이 애나의 새로운 영화 <헬릭스>를 감상하지는 못했지만, 모든 출연 배우와 인터뷰를 하는 웃지 못할 해프닝을 벌인다. 마침내, 윌리엄은 애나와 대화를 나누는 순서가 되고, 자신의 여동생 '허니'의 생일파티에 초대하게 된다. 애나는 맥스 부부 등 윌리엄의 따뜻한 친구들에 둘러싸여 행복한 시간을 보내게 된다.

어느 날 애나는 윌리엄을 호텔 방으로 초대하지만, 마침 애나의 남자친구가 도착해 있는 것을 보게 된다. 애나는 그들이 깨진 사이라고 강조했지만, 윌리엄은 살아온 환경이 너무 다른 그녀를 떠나기로 한다. 그러던 어느 날, 애나는 윌리엄의 집을 찾아 잠시 피신을 요청한다. 애나의 사적인 누드 사진이 언론에 유출되어서 도피할 장소가 필요했다. 그 일을 계기로 그들은 다시 만나기 시작했고, 윌리엄은 애나가 새로운 영화의 대본을 익히도록 돕는다. 그러나 아침이 되어서, 윌리엄은 현관에 도착해 있는 많은 기자를 보고 혼란에 빠진다. 왜냐하면, 친구 스파이크가 술집에서 애나가 머무르는 장소를 부주의하게 발설했기 때문이다. 애나는 급하게 떠났고, 윌리엄은 다시 그녀의 모든 것을 잊어버리기로 한다.

그 후, 애나는 <헨리 제임스>라는 영화를 촬영하기 위해서 영국으로 돌아오고, 윌리엄은 애나를 그리워하게 된다. 애나는 윌리엄을 영화 촬영장으로 초대했고 윌리엄은 애나가 바쁘게 연기하는 동안에 음성녹화를 듣게 된다. 그러나 애나가 동료 배우에게 자신을 "단지 예전에 알던 친구"라고 가볍게 말하는 것을 우연히 듣게 되고, 녹화장을 떠난다. 며칠 후, 애나는 다시 책방을 방문하여 진지한 구애를 한다. 그러나, 윌리엄은 다시 상처를 받고 싶지 않아 그녀의 제안을 거절한다. 하지만, 윌리엄은 자신의 결정에 대하여 친구들과 상의했고, 일생에 있어서 가장 큰 실수를 저지른 것을 깨닫게 된다. 윌리엄과 친구들은 맥스의 차에 탑승해서 애나를 찾으러,

런던을 가로질러 주행한다. 윌리엄은 미국으로 떠나기 전에 열린 애나의 기자회견실에 도착했고, 자신과 같이 영국에 머물러 달라고 부탁하면서 애나의 마음을 얻는 데 성공한다.

● 관전 포인트

A. 할리우드의 톱 여배우가 시골의 책방주인을 사랑한 배경은?

일거수일투족이 대중들에게 노출되어 살던 여배우 애나는, 한 남자의 여인으로 사랑받으며 살고 싶다는 생각이 깊어간다. 그러다 시골의 순수하고 착하며 자신만을 사랑해주는 윌리엄이라는 남자를 만나 사랑을 느끼게 된다. 또한 윌리엄의 절친 맥스의 부인 벨라가 교통사고로 하반신 불구임에도 끔찍이도 사랑하는 것을 보면서 아름다운 사람들 속에 사는 평범한 윌리엄이 더욱 보기 좋았고 자신도 그런 사람들과 같이 살아가고 싶어했다. 자신의 사랑에 망설이는 윌리엄에게 애나는 "Don't forget I'm just a girl standing in front of a boy asking him to love her(나는 단지 한 남자 앞에 서서 사랑을 얻고 싶은 한 여자라는 것을 잊지 마세요)"라는 대사가 인상적이다.

B. 애나가 힘든 일을 겪을 때 윌리엄을 찾아온 이유는?

애나가 무명 시절 찍었던 자신의 사적인 누드사진이 언론에 공개된다. 그녀는 당황하고 힘든 상황에서 자신의 얘기를 진지하게 들어주고 이해해주며 진심으로 위로와 배려를 해주는 유일한 사람인 윌리엄이 생각나게 된다. 이윽고 그의 집을 찾아가게 되었고 윌리엄은 지극 정성으로 그녀를 보살핀다.

C. 영화에 등장하는 중요한 소품과 음악은?

◇ 애나는 윌리엄의 집에서 인쇄된 화가 마르크 샤갈의 <신부La Mariee>를 보게 된 후 나중에 윌리엄을 기쁘게 해주기 위해 진품을 윌리엄에게 선물한다.

◇ 음악은 '트레버 존스'가 작곡하고 영국의 싱어송라이터 '엘비스 코스텔로'가 노래한 <She>로 여신을 사랑하는 평범한 남자의 로맨스에 어울리는 감미롭고도 아름다운 선율로 큰 인기를 끌었다.

[She may be the face I can't forget/a trace of pleasure or regret/may be my treasure or the price I have to pay(그녀는 내게 잊지 못할 얼굴일 수도 있어요/즐거움의 흔적, 아니면 후회의 흔적일 수도 있어요/내 보물일 수도 있고, 내가 치러야 할 대가일 수도 있어요) She may be the song that summer sings/may be the chill that autumn brings/may be a hundred different things within the measure of a day(그녀는 여름이 부르는 노래일 수도 있고/가을에 오는 서늘함일 수도 있어요/하루를 지내며 겪는 수백 가지의 것들일 수도 있어요) She may be the beauty or the beast/may be the famine or the feast/may turn each day into a heaven or a hell(그녀는 미녀이거나 야수일 수도 있고/굶주림 일수도, 축제일 수도 있고/천국이 될 수도, 지옥이 될 수도 있죠) She may be the mirror of my dreams/a smile reflected in a stream/She may not be what she may seem inside her shell/She who always seems so happy in a crowd/whose eyes can be so private and so proud/no one's allowed to see them when they cry(그녀는 내 꿈의 거울일 수도 있어요/시냇물에 비치는 미소일 수도 있고요/그녀의 내면은 겉모습과는 다를 수 있어요/사람들 속에서는 항상 행복해 보이는 그녀는 눈이 비밀스럽고 자신감이 넘쳐요/아무도 그녀가 우는 것을 볼 수 없죠) She may be the love that cannot hope to last/may come to me from shadows of the past/that I'll remember till the day I die/She maybe the reason I survive/The why and wherefore I'm alive/The one I'll care for through the rough and rainy years(그녀는 영원하길 바랄 수 없는 사랑일 수도 있고/과거의 그림자로부터 나에게 올 수도 있어요/내가 죽는 날까지 기억할 나의 과거요/그녀는 내가 살아가려는 이유일 수도/내가 살아있는 이유며 까닭일 수도/험난한 날들에 내가 돌보아 줄 사람일 수도 있어요) Me, I'll take her laughter and her tears And make them all my souvenirs/And where she goes I've got to be/The meaning of my life is She(난 그녀의 웃음과 눈물을 가져다가 내 기념품으로 삼겠어요/그녀가 가는 곳이 바로 내가 가는 곳이기 때문이죠/내 삶을 의미, 바로 그녀예요)]

D. 영화에서 유머 있는 장면은?

◇ 스파이크가 윌리엄의 안경을 소파에서 깔고 앉아 망가져버리는 바람에 윌리엄은 애나와의 영화 데이트에 도수가 있는 잠수부 안경을 끼고 보게 되는 장면

◇ 윌리엄의 집으로 기자들이 몰려온 위기상황에서도, 윌리엄의 괴짜 친구 스파이크는 속옷 차림으로 기자들 앞에서 자신의 못생긴 몸매를 과시하던 장면

◇ 애나가 영국을 떠나기 전 마지막 기자회견장에 윌리엄을 응원하기 위해 친구들이 모두 같이 차에 타고 단체로 호텔로 가는 장면
◇ 기자회견장에서 어렵게 사랑의 승낙을 받아내자 모인 모든 친구가 감동에 겨워 옆의 파트너와 강렬하게 키스를 하는 모습

E. 윌리엄 동생의 생일파티에서 브라우니 게임은?

식사 후 "가장 불쌍한 사람에게 브라우니 디저트가 돌아가는 게임"이 벌어지는데, 애나는 세계 최고의 여배우임에도 다이어트로 맛있는 음식도 못 먹고 사생활까지 언론에 노출되는 자신의 고충을 솔직히 이야기하여 브라우니를 차지하게 된다. 어쩌면 가장 아픈 부분조차 이렇게 소중한 친구들끼리 부담 없이 털어놓을 수 있는 자리가 있기에, 그들의 삶이 조금은 더 유쾌해 보이는 것일지도 모른다는 생각이 든다.

F. 영화에서 미국 남자와 영국 남자를 보는 시각은?

애나의 미국 남친(알렉 볼드윈 분)은 다소 무례해 보이는 마초 남으로 나오는 반면 영국 남자인 윌리엄은 순수하고 배려 깊은 신사로 묘사된다. 영화 <러브 액츄얼리 Love Actually, 2003>에서도 미국 대통령이 영국 총리(휴 그랜트 분)의 비서 겸 애인에게 추근대는 장면을 넣어 무례한 이미지를 보여준 것도 비슷한 설정으로 보인다.

에필로그

애나와 윌리엄이 시내의 식당에서 데이트를 하던 중 옆자리에 앉았던 꼰대들이 "여배우는 창녀나 마찬가지라고" 비하하자 윌리엄은 그들에게 다가가서 "그녀는 좀 더 대접을 해줘야 한다고 생각한다면서, 당신 같은 멍청이들이 함부로 얘기하면 안 된다"고 일침을 가한다. 그들과 싸움이 나려고 하자, 애나는 "그냥 애교 있는 농담이었을 거예요"라며 말리면서 "당신들 물건은 분명 땅콩만 할 거예요. 저녁들 맛있게 드세요"라며 한 방을 먹인다. 이렇듯 사랑하는 사람이 곤경에 처했을 때 용기를 내는 마음이 있었기에 서로 다른 세상의 장벽들을 극복하고 사랑에 성공했을 것이다. 엔딩씬에서 애나와 윌리엄은 아름다운 글귀가 새겨진(For June who loved this garden from Joseph who always sat beside her 사랑하는 그녀의 곁에서 언제나 같이했던 나)노팅힐 공원의 벤치에 같이 앉아 조용하고 행복한 일상을 보낸다. 우리가 가지고 있는 현재의 작은 것들이 무척이나 감사하고 소중하다는 것을 느끼게 된다. 항상 소음 가득한 베벌리 힐스 분위기의 화려한 카페에서 잠시 벗어나, 집 근처 조용한 공원 벤치에서 사랑하는 사람과 음악을 듣거나 책을 읽으며 평화로운 시간을 가져보길 기원한다.

27

03

잊지 못할 로마에서의 하룻밤!

로마의 휴일Rome Holiday, 1953

프롤로그

—

　　영화 <로마의 휴일Rome Holiday, 1953>에서 앤 공주(오드리 헵번 분)는 예정되어 있지 않은 일탈의 여행길에서 전혀 생각지 못했던 순수하고 애틋한 사랑을 만나게 된다. 그 계기로 자신의 현주소를 되찾고 삶의 행보를 결정할 수 있게 된다. 여행은 이렇듯 책이나 남의 이야기로 깨우칠 수 없는 삶을 손수 체험하는 찬란하고 의미 있는 과정이다. 지금 자신이 있는 곳에서, 삶의 방향을 잡지 못해 고민하고 있다면 여행을 떠나보라. 여행길에서 문제의 해답을 발견하고, 인생에서 어떤 길로 가야 하는지 좌표를 선명하게 찾아볼 수 있을 것이다.

● 영화 줄거리 요약

유럽 어느 왕국의 공주인 '앤(오드리 헵번 분)'은 유럽 각국을 친선 순방 중에 로마를 방문하게 된다. 그녀는 왕실의 엄격한 규율과 꽉 짜인 일정에 지친 상태이고 잠시도 혼자만의 시간을 가질 수 없음에 힘들어한다. 바쁜 스케줄에 시달린 공주는 의사의 권유로 안정제를 먹고 침대에 눕지만 오랜만에 느껴보는 자유로운 해방감에 잠이 오지 않는다. 앤 공주는 창밖을 보다 충동적으로 로마의 거리에 나가보고 싶은 마음이 들어 잠자리에 드는 척하고는 평상복을 입고 몰래 대사관저를 빠져나와 로마의 밤거리로 향한다.

생전 처음 맛보는 자유로운 해방감에 그녀는 신이 나서 거리를 쏘다니다가 몇 시간 전에 먹은 안정제의 약효로 광장에 있는 벤치에 쓰러져 그만 잠에 빠져든다. 마침 그곳을 지나던 미국 '아메리카 뉴스'에서 파견된 로마 특파원 신문기자 '조 브래들리(그레고리 펙 분)'가 그녀를 발견하고 그냥 내버려 두고 갈 수 없어 자기 하숙집으로 데려가 보호해준다. 다음 날 아침 조는 신문사에 출근해서 비로소 그 아가씨가 자신이 찾던 특종감임을 알고 부랴부랴 동료 사진기자 '어빙(에디 앨버트 분)'을 불러 앤 공주의 뒤를 몰래 따른다. 앤 공주는 낯선 풍경에 놀라

기도 하지만, 로마 시내를 본격적으로 구경하기로 마음을 먹는다.

우연히 만난 조에게 돈을 빌려 가까운 미용실에 들어가서 긴 머리를 숏 커트해 버리고, 스페인 광장에 앉아 젤라토 아이스크림도 사 먹는다. 우연을 가장으로 길거리에서 만난 조와 그의 친구 어빙은 앤 공주에게 로마 안내를 빌미로 소형카메라로 앤 공주의 일거수일투족을 몰래 촬영한다. 앤 공주는 조의 신사답고도 부드러운 매너에 호감을 느끼게 되고 조도 아름답고 순수한 앤 공주에게 사랑을 느끼게 된다. 앤은 처음으로 담배를 피워보기도 하고, 조가 모는 모터사이클의 뒷좌석에 앉아 로마 시내를 구경하기도 한다. 급기야 과속으로 경찰에게 붙잡히자 조의 허리를 껴안으며 "결혼식을 하러 가는 거예요"라며 능청스럽게 거짓말도 한다.

그날 밤, 테베르 강변의 선상 무도회에 간 두 사람은 본국에서 파견된 비밀 첩보원들에게 발견되어 대소동이 일어나고, 물속으로 뛰어들어 간신히 추격을 피한다. 그 과정에서 두 사람은 뜨거운 키스로 서로의 사랑을 확인하게 되지만, 결국 뜻하지 않은 여정을 통해 자신의 위치를 깨닫게 된 앤 공주는 아쉬운 작별의 키스를 하고 무지개빛 추억을 간직한 채 대사관저로 돌아간다. 다음날, 귀국하기 전 앤 공주의 기자 회견장에서 다시 만나게 된 조는 로마에서의 추억이 듬뿍 담긴 사진을 앤에게 전해주면서, 사랑이 가득 담긴 눈길만을 주고받으며, 그녀를 보내주게 된다. 그녀가 떠난 후 텅 빈 기자회견장을 마지막으로 쓸쓸히 걸어 나오는 조의 허망한 눈빛은 오랫동안 관객들에게 애잔한 감동을 준다.

A. 앤 공주가 로마 숙소에서 빠져나온 이유는?

사생활이 전혀 없이 모든 시간이 공식적인 일정에 의해 움직이던 공주는 신경쇠약에 걸려 안정제를 먹어야 잠을 잘 수 있을 지경이고, 결혼도 왕이 정한 상대국의 왕자와 결혼해야만 하는 가련한 신세이다. 이때 창밖으로 보이는 로마의 야경은 그녀를 설레게 했고, 주치의가 말한 "스트레스 관리의 최선책은 잠시라도 하고 싶은 걸 하는 것"이라는 말을 떠올린다. 꿈많은 아가씨의 호기심을 안고, 대사관에 식자재를 운반하던 트럭에 숨어 밖으로 탈출하게 된다. 우연히 만난 조는 공주에게 "어차피 늦었으니 몇 시간만 내서 로마를 구경시켜주겠다"고 하니 앤 공주는 기다렸다는 듯이 "상상도 못 하실 거예요. 온종일 좋아하는 것만 하고 싶어요"라고 좋아한다.

B. 미국 신문 기자 조의 최초 목적은?

우연히 길거리에서 만난 앤 공주의 탈출 사건은 자신과 신문사에 큰 특종을 안겨줄 것이 확실했기에, 동료인 사진기자 어빙과 소형카메라(라이터 모양)를 준비하여 몰카 수준의 많은 사진을 촬영했지만, 앤 공주와의 추억이 쌓일수록 그녀의 순수한 매력에 빠져 결국 특종 사진 보도를 포기하고 그녀를 제자리로 돌아갈 수 있게 선의를 베풀게 된다.

C. 앤 공주가 조를 사랑했다는 증거는?

궁으로 돌아온 공주의 무책임한 행동을 훈계하는 대신들에게 앤은 "가족과 조국에 대한 의무를 잊고 있었다면 오늘 밤 돌아오지도 않았을 거예요, 영원히"라며 사랑을 포기하고 공인으로서 책임을 다하기 위해 돌아온 자신의 힘들었던 갈등을 얘기한다. 앤 공주는 마지막 기자회견장에서, 한 기자가 "어떤 도시가 가장 기억에 남느냐?"라는 질문에 단호하게 "로마! 제가 살아있는 한 이곳의 방문을 기억하겠습니다"라고 대답한다. 그것은 로마가 '조 브래들리'와의 애틋한 사랑의 추억이 서린 곳이기 때문이다.

D. 아카데미 여우주연상을 받은 오드리 헵번의 명장면들은?

◇ 앤 공주는 조와 거리를 걷다가 멜론을 사고도 주인에게 돈 대신 악수를 하며 몸에 밴 고품격 공주의 일상을 보인다.

◇ 트레비 분수 앞 진실의 입Mouth of Truth에서 조가 거짓말을 하면 손을 물어버린다고 하면서 앤 공주에게 손을 넣어보라고 한다. 앤 공주는 처음에는 두려워 넣지 못하다가 조가 자신의 손을 넣어 마치 손이 빨려 들어가는 것 같은 연기를 하자, 놀라서 조를 끌어당긴다. 그 이후 조의 행동이 농담인 줄 알고는 힘차게 포옹한다.

◇ 선상 무도회에서 벌어진 패싸움에서 악단의 기타로 상대방의 머리를 내리치는 등 우아한 공주와는 어울리지 않는 귀여운 여인의 모습을 연출한다.

E. 영화의 마지막 장면처럼 애절한 이별이 연상되는 영화는?

앤 공주는 고개를 돌려 다시 한번, 영원히 만날 수 없을 연인 '조 브래들리'를 향해 그윽하게 쳐다보고는 기자회견장을 떠난다. 오랫동안 그 모습을 보며 서 있다가 마지막 기자회견장

32

을 쓸쓸히 걸어 나오는 '조'를 보면서, 헤밍웨이 원작 영화 <무기여 잘 있거라A Farewell to arms, 1957>의 마지막 장면에서 주인공 군의관(록 허드슨 분)이 잔혹한 1차 세계대전 중 이탈리아 전선에서 사랑했던 여인 '제니퍼 존스'가 아기를 낳다 죽자, 쓸쓸히 병실을 걸어 나오던 모습이 오버랩된다.

에필로그

—

앤 공주는 뜻하지 않은 로마에서의 여행에서, 태어나서 처음으로 보통 사람의 자유를 만끽하고 조와의 순수한 사랑도 경험하면서 행복한 시간을 보낸다. 하지만 결국 그녀는 그런 시간을 통해 자신이 한 나라의 공주이고 국익을 위한 역할이 있기에 공인으로 돌아가야만 한다는 책임감을 선택하고, 애틋한 사랑을 포기하고 궁으로 돌아가게 된다. 짧은 여정에서 그녀는 무척이나 성숙해졌고, 자신의 인생을 어떻게 살아가야 할지 해답을 얻은 것이다. 인생을 살면서 방황하고 갈등하고 있다면 여행을 떠나보라. 새로운 관점과 철학으로 지혜로운 인생의 방향을 찾을 수 있을 것이다.

04
손편지 전성시대

레터스 투 줄리엣Letter to Juliet, 2010

프롤로그

SNS 시대를 사는 우리는 마치 영화 <매트릭스The Matrix, 1999> 속의 AI 들이 통제하는 가상현실 프로그램 속의 삶처럼, 모든 사랑의 소통을 문자로 주고받고 있고 감정의 표시는 판에 박힌 이모티콘을 이용하여 자신의 아바타처럼 교감하고 있다. 그러다 보니 너무나도 찰나적이고 규격화된 생각과 감각이 반영되어 깊이 있는 대화나 설레는 감성을 교류하기는 어려워졌다. 영화 <레터스 투 줄리엣Letter to Juliet, 2010>에서 손편지로 사랑을 주고받은 연인의 애틋한 진심은 오랜 세월이 지난 후에도 그 빛을 발하는 걸 보여준다. 사랑은 "스피드와 합리성"이라는 잣대를 들이미는 순간,

그 빛을 잃는다는 것도 알게 된다. 다소 현실적으로 손해를 보더라도 함께 시간을 보내고, 약간 불편해지더라도 좀 더 얼굴을 보고 싶은 것이 바로 '사랑'이다. 현실이라는 우선순위에 핑계를 앞세우면서 '사랑'을 희생시키기 시작하고 있다면, 그것은 어쩌면 습관적으로 변해버린 '오래된 연인'일 것이다. 사람들은 왜 결혼을 하는 것일까? 결혼하면 생활이 스며들면서, 새로운 가족, 새로운 살림, 새로운 아이들 관계가 복잡해진다. 하지만 사랑하는 연인을 영원히 내 곁에 붙잡아 두려면 결혼이라는 긴 터널을 지날 뜨거운 설렘이 필요하다. 첫사랑에 잠 못 이루며 마음을 전할 손편지를 수십 번 고쳐 쓰던 시절이 그리워지면서 가수 어니언스의 <편지, 1973>라는 노래를 불러본다.

[편지: 말없이 건네주고 달아난 차가운 손/가슴속 울려주는 눈물 젖은 편지/하얀 종이 위에 곱게 써 내려간/너의 진실 알아내곤 난 그만 울어버렸네/멍 뚫린 내 가슴에 서러움이 물 흐르면/떠나버린 너에게 사랑 노래 보낸다]

● 영화 줄거리 요약

뉴욕의 유명한 잡지사의 자료조사관인 '소피(아만다 사이프리드 분)'의 꿈은 자신의 글이 잡지에 실리는 작가 지망생이다. 어느 날 결혼을 앞두고 요리사인 연인 '빅터(가엘 가르시아 베르날 분)'와 각자 일을 겸한 이탈리아 여행Pre honeymoon을 떠나게 된다. 하지만 빅터가 뉴욕에서 이탈리아 음식점 개점을 앞두고 와인, 버섯, 치즈 등 식자재 탐방 일에만 집중하게 되자, 소피는 홀로 베로나를 관광하게 된다.

여기서 셰익스피어의 <로미오와 줄리엣>을 모티브로 '베로나'시에서 운영하는 "줄리엣의 발코니(여인들이 발코니 아래에서 줄리엣에게 저마다의 사연과 고민과 아픔을 가지고, 울며 혹은 웃으며 함께 나눠주고 들어주기를 바라는 마음으로 편지를 쓴다)"에서 편지를 바구니에 담아서 답장을 써주는 공무원들을 만나게 되고 자신도 봉사활동에 참여하게 된다.

이 과정에서 벽돌 사이에 파묻힌 50년 전 쓴 편지를 발견하고 소피는 영국에 있는 여인에게 편지(사랑에 늦었다는 말은 없다. 용기를 내어 엇갈린 운명을 되돌리라고 격려)를 쓰자, 마법같이 클레어 할머니는 손자와 함께 이탈리아로 옛사랑을 찾으러 오게 된다. 무려 74명의 '로렌조 바르톨리니' 할아버지 찾기 대장정에서 기진맥진하여 포기할 무렵 마지막 추억을 회상하며 들린 포도밭에서 진정한 로렌조를 만나게 되고 두 사람은 옛날의 아름다운 사랑에 다시 빠진다. 늦게 와서 미안하다는 클레어에게 로렌조는 "사랑을 얘기할 때 늦었다는 말은 없소"라며 청혼하게 된다. 이 과정에서 소피는 사랑은 현실적인 비즈니스로 미룰 수 있는 합리적 감정이 아님을 깨닫고 자신보다 요리에 빠진 약혼자와 헤어지게 되고, 여정에서 티격태격 다투면서 서로를 이해하게 된 클레어의 손자 찰리와 사랑에 빠지게 된다.

● 관전 포인트

A. 베로나시 공무원이 셰익스피어를 이탈리아 사람이라고 주장하는 이유는?

사랑의 슬픔에 빠진 여인들이 줄리엣의 발코니 벽에 꽂아놓은 편지에 답장을 써주는 '줄리엣의 비서(베로나시 공무원)'가 '셰익스피어가 이탈리아 사람이야'라고 주장하는 이유는, 작품 상당수가 이탈리아나 고대 로마를 배경으로 하고 있기 때문이다. <말괄량이 길들이기>, <베니스의 상인>, <로미오와 줄리엣>, <헛소동>, <줄리어스 시저>, <십이야>, <오텔로>, <템페스트> 등이 그런 예다. 셰익스피어 시대에는 르네상스 후기의 이탈리아가 유럽 최고의 문예 대국이었고, 주요 문학작품이 영어로 번역되어 소개되고 있었다. 셰익스피어는 그걸 재빨리 엘리자베스 시대의 영국 극장의 분위기로 바꾸는 데 명수였고, 그 때문에 이탈리아를 다룬 셰익스피어의 극 대부분은 이미 있는 이야기를 적절하게 손질하여 현란한 대사를 입힌 것이라는 평가도 많다. 특히 <로미오와 줄리엣>은 이탈리아 여기저기에 비슷한 이야기가 전승되는 가운데 베로나를 배경으로 한 '루이지 다 프로토'의 <줄리에타와 로메오, 1530>의 출판 이후 다시 '아서 브룩'의 <로미오와 줄리엣의 비화, 1562> 편역판을 통해 셰익스피어는 1597년경 여러 조연급 인물을 추가하고 이야기를 확장해 출판하였다.

B. 소피와 찰리의 아픔의 공통점은?

소피는 어릴 적 부모님의 이혼으로 어머니가 멀리 떠나갔고, 찰리는 어릴 적 부모님이 교통사고로 돌아가시고 할머니의 손에서 자라면서 인권변호사로 성장했다. 소피와 찰리는 부모님의 사랑을 항상 그리워한다. 두 사람은 그런 공통점으로 점점 서로의 마음을 이해하게 되고 사랑에 빠지게 된다.

C. 베로나시에서 <줄리엣의 발코니>를 운영하는 방식은?

이탈리아 베로나시에서는 관광객들이 발코니 벽돌에 꽂아둔 편지를 매일 수거하여 소위 줄리엣의 비서로 칭하는 4명의 전문가(결혼 51년째인 남편 문제 전문가, 상실감을 전문적으로 위로하는 간호사 등)가 답장을 통해, 사랑/이별/상처에 고통받는 여인들을 위로해주는 프로그램이다. 우리나라도 급증하는 자살을 예방하기 위한 이런 위로 프로그램이 있었으면 좋을 것 같다.

D. 클레어 할머니가 로렌조 할아버지를 떠난 이유는?

클레어 할머니는 50년 전 이탈리아에 공부하러 왔다가 시에나 농장에서 만난 로렌조 할아버지와 사랑에 빠졌지만, 영국에서 기다리고 있는 부모님에 대한 걱정과 두려움에 눈물을 머금고 영국으로 도망치듯 돌아가 버리게 된다. 다시 만나 미안하다는 진심 어린 말 한마디라도 전하러 살았는지 죽었는지도 모를 로렌조 할아버지를 찾아 다시 이탈리아로 오게 된다. 소피의 도움으로 마침내 로렌조 할아버지를 찾게 되고 두 사람 다 배우자와 사별한 상황이라 드디어 결혼을 통해 첫사랑의 꿈을 이루게 된다. 이 모든 것이 클레어가 런던으로 도망치기 전 줄리엣의 발코니에 남긴 편지를 50년 후 소피가 발견하여 이어준 소중한 인연이다. 이 영화처럼 편지가 사랑의 소중한 메신저로 등장하는

영화는 '라이언 고슬링과 레이첼 맥아담스'의 운명 같은 사랑을 그린
<노트북The Notebook, 2004>이 있다.

E. 클레어 할머니의 결혼식에 초대된 소피의 선택은?

소피가 쓴 클레어 할머니와 로렌조 할아버지의 사랑 이야기는 잡
지사 편집장의 마음을 사로잡아 잡지에 실리게 된다. 그리고 그 덕에
소피는 작가로 데뷔를 하게 된다. 또한 이탈리아에서의 여정에서 사랑
에 대한 의미를 깨닫고 뉴욕의 약혼자와 헤어진 후 다시 베로나를 찾
은 소피는 줄리엣의 발코니에서 찰리의 구애를 받게 된다. 하지만 로
미오처럼 담쟁이덩굴을 타고 올라오던 찰리가 떨어지자, 소피는 발코
니에서 내려와 뜨겁게 사랑의 키스를 나누게 된다.

에필로그
—

영화를 보면서 사랑의 설렘이 없어진 연인을 노래한 "015B"의
<아주 오래된 연인들, 1992>라는 노래가 생각이 났다. 계산되고 계
획된 감정 대신 한시도 떨어지기 싫고, 없으면 죽을 것만 같은 그런
사랑을 찾는다면, 오랫동안 행복한 결혼 생활을 유지할 수 있을 것이

다. 오늘 당신의 로미오와 줄리엣에게 습관적인 SNS 안부보다, 하얀 편지지에 사랑의 시를 듬뿍 담아 마음을 전해보면 어떨까? 예쁜 우표에 소인까지 찍힌 마음의 편지로 연인에게 설레는 감동을 줄 수 있는 '손편지 전성시대'를 기대한다.

[아주 오래된 연인들: 저녁이 되면 의무감으로 전화를 하고/관심도 없는 서로의 일과를 묻곤 하지/가끔씩은 사랑한단 말로 서로에게 위로하겠지만/그런 것도 예전에 가졌던 두근거림은 아니야/처음에 만난 그 느낌 그 설렘을 찾는다면 우리가 느낀 싫증은 이젠 없을 거야/주말이 되면 습관적으로 약속을 하고 서로를 위해 봉사한다고 생각을 하지/가끔씩은 서로의 눈 피해 다른 사람 만나기도 하고 자연스레 이별할 핑계를 찾으려고 할 때도 있지]

05

운명의 메일이 도착했습니다

유브 갓 메일You've got mail, 1998

프롤로그

모든 사람이 100세 시대의 삶을 꿈
꿀 때, 신의 경고인지 별안간 코로나바
이러스의 등장으로 구석기시대로의 생
활방식을 소환케 하는 아이러니가 발생
했다. 불로장생을 염두에 뒀기에 큰 욕
심이 앞서 현실적인 조건을 우선시하는
습관이 사랑과 베풂과 여유로움의 행복
을 간과하고 살아왔는지 모른다. 그런
의미에서 바이러스의 침공은 삶을 돌아
보게 하는 계기가 될 수도 있겠다. 영화

<유브 갓 메일You've got mail, 1998>에서, 주인공들은 서로 간의 진
정성 있는 대화를 통해 행복이 돈, 명예 등 세속적 가치의 척도에 의
해 결정되는 것이 아니라는 걸 깨닫게 된다. 남자 주인공이, 삶을 오

래 살아본 아버지에게서 "너에게 기쁨으로 가슴을 채워줄 사람이 있는
가?"라는 원초적인 질문을 받자, 비로소 자신이 사랑하는 여인이 누군
가를 깨닫고 진정한 행복을 찾아가는 용기는 현대를 사는 우리에게 시
사점을 주고 있다. 계절에 따라 아름다운 꽃이 피어나듯 사랑하는 사
람에게 아름다운 마음이 담긴 메일을 보내보자.

● 영화 줄거리 요약

뉴욕의 웨스트사이드에서 아동 문고로 유명한 작은 서점을 운영하
는 '캐슬린 켈리(멕 라이언 분)'는 정치에만 관심이 많은 남친과 동거하고
있지만, 자신의 공허한 마음을 달래주는 ID가 'NY152'인 e-mail 친
구와 깊은 소통을 통해 위안을 얻고 있다. 공교롭게도 NY152는 바로
자신의 서점을 공중분해 할 맨해튼의 대형 체인 서점 '폭스 북스Fox&
the son'의 사장인 '죠 폭스(톰 행크스 분)'인 것을 전혀 모르고 있다. 어느
날 지역 파티에서, 서로가 메일로 깊은 대화를 하는 사이인 줄을 모르
는 채 동네 서점주인과 거대 체인 서점의 주인으로 만나 "뇌 대신 현
금 등록기와 심장 대신 순이익만 생각하는 속물"이라며 증오의 말들을

퍼붓는다. 파티에서 돌아온 밤, 캐슬린은 다시 'NY152'에 자신의 고민을 상담한다. 이에 그는 "이건 사업이니까 개인감정을 버리고 죽을 때까지 싸우라"라는 조언을 받는다. 용기를 얻은 캐슬린은 대형 서점 앞에서 지역 전통 서점을 죽이려는 횡포에 대해 데모도 하고 노력을 다한다. 하지만 다양한 서비스 및 세일과 물량 공세를 퍼붓는 폭스 서점에 굴복하고 폐점을 결정한다.

밤에는 메일 친구로서, 낮에는 경쟁자로서 이중적인 교류가 이어지게 되고, 어느덧 서로 사업적으로는 원수지만 남녀 사이로 끌리는 관계로 발전한다. 어느 날 대면으로 만나기로 한 카페에 미리 나와 있던 캐슬린을 창문에서 본 죠 폭스는 그녀가 바로 ID 'Shop – girl'이라는 것을 보고 소스라치게 놀라고 그 자리를 피하게 된다. 죠 폭스는 그녀와의 메일을 통해 그녀의 장점을 깊게 좋아하게 되고 자신의 속물적인 인생관까지 변하게 된다. 마지막으로 캐슬린은 'NY152'와의 만남을 가지기 위해 나간 자리에서 'NY152'가 바로 '죠 폭스'임을 알게 되자, 눈물을 흘리며 "당신이길 간절히 바랐어요"라며 포옹한다.

● 관전 포인트

A. 주인공들이 동거파트너와 헤어지는 배경은?

◇ 죠 폭스: 어느 날 우연히 동거하는 여자친구와 고장 난 엘리베이터에 갇히게 된다. 엘리베이터에 갇힌 사람들은 모두 자신들이 사랑하는 사람들을 떠올리며 그 사람들과 화해하고 사랑하겠다고 하지만, 죠 폭스의 여자친구는 엘리베이터에서 나가게 되면 성형수술을 할거라며 이야기한다. 이에 죠 폭스는 그녀가 자신을 사랑하지 않는다는 것을 직감하게 되고 결별하게 된다.

◇ 캐슬린 켈리: 평소 정치에만 관심이 많은 남자친구와 영화관에 갔다가 자신이 지난 선거에 투표하지 않은 것에 잔소리를 아주 많이 듣게 된다. 이에 캐슬린은 분노가 폭발하게 되고 그들은 결국 서로 좋아는 하지만 관심사가 달라 사랑하지 않는다는 것을 공감하게 돼 웃으면서 헤어지게 된다.

B. 캐슬린에게 서점의 의미는?

캐슬린의 엄마가 살아 계실 때부터 42년간 운영한 서점The shop around the corner을 이어받았다. 규모는 작지만 많은 추억이 담긴 아름다운 곳이다. 그녀는 가끔 엄마와 같이 춤을 추는 모습을 떠올리며 행복했던 성장기를 연상한다. 결국 그녀는 서점에서 많은 책을 읽고 착하고 현명한 여성으로 성장했다.

C. 죠 폭스의 속물적 철학이 바뀌게 된 배경은?

3대째 대형서점을 경영하는 사업가인 죠 폭스의 할아버지와 아버지는 모두 자유분방한 연애사로 유명하다. 그런 영향에 작은 서점들을 하나씩 점령하여 규모를 키워온 죠는 캐슬린과의 메일을 주고받으면

44

서 서점은 단순한 상품을 파는 곳이 아닌 영혼과 인생을 교감하는 소중한 장소임을 깨닫게 된다. 그는 평소 "기쁨으로 가슴을 채워줄 사람을 만나는 건 식은 죽 먹기"라고 생각했다. 하지만 그의 아버지는 "놀리지 마라. 내가 그런 사람을 만난 적이 있더냐, 너는?"이라고 반문하고, 그제야 캐슬린에 대한 마음을 깨닫고 용기를 내어 꽃을 사 들고 그녀를 찾아가게 된다.

D. 이 영화를 보면 연상되는 영화는?

◇ 남녀 사이에는 우정이 불가능하다고 생각했던 남자와 까다로운 취향을 자랑하는 여자가 오랫동안 친구 사이를 유지하다 결국 서로에 대한 사랑을 확인하게 되는 영화 <해리가 샐리를 만났을 때When Harry met Sally, 1989>

◇ 아내를 먼저 떠나보내고 외롭게 살던 어린 아들을 둔 남자(톰 행크스 분)가 운명적인 여인(멕 라이언 분)을 엠파이어스테이트 빌딩에서 만나게 된다는 영화 <시애틀의 잠 못 이루는 밤Sleepless in Seattle, 1993>

◇ 컴퓨터(PC) 통신을 통해 두 남녀(전도연, 한석규 주연)가 서로의 상처를 치유하면서 가까워진다는 영화 <접속, 1997>

◇ 우연히 벼락을 맞아 여자의 마음을 듣는 능력을 갖추게 된 주인공(멜 깁슨 분)이 동료인 마케팅팀장(헬렌 헌트 분)과 일을 성공적으로 추진하고 마침내 사랑에 빠지게 되는 영화 <왓 위민 원트 What women want, 2001>

E. 주인공 캐슬린이 즐겨보던 <오만과 편견>은 어떤 책?

'제인 오스틴'이 쓴 <오만과 편견Pride and Prejudice, 1813>은 속된 욕망과 생활의 논리를 건전하고 합리적인 시각에서 훌륭하게 묘사하면서 재기발랄한 위트와 유머, 경쾌한 현실 풍자와 비판까지 곁들인 수작이다. 주인공 엘리자베스는 솔직하고 거침없는 성품으로 진정한 사랑에 대한 낭만을 품고 '다아시'와의 관계에서 오만과 편견을 극복하고 사랑에 성공한다. 영화의 주인공 캐슬린도 엘리자베스와 같은 순수하고 진실한 사랑을 꿈꾸다가 결국 마음의 메일을 주고받음으로써, 서로의 여건은 확연히 다르지만, 마음이 통하는 것을 확인하고 사랑에 골인하게 된다.

에필로그

현대사회에서 보편화한 소통의 다양한 SNS 채널이 인간관계를 신속하고 긴밀하게 이어주긴 하지만, 너무도 가벼운 접근과 폭력성으로 사회적 물의와 상처가 되기도 한다. 영화 <유브 갓 메일>에서 주인공들은 주고받는 의미 있는 메일을 통해 서로의 진심을 교감하게 되고 상처를 치유하는 특별한 무지개의 다리로 이어지게 된다. 마음속의 생각과 철학을 조용하게 사유하고 그것을 주고받을 수 있는 파트너가 있다면 세상을 살아가는 데 큰 힘과 위안이 될 것이다. AI(인공지능)도 지속적 딥 러닝을 통해 진화하듯이, 인간도 진심을 주고받을 멘토나 친구가 있다면 슬기롭고 안정적인 삶을 이어가는 큰 에너지원이 될 것이다. 당신의 마음을 전할 누군가에게 사랑의 메일을 보내라!

06
중경삼림(重慶森林)의 실연치료기

중경삼림重慶森林/Chungking express, 1994

프롤로그

—

　　춘향과 이몽룡처럼 운명적인 만남으로 일생을 해로하는 시대는 지났다. 현대를 살아가는 남녀는 여러 번의 사랑과 이별의 과정을 통해 자신에게 맞는 진정한 사랑을 찾아간다. 하지만 진심으로 사랑했다면 행복했던 기억에서 벗어나는 데는 많은 아픔과 고통이 따르고, 이를 극복하지 못하면 때론 극단적인 선택을 하기도 한다. 왕가위 감독의 영화 <중경삼림重慶森林/Chungking express, 1994>에서는 청춘남녀가 실연의 힘든 시기를 딛고 새로운 사랑으로 나아가는 과정을 보여준다. 행복한 삶을 살기 위해 가장 절실한 것은 가슴 설레는 사람을 만나 뜨겁게 사랑을 나누는 것이다. 그것이 인생의 힘

48

든 여정을 극복게 하고 보상해주는 에너지원이기 때문이다.

● 영화 줄거리 요약

중경삼림은 2개의 스토리로 구성되어 있다. 오늘은 에피소드 2부의
스토리를 소개한다. 경찰인 663번(양조위 분)은 얼마 전 항공사 승무원
인 여친과 헤어졌다. 평소 그가 자주 가는 스낵바의 종업원 '페이(왕페
이 분)'는 그를 연민의 눈빛으로 바라본다. 어느 날 그 승무원이 스낵바
에 찾아와 이별의 편지와 아파트 열쇠가 든 봉투를 맡기고, 페이는 경
찰에게 전해준다. 하지만 이별을 인정하기 싫었던 633은 페이에게 당
분간 맡아달라고 부탁한다. 페이는 열쇠를 가지고 그가 사는 아파트에
드나들며 그와 전 여친의 사랑의 흔적을 청소하고 자신의 색깔로 새롭
게 장식한다. 페이의 방문을 모르던 경찰은 페이의 노력으로 서서히
실연의 아픔을 치유하고 점점 기운을 되찾게 된다. 결국 자신의 아파
트에서 페이와 마주친 경찰은 그녀에게 캘리포니아라는 이름의 레스
토랑에서 만나자고 데이트를 신청한다. 그러나 페이는 오지 않고 대신
스낵바 주인인 사촌오빠가 찾아와 페이가 미국 캘리포니아로 떠났다
고 알려주며 그에게 종이 냅킨에 그린 비행기표 한 장을 남긴다. 1년

후 비행기 승무원이 되어 홍콩의 스낵바로 돌아온 페이는 경찰 663이 자신을 기다리며 사촌 오빠의 스낵바를 사들여 레스토랑을 개조하고 있음을 보게 된다.

● 관전 포인트

A. 중경삼림(重慶森林)의 뜻은?

영화의 무대가 된 홍콩 침사추이 지역 건물들의 복잡하고 혼잡한 모습을 빽빽한 삼림에 비유했다. 왕가위 감독은 90년대 화려한 홍콩 도심의 모습과 사람들의 생활상을 배경으로 그 안에서 살아가는 남녀의 사랑 이야기를 그렸다. 또한 자신만의 독특한 분위기와 형형색색의 색채 등을 사용한 연출방식으로 영상미를 훌륭하게 표현했다. 또한, 마마스 앤 파파스The Mamas & the Papas의 캘리포니아 드림(California Dreamin, 1965) 같은 추억의 음악을 삽입하여 주인공들의 심리를 더욱 잘 묘사하였다. 1998년 7월까지 운영되었던 홍콩의 아파트와 고층빌딩 사이를 통과하던 '카이탁 공항'이 배경으로 영화와 잘 어울리기도 했다.

B. 스낵바 종업원 페이는 왜 경찰의 집에 드나들었나?

평소 경찰 663을 짝사랑하던 페이는 그가 새로운 남친을 만나 떠나간 항공사 승무원인 여친과 헤어지고 힘들어하는 것을 보면서 그를 치유해주기로 마음을 먹는다. 그녀는 그의 공간인 아파트를 찾아가 청소도 하고 추억의 인형도 바꾸고, 그가 실연의 고통에서 벗어나 편히 자길 바라며 생수에 수면제도 넣어주고, 어항에 금붕어도 넣어주는 등 경찰 663의 실연의 기억을 새로운 에너지로 전환하고자 했다.

C. 페이는 왜 데이트 장소인 레스토랑에 가지 않았나?

경찰 663도 페이에 대한 좋은 감정이 생겨, 놀라서 쥐가 난 페이의 다리도 마사지해 주고, 캘리포니아란 이름의 레스토랑에서 데이트 신청을 한다. 이에 페이는 경찰 663이 좋아하는 여성상이 되기 위해 미국으로 날아가 항공사 여승무원이 되었고, 당당한 모습으로 그의 앞에 다시 나타나게 된다.

D. 경찰 663이 새로운 사랑을 찾아가는 방식은?

그는 페이가 떠나며 남긴, 종이 냅킨에 그린 항공권 그림을 보고 페이와의 추억이 깃든 스낵바를 인수하여 자신만의 레스토랑으로 개조하며 돌아올 그녀를 묵묵히 기다린다. 1년 만에 승무원이 되어 나타난 페이에게 자신을 데려다줄 비행기표를 다시 그려달라고 요청하고, 그녀가 어디로 가고 싶냐고 묻자 "어디든 당신이 데려다줄 곳으로"라며 새로운 사랑의 시작을 알린다.

E. 여자주인공 왕페이는 어떤 배우인가?

미국 TIME 지의 표지 인물로도 선정된 베이징 출신의 유명 가수로 본명은 왕비이고 예명은 왕정문이다. 영화에서 부른 몽중인(夢中人:

꿈속의 사람)으로 더욱 유명해졌다. 그 노래는 아일랜드그룹의 크렌 베리스Cranberries의 Dreams를 광둥어로 번역한 곡으로 그녀만의 독특한 음색으로 환상적인 사랑을 그려냈다.

[몽중인: 꿈속의 그대와 1분간 안고 10분은 입 맞추었지/낯선 사랑이었는데 어떻게 내 마음속에 오게 되었는지/이렇게 가슴을 떨리게 한 걸까/나와 당신이 서로를 사랑하며/당신과 이렇게 가까이 지내며/그리워한 적은 없었던 거 같아요/왜 갑자기 나타났나요/나의 꿈속으로 들어와/날 흔들어 놓으신 건가요]

에필로그

영화 <중경삼림>에서 누군가를 사랑한다면 그 사람의 아픔까지 치유하고 에너지를 주는 여자 페이가 아름답게 보인다. 결국, 남자는 그녀의 진심을 알고 그녀의 남자가 되기로 한다. 너무나도 쉽게 만나고 쉽게 이별하는 현대인들의 사랑 방식과는 사뭇 다른, 영화에서 진정한 사랑과 일을 찾아가는 남녀의 모습에서 사랑은 모든 것을 이겨낼

52

힘과 위안을 줌을 새삼 깨닫게 된다. 코로나 사태로 사랑을 나누기도 어려운 요즘이지만, 설레는 사랑이 있다면 바이러스를 무서워만 하지 말고 자신만의 마음을 전할 방법을 찾아낼 수 있을 것이다. 소설 해리포터에서 절실하고 간절한 소망이 있을 때 <필요의 방necessary room> 에서 꿈이 이루어지듯 말이다.

07

사랑을 찾아가는 길

그 여자 작사 그 남자 작곡Music & Lyrics, 2007

프롤로그

걸작은 혼자만의 힘으로 완성하기는 어렵다. 씨줄과 날줄을 엮어 아름다운 천을 만들어 내듯 개성 있는 사람들의 협동으로 이루어지는 경우가 많다. 영화 <그 여자 작사 그 남자 작곡Music & Lyrics, 2007>에서도 어두운 그림자가 드리운 삶을 겪은 두 남녀가 서로 다른 방식으로 청실홍실을 엮어서 멋진 사랑과 행복을 만들어가는 과정을 보여준다. 한때 시골 선술집의 밴드였던 비틀즈가 세계적 음악 그룹으로 재탄생된 데는 다섯 번째의 비틀즈라고 불리는 '앱스타인 브라이언' 매니저가 비틀즈의 무대 매너, 복장, 미국 진출 연주 기획, 홍보 등 모든 삶을 획기적으로 올려놓았기 때문이었듯이, 지금 힘든 상황에 직면했다면 호흡이 맞는 사람과 같이 용기를 내어 "사랑을 찾아가는 길Way back into love"로 나아가라!

● 영화 줄거리 요약

80년대 '팝'이라는 그룹에서 잘나가던 '알렉스 플레처(휴 그랜트 분)'는 지금은 놀이공원이나 행사장에서 노래하며 근근이 먹고사는 철 지난 가수이다. 어느 날 그에게 최고의 인기 아이돌 여가수인 '코라 콜만'으로부터 공연 특별게스트로 초대받는다. 알렉스는 자신이 다시 인기를 얻을 마지막 기회라고 생각하고 기뻐하지만 2주 내로 코라와 같이 부를 신곡을 작곡해야 하는 요청에 고민하게 된다. 이때 자신의 집 화초에 물을 주러 온 '소피 피셔(드류 베리모어 분)'가 작사에 영감이 있다는 것을 발견하고 우여곡절 끝에 같이 작업을 하게 된다. 두 사람은 철학과 생활방식이 너무 달라 끊임없이 부딪히지만, 서로의 아픈 상처들을 알아가게 되면서 생긴 동질감은 사랑으로 이어지게 된다. 사랑이 깊어지면서 그들은 아름다운 노래 <사랑을 찾아가는 길Way back into love>을 완성하게 된다. 하지만 갑자기 가수 코라는 경쟁 가수와의 승리를 위해 인도식 불교음악으로 편곡하려고 한다. 이를 반대하던 소피는 알렉스와 크게 반목하면서 헤어지게 된다. 그러나 알렉스는 자신의 어두운 인생에 큰 빛을 다시 선사한 소피를 생각하며 작곡한 노래를 코라와의 공연장에 앞서 부르자, 사라는 그의 진심을 이해하게 된다. 드디어 자신이 작사한 <사랑을 찾아가는 길>을 코라와 알렉스가 듀엣으로 열창하고 소피는 뜨거운 포옹으로 사랑과 성공을 얻게 된다.

● **관전 포인트**

A. 아이돌 가스 코라가 왜 철 지난 가수 알렉스를 초대했나?

　　세계 최고의 섹시 팝스타 코라는 7살 어릴 적 부모의 이혼으로 힘든 시기에 알렉스의 노래를 듣고 위안을 가진 바 있다. 최근 그녀는 남자친구와 헤어지고, '사랑을 찾아가는 길'이라는 책을 읽으며 실연의 아픔을 극복해나간다. 이에 더욱 영감을 주는 음악을 하고자 알렉스에게 신곡 작곡과 함께 듀엣으로 노래를 부르자고 제의한 것이다.

B. 알렉스와 소피의 아픔은?

　　◇ 알렉스: 과거 잘나가던 팝그룹의 멤버였지만, 리더가 자신과 함께 작곡한 곡을 훔쳐 솔로로 데뷔하여 큰 성공을 거두게 된다.

그로 인한 배신감으로 마약과 알코올에 빠져 작곡을 접었다. 현재는 테마파크, 행사장 가수로 전락했고, 빈털터리가 되어 월세를 전전하는 힘든 상황이다.

◇ 소피: 문학적 감성으로 등단을 꿈꾸며 작문강좌를 받다가 '슬론 케이츠'라는 담당 교수와 사랑에 빠졌다. 하지만 그로부터 시련과 배신을 당하며 모든 일에 열등감을 느끼고 산다. 현재는 언니가 운영하는 다이어트 샵의 매니저 일과, 가끔 화초에 물을 주는 아르바이트를 하며 자신의 재능을 살리지 못하고 산다.

C. 알렉스와 소피의 음악에 대한 서로 다른 생각은?

◇ 알렉스: "가사는 그냥 가사일 뿐이야, 멜로디가 중요해, 완벽할 필요 없어, 생각나는 대로 말해"라며 가사는 음악의 보조역할이라고 가사의 역할을 과소평가한다.

◇ "멜로디는 육체적인 매력이에요, 섹스 같은 거죠, 하지만 서로를 알아가는 과정, 그게 가사죠, 속에 감춰진 소중한 이야기죠."라며 길을 걸으면서 보고, 듣고, 먹다 보면 마음이 열리고 그때 영감이 깃드는 가사가 떠오른다고 알렉스를 설득시킨다.

D. 서로에게 큰 용기를 준 계기는?

◇ 알렉스: 자신이 철 지난 삼류 가수라는 열등감에 빠져 살던 알렉스에게 소피는, 어떤 무대에서 노래를 부르든지 당신의 노래를 듣는 관객들은 매우 만족하고 행복해한다며 용기를 준다. 소피가 앙코르에 화답하라고 하자 알렉스는 마지못해 부르던 노래를 자신감을 가지고 부르게 된다.

◇ 소피: 사랑에 배신당하고 모든 일에 소극적인 소피에게 "넋 놓고 멍하니 앉아서 신세 한탄이나 하고 허송세월하면서 타고난

재능을 썩히는 것보다는 명곡을 만들어 대박이 터져서 떼돈을 버는 상상을 하는 게 덜 우울하겠지"라고 하자 소피는 그제야 환하게 웃으며 자신감을 얻게 된다.

E. 알렉스를 다시 작곡가로 태어나게 한 계기는?

소피는 알렉스와 작업을 하면서 피아노 옆으로 소파를 옮기자, 알렉스는 변화에 당황하게 된다. 하지만 이런 사소한 가구 재배치의 변화는 그를 새로운 방식으로 작곡을 시도하게 한다. 소피는 자신의 가사에 맞게 보다 경쾌하게 느낌이 오게 하라고 독려하기도 한다. 자신의 능력을 잘 알고 격려하는 사람과 사랑에 빠진 알렉스는 다시 옛날의 활기를 되찾게 된다.

F. 마지막 공연에서 아이돌 코라의 마음을 바꾸게 한 힘은?

자신의 재기를 위해 무조건 코라의 방식에 맞추려는 알렉스와 달리 소피는 코라에게 "노래에 당신 취향을 가미하는 건 좋지만, 너무 저속한 쪽으로 몰아가는 것 같아요. 애끓는 감정을 전달해야 하는데 너무 야한 쪽으로 몰고 가면 두려움과 불안전함을 보여주는 꼴이죠"라며 영감을 주는 노래를 하라고 권한다. 코라도 소피의 진심 어린 설득을 인정하게 된다. 우리나라에서도 아이유와 김창완이 함께 부른 <너의 의미>, 빅뱅이 부른 이문세의 <붉은 노을>은 세대 간을 아우르는 새로운 감성의 시도이다.

에필로그

——

　영화에서 아이돌 가수가 추억의 가수와 협연을 통해 성숙하고 영감 넘치는 노래를 불렀듯이 서로 다른 하나가 모여서 비로소 한마음이 되었을 때, 전혀 새로운 성과를 창조해 낼 수 있다. 또한, 이 과정에서 내면의 상처와 좌절감을 치유할 따뜻한 위로와 격려가 필요하다는 것을 알게 된다. 사랑과 일에 있어서도, 작사와 작곡처럼 감동의 하모니가 가득한 아름다운 결실을 만들어 내기가 쉽지 않지만, 스스로가 과감히 갇힌 과거의 트라우마의 벽을 깨고 나와 용기와 자신감을 가지고 서로 힘을 합쳐 나아간다면 진정한 <사랑을 찾아가는 길: All I want to do is find a way back into love>을 발견하게 될 것이다.

08

더티 댄싱

더티 댄싱Dirty dancing, 1987

프롤로그

—

고단한 인생의 여정에서 활기차게 살아가기 위해서는 자신만의 즐거움을 찾고 건강한 에너지를 수시로 충전해 나가야 한다. 생활 속에서 작지만 확실한 행복이라는 소확행도 그래서 나왔다. 주말이 있어 한 주간의 긴장과 피로감을 풀고 다시 새로운 한주로 나아갈 수 있듯이, 비움을 통해 새로운 채움의 시간을 만들어 가는 것이 삶의 방식이다. 자신에게 맞는 즐거운 시간을 찾지 못하면 정신적 우울감이나 신체적인 질병도 찾아올 수 있기에, 행복한 삶을 살기 위해 남의 눈을 의식하는 특정 취미보다는 즐거운 아이템을 찾아 적극적으로 즐겨야

한다. 영화 <더티 댄싱Dirty dancing, 1987>에서도 폭발하는 젊음을 싱싱한 댄스를 통해 흥겹고 활기차게 바꾸어 나가는 과정을 보여준다. 우리나라에서는 과거에 춤바람 등 댄스에 대해 부정적 이미지를 갖고 있었지만, 이제는 건강한 댄스를 통해 젊음의 뜨거운 갈증을 해소하고 박진감 넘치게 질풍노도기를 극복하고 사람들 간의 멋진 소통의 계기가 되길 기대해 본다.

● 영화 줄거리 요약

1963년 여름, 베이비(제니퍼 그레이 분)라는 애칭으로 불리는 17세의 프란시스는 의사인 아버지 제이크와 어머니 그리고 언니와 함께 아버지의 친구가 경영하는 켈러만 산장으로 3주간 피서를 떠난다. 그곳에는 저녁이면 파티가 열리곤 하지만 어딘지 보수적인 틀에 박힌 분위기가 따분하다. 그러다가 산책 도중 우연히 젊은이들의 숙소에서 광란의 댄스파티를 발견한다. 기성세대에서는 볼 수 없는 선정적 율동의 춤, 소위 더티 댄싱이었다. 그곳에서 베이비는 낮에 본 핸섬한 댄스 교사 자니(패트릭 스웨이지 분)와 그의 파트너인 페니(신시아 로즈 분)가 추는 춤에 그만 매료된다. 그런데, 우연히 페니가 그곳에서 아르바이트하는 로비라는 예일대생으로 인해 임신한 후 낙태 수술할 250달러가 없어 고민하는 것을 알게 된다. 베이비는 아버지에게 돈을 빌려 건네주자, 처음엔 거절하지만, 그의 호의를 고마워한다. 한편 페니가 수술을 받아야 할 시간에 대신 춤을 추게 된 베이비는 자니와 연습을 거듭하면서 사랑에 빠지게 된다. 페니가 돌팔이 의사에게 위험한 수술을 받아 사경을 헤매자 베이비는 의사인 아버지를 모셔와 위기를 모면하게 되지만, 아버지의 신뢰를 잃게 된다. 더구나 자니가 오해로 해고를 당하는 되는 것을 보다 못해 자신과의 관계를 밝혀 아버지가 실망하게 되고, 자니도 결국 그곳을 떠나게 된다. 피서 마지막 날 파티에서, 쓸쓸히 공연을 지켜보던 베이비에게 떠났던 자니가 느닷없이 되돌아와 두 사람은 그동안 금기시되어왔던 더티 댄싱을 추게 된다. 이를 황홀이 지켜보는 홀 안의 사람들은 모두 댄스에 합류하게 되고, 아버지는 그동안 페니를 임신 시켜 위험한 낙태 수술까지 가게 했다고 생각한 사람이 자니가 아닌 예일대 학생이었다는 것을 알고 그에게 사과하게 된다.

● 관전 포인트

A. 베이비가 따분해한 이유는?

상류사회 가족들이 모인 휴가지에서, 산장의 주인 켈러만은 아르바이트 학생은 전부 하버드나 예일대 재학생이고, 손자는 코넬대 호텔경영학과를 다닌다고 자랑하고, 마술쇼, 가발 쇼, 카드 게임과 골프, 악단장은 늙은 할아버지가 오래된 곡만을 연주하는 등 활기가 전혀 없다. 휴양지의 주인인 켈러만도 이런 식으로 가다가는 내년에는 사람들이 모두 해외여행으로 이탈할까 봐 전전긍긍하지만, 회생시킬 특단의 계획이 없다.

B. 영화 속 폭발적 인기를 끌었던 음악들은?

영화는 600만 달러의 제작비로 1억 7천만 달러의 초대박 수익을 올렸는데 그것은 아름다운 음악들이 영화의 완성도와 재미를 높였기 때문이다.

◇ The Ronetters의 <Be my baby>
◇ Eric Carmen의 <Hungry eyes>
◇ 모리스 윌리엄스와 조디악의 <Stay>
◇ 패트릭 스웨이지의 <She's like the wind>
◇ The five satins의 <In the still of the night>
◇ 아카데미 주제가상을 받은 빌 메들리와 제니퍼 윈스의 <I've had the time of my life: 내 인생 최고의 시간이었죠>

C. 댄서 페니에게 문제가 생긴 이유는?

댄서 페니는 예일대 의대생인 '로비 굴드'와 불장난으로 임신을 하게 되나, 로비는 자신이 책임을 질 수 없다고 비굴하게 회피한다. 이

것을 알게 된 베이비는 로비를 찾아가 물을 퍼부으며 질책하게 되고, 의사인 아버지에게 페니의 수술비 250달러를 빌려 가져다주는 선의를 베푼다. 하지만 페니는 돌팔이 의사에게 속아 위험한 상황에 부닥치자 베이비는 다시 자기의 의사 아빠에게 부탁하여 그녀를 위기에서 구하게 되지만, 가족에게 신뢰를 잃게 된다.

D. 베이비가 춤을 배우게 된 이유는?

베이비는 평소 남을 돕는 것을 소중히 여기고 있어, 대학 졸업 후 평화봉사단으로 활동할 계획을 하고 있기도 하다. 본명은 '프란시스'로 첫 여성 장관의 이름을 가지고 있다. 댄서 페니의 임신으로 셸 드레이크 호텔에서 맘보춤을 공연해야 하는 일정을 소화 못 하면 이번 시즌 월급과 다음 시즌 공연이 없다는 말을 듣고 베이비는 춤 선생 자니에게 춤을 배우며 대타로 도와주기로 한다.

E. 베이비가 춤을 단기간에 마스터할 수 있었던 배경은?

처음에는 실수를 연발하던 베이비는 춤보다는 음악을 느끼며 심장 박동의 흐름에 따르라는 자니의 조언을 듣고 차츰 고난도의 춤을 소화해 내기 시작한다. 특히 자니는 리프트(남자 댄서가 여자 댄서를 들어 올리는 기술)와 같이 어려운 모션을 가리키기 위해 비가 억수로 오는 날, 키가 없는 자동차의 유리를 깨고 외나무다리와 물속에서 같이 연습을 하기도 하면서 점차 두 사람의 사랑도 깊어지고 서로 완벽한 조화를 이루며 춤에 심취하게 된다. 마침내 셸 드레이크 호텔에서의 맘보 공연을 무사히 마칠 수 있게 된다.

F. 베이비로 인해 자니가 달라진 것은?

자니는 인기 춤 선생으로 많은 여성의 유혹 대상이었지만, 베이비

64

와의 사랑으로 인해 그런 유혹을 과감히 끊어낸다. 하지만 질투에 찬 여성 고객이 자니를 남편 지갑을 훔친 사람으로 신고하자, 베이비의 알리바이 증언에도 불구하고 부적절한 직원으로 몰려 직장에서 쫓겨나고 만다. 하지만 떠났던 자니가 다시 돌아와 마지막 파티에서 초라하게 구석 자리에 앉아있던 베이비에게 다가가 "Nobody puts baby in a corner(베이비는 구석에 있으면 안 돼)"라고 하며 무대에 같이 올라가 "세상에는 어떤 희생을 감수하더라도 다른 사람을 기꺼이 지켜주는 사람이 있다는 걸 제게 가르쳐준 사람이며, 내가 어떤 사람이 돼야 하는지도 가르쳐준 사람 '프란시스 하우스먼 양'을 소개한다며 <I've had the time of my life: 내 인생 최고의 시간이었죠/태어나 처음 느끼는 감정/정말 맹세해요. 모두 당신 덕분이죠>의 음악에 맞춰 더티 댄싱을 추게 된다.

에필로그
—

　세계 여행길에서, 그 나라의 문화에 맞는 전통적인 댄스를 통해 인생을 즐기고 사람들과 소통하는 장면을 자주 보게 된다. 그들의 환한 얼굴과 모습에서 일상에서의 스트레스를 극복하고 다시 내일의 건강한 에너지를 찾아가는 것이 무척 행복해 보였다. 우리는 어릴적 배운 매스게임 이후 성장하면서 춤이라는 것을 쉽게 접하기가 쉽지 않았지만, 영화 <토요일 밤의 열기, 1977>, <플래시 댄스, 1983>, <퐁네프의 연인들, 1991>, <여인의 향기, 1993>, <맘마미아, 2008>를 통해 춤과 노래는 인간적 교감과 사랑을 확인하는 것을 보면서 우리나라도 생활 속에 댄스가 하나의 새로운 문화로 자리 잡을 수 있기를 기대해본다. 과거에는 소일거리가 술 마시고 잡담하던 시대에서 이젠 같은 취미를 즐기는 동호회로 가고 있다, 이것은 서로의 공통적인 관심사가 더 깊은 공감과 소통을 가능케 하기에 친밀해지는 것이다. 당신은 어떤 취미를 통해 삶의 스트레스를 풀고 당신의 매력을 분출하면서 좋은 사람들과 소통해 나갈 것인가?

09

여자의 마음을 읽는 법!

왓 위민 원트What women want, 2000

프롤로그
—

남녀 간의 소통이, 다른 행성에 사
는 외계인과의 소통만큼 어렵다는 것을
재미있게 알려준 소설 <화성에서 온
남자 금성에서 온 여자>에서는 남녀
가 서로의 생각과 방식의 차이를 인정
하고 따뜻한 관심과 배려로 소통한다면
훌륭한 관계를 이어갈 수 있다고 강조
하고 있다. 실제로 가정과 사회생활에
서 다양한 갈등과 불행은 상대방에 대
한 깊은 이해와 관심의 부족에서 시작
된다. 영화(왓 위민 원트, What women

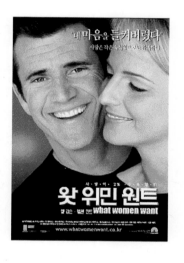

want, 2000)에서 다양한 인간관계에서의 갈등 해소 방법을 배워 볼 수
있다.

● 영화 줄거리 요약

<매드맥스Mad Max, 1979>, <리썰 웨폰Lethal weapon, 1987> 등 마초 영화의 대명사였던 '멜 깁슨'이 멜로영화의 주인공으로 등장하여 센세이션을 일으킨 이 영화는 실제로 2000년대가 시작되면서 소비시장이 남성 중심에서 10대 후반~30대 중반의 여성들에 의해 좌우되는 변화의 시기를 배경으로 제작되어 마케팅적 관점에서도 많은 시사점을 주고 있다. '닉 마샬(멜 깁슨 분)'은 남성용품들의 광고에 전통적으로 선정적인 마케팅기법으로 승승장구하던 광고 기획자로 명성과 돈, 어느 하나 남 부러운 것이 없었다. 그러나 닉에게 어느 날 믿을 수 없는 시련이 닥쳐온다. 바로 승진의 기회를 경쟁사 직원에게 빼앗겨 버린 것이다. 그것도 남자가 아닌 여자 '달시 맥과이어(헬렌 헌트 분)'에게 말이다. 닉과 달시는 처음 만나자마자 서로를 경계한다. 닉에게 달시는 엄청난 잔소리로 남자를 달달 볶는 마녀일 뿐이며, 달시는 닉이 구닥다리 사고방식을 가진 극우 남성우월주의자로밖에 보이지 않는다. 달시는 강력한 소비력을 가진 여성들을 위한 제품 광고를 기획할 팀을 꾸리고, 이에 밀릴 수 없는 닉은 여자를 이해하기 위해 자신이 '여자가

되어 보기'로 결심한다. 달
시가 숙제로 던져준 여성
용품들의 체험을 위해, 여
자들처럼 코팩을 붙이고,
수분 함유 립스틱을 바르
고, 마스카라를 하고, 스타
킹을 신기 위해 파스로 다
리에 난 털을 고통스럽게 제거하기도 한다. 닉이 조만간 자신이 여자
를 이해하고 그에 맞는 최고의 광고 기획을 할 수 있으리라는 도취감
에 빠지는 순간, 욕실 바닥에 넘어지면서 헤어드라이어 감전 사고로
정신을 잃고 만다. 다음 날 아침, 어제의 사고로 여느 때보다 늦게 출
근하게 된 닉은 이상한 환청에 시달리게 된다. 주위 여자들은 분명 입
을 다물고 있는데, 닉에게는 그녀들의 속마음이 다 들리는 것이다. 어
리둥절한 닉은 정신과 상담을 받게 되고, 상담 의사는 닉에게 일생의
전환을 맞게 될 중대한 말을 해준다. "당신은 화성에서 온 남자가 금
성의 말을 알아듣게 되거다. 이제 당신은 세상을 가진 남자이다!". 닉
은 이 특별하고 위험천만한 능력을 회사에서 활용하게 되고, 경쟁자
달시의 모든 아이디어를 미리 읽어내서 자신의 광고 컨셉에 선제적으
로 적용함으로써 상사로부터 다시 인정을 받게 되고, 급기야 닉의 이
런 능력을 꿈에도 모르는 달시는 그의 조작된 매력에 서서히 빠져들고
만다. 그러던 중 닉도 달시의 능력과 순수한 마음에 진정으로 사랑에
빠지게 된다. 그러나 사장은 달시로 부터 도용한 닉의 능력을 높이 평
가해 스카웃했던 달시를 전격 해고하기로 결정하게 되고, 이에 양심의
가책을 느낀 닉은 그동안의 사실을 모두 밝히고 진심으로 용서를 구하
게 되어 마침내 달시의 사랑을 얻게 된다.

A. 닉의 3가지 주요 소통(관계) 노력 에피소드는?

　　영화구성은 닉이 "세상의 모든 여성의 마음을 듣게 된 후, 사랑과 성공에 눈을 뜨게 되는 3가지 에피소드로 전개되는데

　　◇ 달시와의 일을 통한 사랑의 관계

　　◇ "에린"이라는 서류 분류 작업하는 여직원을 케어하게 되는 관계

　　◇ 딸 '알렉스'의 연애 및 아버지로서의 관계로 구성된다.

B. 자신의 경쟁자였던 달시의 실력을 진정으로 인정하게 된 계기는?

　　◇ 나이키는 여성용 스포츠웨어의 출시를 앞둔 상태에서 적합한 광고회사를 찾게 되는데 달시는 자신의 인생 경험을 바탕으로 특별한 광고 카피를 만들어 내게 된다.

　　◇ 달리기 전 거울 앞에 서보지 않듯이, 당신이 어떤 조깅복을 입었든 길은 신경조차 쓰지 않습니다. 섹시한 복장으론 뛰기 불편하겠죠. 길은 당신이 립스틱을 했는지 몇살인지 신경 안 씁니다. 당신이 남자보다 더 번다고 고민할 필요도 없고 원하면 언제든 길을 찾습니다. 데이트한 지 하루가 지났던 몇 시간이 지났든 상관이 없죠. 길이 신경 쓰는 것은 오직 당신이 이따금 찾아와 준다는 것! 나이키는 게임이 아니라 스포츠입니다. (No games, just sports!)

　　◇ 이 광고 카피는 달시가 전 직장에서 승승장구하면서 잘나가자 직장동료였던 전 남편이 경쟁심과 질투심에 사로잡히는 바람에 갈등이 생겼고 결국 이혼을 하게 된 아픈 경험을 통해, 남성과 비교되지 않는 여성만의 당당함을 강조하는 카피로 마침내 광고주 나이키의 계약을 얻어내게 되고, 이 과정에서 닉은 달시의 진정성과 창의성을 존중하게 되고, 인간적으로도 사랑에 빠지게 된다.

C. 이혼의 과정에서 멀어졌던 사춘기 딸과의 관계 개선의 계기는?

이혼 후 평소 딸과 많은 시간을 보내지 못했던 닉은 딸이 뭘 원하는지를 초능력(?)을 통해 알고 나서부터는 딸이 댄스파티에 입고 갈 옷을 같이 사러 가 주기도 하면서 관계개선에 적극적인 노력을 시작하게 된다. 결정적으로 딸이 댄스파티에서 남자들에게, 너무 순진해서 재미없다고 조롱거리가 된 후 화장실에서 혼자 엉엉 우는 딸에게 "알렉스! 네가 믿거나 말거나 여자가 되는 것이 어떤 것인지 안단다. 그건 보기보다 쉽지 않아, 그렇지만 넌 너 혼자 힘으로 일어선 거야. 어쨌든 너를 그런 식으로 대하고 너에게 그런 식으로 말하는 놈은 사귈 가치가 없어!"라고 하자 딸은 아빠의 사랑을 깨닫고 "그래요. 아빠, 시간이 아깝죠. 맞아요, 알아요"라고 화답하게 되고, 그때 닉은 "얘야 오늘 밤 너 참 아름다워 보이는구나!"라고 따뜻하게 안아 주면서 딸이 한 사람의 성숙한 여성으로 태어난 것을 진심으로 축하하면서 그동안 쌓였던 갈등이 해소되게 된다.

D. 아이비리그 대학을 나왔지만, 서류분류 작업만 하던 여직원이 자신의 카피라이터의 꿈을 이루지 못해 좌절하고 자살을 생각하고 있는 생각을 우연히 읽은 닉이 이를 막게 되는 계기는?

닉은 평소 의기소침하게 서류 정리하던 여직원이 어느 날 무단결근을 하게 되자, 걱정되어 직접 여직원의 집으로 찾아가게 되고, 그곳에서 만난 여직원에게 그 사람이 얼마나 소중한 사람임을 일깨워주고 다시 한번 카피라이터로 성장할 기회를 주자, 그 여직원은 "이 지구상에도 저런 생명체가 존재하는구나"라고 용기를 내게 된다. 이 세상에는 사람들이 수도 없이 많지만, 그동안 자신에게 관심을 두어서 어떤 관계를 형성한 의미 있는 사람이 단 한 사람도 없었다는 것이다. 결국, 한 여인, 아니 한 사람을 구할 수 있고, 살맛 나게 하는 것은 작은 관

심으로도 가능한 일임을
깨닫게 된다. 우리는 무심
코 던진 한마디의 따뜻한
관심의 말이 상대방의 인
생을 크게 변화시킬 수 있
음에, 지금 바로 가족과 친
구들에게 격려와 동기부여
가 담긴 따뜻한 한마디의 말을 건네보자.

에필로그

—

늦은 밤 닉은 달시에게 용서를 구하기 위해 갈까 말까 망설이다가
결국 "옳은 일을 하는데 늦은 것 없어!(It's never too late to do the right
thing)라고 외치며 달시의 아파트로 찾아가게 되고, 진정한 사과와 용
서를 구하자, 달시는 "내가 무슨 빛나는 갑옷을 입은 기사라 하겠어
요? 내가 사랑하는 남자가 구원을 필요로 하는데도 그를 그냥 내 집
밖으로 걸어 나가게 한다면요!"라고 용기 있는 용서와 함께 뜨거운 사
랑의 포옹을 하게 된다. 이렇듯 진정한 인간관계는 한 사람의 생각에
달린 것이 아니라, 서로가 마음을 연 대화를 통해 성숙하게 발전하여
결국 행복에 이르게 되는 과정을 이 영화를 통해 확인할 수 있다. 오
늘 화성과 금성의 공통 언어인 감미로운 음악을 같이 들으면서 서로의
입장을 헤아려 보는 소통과 교감의 시간을 만들어 보자!

10

돈 워리 비 해피!

칵테일Cocktail, 1988

프롤로그
—

행복이란 무엇일까? 누구에게나 어렵사리 행복이 찾아오면 즐기고 향유하기보다, 그 행복이 달아날까 봐 안절부절 못할 때가 많다. 행복을 찾기는 힘들지만, 행복을 오래 간직하기  가 더욱더 어렵기 때문일지도 모른다. 행복에 대한 진정한 의미와 즐길 준비가 되어 있지 않기 때문이다. '웨인 다이어'는 <행복한 이기주의자Your Erroneous Zones>에서 "인생에서 진정한 성공은 스스로 얼마나 행복하게 느낄 수 있느냐에 달려 있다"라고 하며, 운동을 잘하기 위해 훈련을 하듯 타인의 시선이 아닌 본인 자신의 기준에 따라 매기는 가치가 담긴 행복을 제대로 누리기 위해서는 적극적인 마인드 컨트롤과 훈련이 필요하다고 강조한다. 영화 <칵테일Cocktail, 1988>에서

73

도 사회 초년생인 주인공이 많은 시행착오를 겪으며 진정한 행복의 의미를 찾아가는 과정을 통해 행복은 지극히 주관적이라는 것을 보여준다. 노래 <Don't worry be happy> 처럼 걱정하지마, 그냥 행복해 봐!

● 영화 줄거리 요약

군 복무를 마치고 패기만만하게 사회로 나온 브라이언(톰 크루즈 분)은 백만장자의 꿈을 안고 무작정 삼촌이 있는 뉴욕으로 간다. 하지만 대학 졸업장이 없다는 이유로 모든 회사에서 거절당하는 좌절감을 맛보게 된다. 밤에는 바텐더로 낮에는 대학을 다니지만, 현실 속에서 대학 졸업장이 별 의미가 없다고 느끼고 본격적으로 돈을 벌기로 결심한다.

그러던 중 우연히 만난 술집 매니저인 커글틴(브라이언 브라운 분)과는 동업자로 친형제처럼 지내지만, 돈 많은 여자를 사귀어서 성공하겠다는 커글틴의 인생관에는 거부감을 느낀다. 어느 날 코랄이라는 부자 여자 고객을 사이에 두고 커글틴과 사이가 틀어진 브라이언은 자메이카로 훌쩍 건너가 자신의 가게를 차릴 자금을 모으기 위해 동분서주하고 그곳에서 그림을 공부하며 웨이트리스로 일하는 아름다운 조르단(엘리자베스 슈 분)을 만나 뜨거운 사랑을 나누게 된다.

한편 돈 많은 여자와 결혼해 그곳으로 신혼여행을 온 커글틴은 브라이언에게 돈 많은 여자를 유혹하지 못하는 바보라고 약을 올리며 내기를 제안하게 되고, 아직 젊은 혈기에 철없던 브라이언은 커글틴과

74

내기에 이기기 위해 마음에도 없는 나이 든 부자 여인 보니에게 접근한다. 이를 본 조르단은 크게 실망해서 뉴욕으로 돌아가 버린다. 처음부터 돈만 보고 접근한 부자 여인과는 맞지 않는다는 것을 깨닫고 자신의 실수를 후회하고 뉴욕의 조르단 집으로 찾아가는데, 놀랍게도 그녀는 대부호의 딸이며, 자신의 아이를 임신 중이었다.

조르단의 아버지는 브라이언이 돈을 노리고 딸을 유혹하는 쓰레기로 오해하고 거금을 주고 돌려보내려 하자, 조르단은 돈을 찢어버리고 나오게 된다. 한편 큰 술집을 하던 커글틴은 껍데기뿐인 자신의 삶이 행복하지 않은 것을 깨닫고 자살하게 되고, 이를 통해 브라이언은 인생에서 무엇이 소중한가를 깨닫고 조르단의 집을 다시 찾아가 그녀를 데리고 나온다. 그리고 삼촌이 운영하는 술집의 바에서 '칵테일과 꿈 (Cocktails & Dreams)'이라는 간판을 걸고 바텐더가 되어 쌍둥이를 임신한 사랑하는 조르단과 행복한 삶을 꿈꾸며 성실히 살아간다.

● 관전 포인트

A. 조르단이 브라이언에게 부자라는 걸 속인 이유는?

브라이언은 왜 자신에게 부잣집 딸이라는 것을 속였느냐고 묻자, "너무 당신이 돈, 돈했기 때문이에요"라며 돈 때문이 아닌 자신을 진정으로 사랑하는 사람을 만나고 싶었다고 말한다. 이에 다시 기회를 달라는 브라이언에게 조르단은 "그게 진심인지 어떻게 믿죠? 자신에게 정직하지도 못하면서!"라고 거절한다. 하지만 그녀의 아버지가 딸에게서 떨어지라고 준 돈 1만 달러를 찢으며 "당신에 대한 내 생각도 당신은 모르겠지"라고 말하게 되고 이에 조르단의 마음은 다시 움직이기 시작한다.

B. 멘토였던 커글틴이 자살한 이유는?

브라이언에게 칵테일 비즈니스를 알게 해준 커글틴은 부자 여인과 결혼하여 큰 칵테일바를 경영했지만, 사업경영 방식을 모르고 허영과 말재주밖에 없었던 그는 결국 파산하게 된다. 더욱이 자신의 부인이 브라이언을 유혹하는 등 자신이 추구한 행복이 한낱 뜬구름 같았다는 것을 깨닫고 자살하고 만다.

C. 브라이언이 조르단과 다시 결합하게 된 배경은?

불행했던 커글틴의 자살로 브라이언은 진정한 행복은 허무한 돈이나 명성이 아님을 깨닫고 조르단의 집으로 찾아간다. 하지만 그녀의 아버지가 실패자에게 딸을 줄 수가 없다고 하자 어떤 도움도 필요 없다고 선언하고, 조르단을 데리고 삼촌이 운영하는 술집에서 자신이 사랑하는 가족을 위해 성실한 바텐더로서의 삶을 시작하게 된다.

D. 영화에 등장하는 유명한 곡들은?

◇ 미국 레게 가수 바비 맥퍼린Bobby McFerrin의 <Don't worry be happy>는 아카펠라 풍으로 빌보드 차트 1위에 랭크: [가사: In every life we have some trouble, when you worry you make it double/Don't worry be happy: 우리가 사는 모든 인생에는 문제가 발생하기 마련이에요, 걱정하면 그 걱정은 두 배가 된답니다. 걱정 하지 마세요, 행복해지세요]

◇ 서핑 USA로 유명한 미국의 록그룹 비치보이스The Beach Boys의 <코코모Kokomo: 빌보드차트 1위에 랭크> [가사: 자메이카의 아루바섬, 당신을 바하마에 있는 버뮤다로 데려가고 싶어요. 이리 와요, 내 사랑. 몬테고라는 섬으로 가지 않을래요? 플로리다 섬에서 좀 떨어진 곳에 코코모라고 불리는 곳이 있어요. 그곳은 바로 당신이 모든 것을 훌훌 털어 버리고 가고 싶어 하는 곳이에요. 모래사장에 누운 채 손에는 열대음료를 들고, 우리는 밴드의 드럼 연주에 맞추어 사랑에 빠질 거예요. 저 아래 코코모에서]

에필로그

———

길고 긴 인생길에서 행복한 삶을 찾는 데 '바빌로니아의 함무라비 법전'같이 확고하게 정해진 법칙은 없다. 단지 우리는 삶 속에서 직면하는 시행착오를 겪으며 묵묵히 자신만의 행복을 찾아 나가는 것이다. 머리로만 생각하고 머리로만 답을 내는 것은 생동감 넘치는 삶의 방식이 아니다. 그러기에 사람들과 만나고 사랑하고 소통하는 것을 두려워하지 않으면서 몸과 마음이 체감하고 움직이는 곳으로 달려가면 되는 것이다. 영화 <칵테일>에서도 남에게 보여주기 위한 삶은 결코 행복한 삶이 아니라는 것을 보여준다. 영화 노래 속 가사처럼 걱정할 일 있을 때 전화할 친구가 있다면 그것 또한 행복한 삶일 것이다. [I give you my phone number, when you're worried, call me, I make you happy: 제 전화번호 드릴게요. 걱정할 일 있으면 저에게 전화하세요. 제가 당신을 행복하게 해드릴게요!]

[행복을 위한 10가지 팁: 1. 남보다 먼저 자신을 사랑하라. 2. 다른 사람의 눈치를 보지 말라. 3. 자신에게 붙어있는 꼬리표를 떼라. 4. 자책과 걱정은 버려라. 5. 미지의 세계를 즐겨라. 6. 의무에 매이지 말라. 7. 정의의 덫에 빠지지 말라. 8. 결코, 뒤로 미루지 말라. 9. 다른 사람에게 의존하지 말라. 10. 화에 휩쓸리지 말라]

11

사랑은 빗속을 우산 없이 달리는 것!

클래식The Classic, 2003

프롤로그

비가 억수같이 쏟아지는 날 우산 없이 걸어가도 마냥 설레고 행복한 것이 사랑이다. 하지만 이별 후엔 신호등이 빨간불인지도 모르고 그 사람과의 추억을 생각하며 무작정 걷는 것도 사랑이다. 한국 영화 <클래식The Classic, 2003>에서 남녀 주인공의 애틋하지만 이루지 못한 사랑은 운명처럼 다시 새로운 인연을 만들어 준다. 이들의 신비한 사랑의 이야기속으로 한 번 들어가보도록 하자.

● 영화 줄거리 요약

　같은 대학에 다니는 지혜(손예진 분)와 수경은 연극반 선배 상민(조인성 분)을 좋아한다. 어느 날 호들갑스러운 수경이 상민에게 보낼 고백 편지의 대필을 지혜에게 부탁하고, 지혜는 수경의 이름으로 상민을 향한 자신의 감정을 고백한다. 지혜의 편지로 맺어진 수경과 상민이 가까워지면서 지혜는 괜한 죄의식에 상민을 멀리하려 하지만, 우연하게도 자꾸만 마주치게 된다.

　하지만 오래전, 운명적인 사랑은 이미 시작되었다. 아빠를 일찍 여읜 지혜는 현재 해외여행 중인 엄마 주희와 단둘이 살고 있다. 다락방을 청소하던 지혜는 우연히 엄마의 비밀 상자를 발견하게 되고 엄마의 첫사랑 기억이 고스란히 담겨있는 비밀 상자를 보면서 지혜는 엄마의 클래식한 사랑을 조금씩 알게 된다. 1968년 여름방학을 맞아 시골 삼촌 댁에 간 준하(조승우 분)는 그곳에서 성주희(손예진 분)를 만나, 한눈에 그녀에게 매료되고 그런 주희가 자신에게만 은밀하게 '귀신 나오는 집'에 동행해 달라고 부탁한다. 이에 흔쾌히 수락한 준하는 흥분된 마음을 가까스로 누르며 주희와의 약속 장소에 나간다.

　그런데 갑작스러운 소나기를 만나 배가 떠내려가면서 귀가 시간이 늦어지고, 이 일로 주희는 집안 어른에게 심한 꾸중을 듣고 수원으로 보내진다. 작별 인사도 못 하고 헤어진 주희를 향한 준하의 마음은 안타깝기만 하다. 그렇게 방학이 끝나고  학교로 돌아온 준하는 친구 태수에게 연애편지의 대필을 부탁받는데, 상대가 주희란 사실에 깜짝 놀란다. 하지만 태수에게 그 사실을 말하지 못하고, 태수의 이름으로 자신의 마음을 담아 주희에게 편지를 쓴다. 이렇듯 운명이 던져준 또 한 번의 편지를 대신 써주며 사랑이 깊어간 엄마와 자신의 상황이 묘하게도 닮아 놀라게 된다.

● 관전 포인트

A. 사랑의 감흥이 흐르던 장면은?

상민과 빗속을 함께 뛰면서 생긴 사랑의 야릇한 감정을 알게 된 지혜는 상민도 자신을 좋아한다는 것을 알게 해 준 '특별한 우산'을 가져다주기 위해 비를 맞으며 캠퍼스를 달려가게 되는데, 이를 본 학군단 제복을 입은 학생들은 그녀의 씩씩하고 아름다운 모습에 경례하고 이에 지혜도 경례로 답을 하는 모습이 싱그럽다.

B. 준하가 베트남전에 자원한 이유는?

정략결혼을 위해 아버지에게서 압박을 받던 자신의 절친 태수가 자살을 기도하자 준하는 죄책감과, 주희에 대한 사랑을 잊기 위해 베트남전 참전을 위한 입영 열차를 탄다. 그때 주희가 달려와 사랑의 징

표인 자신의 목걸이를 준하에게 건네준다. 훗날 준하는 전쟁터에서 폭탄 사고로 인해 눈을 다쳐 돌아오게 된다.

C. 준하가 눈먼 사실을 숨긴 이유는?

준하는 주희가 자신에 대해 죄책감으로 부담을 느낄까 봐 주희와의 만남 하루 전에 레스토랑에 미리 와서 동선을 살펴보면서 자신이 눈먼 사실을 숨긴다. 하지만 주희는 그 사실을 알아채고 눈물을 흘린다.

D. 준하와 주희의 안타까운 미래를 예고하던 것은?

주희의 피아노 경연날 찾아온 준하는 그녀가 베토벤 <소나타 8번 비창, 2악장>을 연주하는 것을 듣고 슬픔의 미래를 직감한다. 이 음악은 1982년 영국 가수 루이스 터커Louise Tucker가 비창 제2악장의 멜로디에 가사를 얹어 <Midnight blue>라는 음악으로 재해석해 부르기도 했다.

E. 순수한 사랑을 흠뻑 느끼게 해주는 OST는?

비가 억수같이 오던 날 평소 지혜를 좋아하던 상민은 자신의 우산을 매점 점원에게 선물하고, 비가 오는 길을 자신의 코트로 지혜와 함께 쓰고 간다. 이 장면에서 나오던 곡인 <너에게 난 나에게 넌(자전거 탄 풍경)>은 현재까지도 많은 이들에게 기억되고 있고, <고백>, <사랑하면 할수록>, <너무 아픈 사랑은 사랑이 아니었음을>과 같은 아름다운 곡들을 남겼다. 훗날 지혜는 상민에 대한 생각이 더욱더 깊어만 가다가 어느 비 오는 날 상민의 진심을 알게 되고 그와 운명처럼 사랑을 시작하게 된다.

82

에필로그

———

　어릴 적 읽은 황순원의 소설 <소나기>에서 소년과 안타깝게 이
별한 첫사랑 윤 초시네 증손녀처럼 뜨거운 사랑의 열병에 걸린 사람들
은 하늘에서 내려오는 굵은 빗줄기가 가슴을 식혀줄 천사로 생각하는
것 같다. 영화 <사랑은 비를 타고Singin'In the rain, 1953>에서 진 켈
리가 비가 주룩주룩 내리는 길거리에서 사랑에 겨워 노래하고 춤추는
장면과 까뜨린느 드니브의 뮤지컬 영화 <쉘부르의 우산The umbrellas
of Cherbourg, 1964>에서 전쟁으로 인한 슬픈 이별에 내리는 눈은 사
랑의 매개체임을 나타내기도 한다. 이처럼 비 오는 거리를 우산 없이
걸어보는 정취는 또 다른 로맨틱한 시간을 만들어 줄 것이다.

남과 여A man and a woman, 1966

프롤로그

—

연약한 인간에게 세파에도 굴하지 않고 살아갈 수 있는 강력한 모티베이션을 주는 것은 바로 사랑이다. 사랑은 죽음을 무릅쓰고 불가능한 것도 가능케 만든다. 사랑의 감정은 사람을 지탱하고 결실을 추진하게 하는 동력임이 틀림없다. 프랑스 영화 <남과 여A man and a woman, 1966>에서 각각 사랑의 상처가 있던 남녀는 어느새 가슴속으로 들어온 사랑으로 과거의 아픈 추억을 극복하고 새롭게 살아갈 용기를 내게 된다. 결국, 남과 여의 사랑은 삶을 살게 하는 가장 중추적 근간임을 보여준다. 혹한의 시대, 메마른 삶에 따뜻한 사랑이 깃드는 시간이 되길 기원해본다.

● 영화 줄거리 요약

　영화 각본 감독으로 일하는 젊은 미망인 안(아누크 에메 분)은 혼자서 딸 프랑수아를 키우고 있다. 그녀는 파리 몽마르트르 언덕에 있는 집에서 주말이면 기차로 딸이 다니는 도빌의 기숙학교를 오가는 생활을 한다. 한편 부인을 잃은 후 아들 앙투안을 키우는 카레이서 장 루이(장 루이 트린티냥 분)도 아들이 프랑수아와 같은 기숙학교에 다닌다. 어느 날 파리로 돌아가는 기차를 놓친 안을 장 루이가 그의 차로 태워주면서 두 사람은 친해지고 점차 그들의 아이들과 함께 즐거운 시간을 갖게 된다. 장 루이는 힘든 카레이스를 마칠 때마다 그녀에게 달려가곤 했고, 그렇게 그들은 사랑을 키우게 된다. 하지만, 안은 여전히 죽은 남편에 대한 기억으로 인해 장 루이에게 알 수 없는 혼란함을 느낀다.

● 관전 포인트

A. 주인공 남녀의 사랑에 마주친 큰 장벽은?

스턴트맨으로 일했던 안의 남편 피에르 바루는 영화 촬영장에서 사고로 죽고, 장 루이는 그의 부인이 자살한 아픈 상처가 있다. 그래서 두 사람은 새롭게 사랑을 시작하는 데 망설임이 앞선다.

B. 서로에게 결정적인 확신을 주게 되는 계기는?

◇ 여: 장 루이는 몬테카를로 랠리에서 프랑스 리비에라 해안의 빙판길을 따라 악천후 레이스에서 237대 중 42대만 완주할 수 있었는데, 그중 장 루이의 흰색 머스탱이 포함된 것을 TV에서 본 안은 그에게 "브라보! TV에서 당신을 봤어요. 사랑해요"라는 전보를 보내고, 이를 본 장 루이는 레이스에서 사용한 차를 타고 밤새 달려 그녀를 만나러 간다.

◇ 남: 노르망디 도빌의 해변에서 사랑을 나눈 후 과거의 아픈 기억으로 망설이던 안이 혼자 기차를 타고 파리로 떠나자, 장 루이는 자신의 경주용 차를 몰아 파리 기차역으로 가서 먼저 그녀를 기다리며 확신을 주고자 노력한다. 플랫폼에서 그를 발견한 안은 그를 향해 걸어가고 뜨겁게 포옹하면서 사랑을 확인하게 된다.

C. 영화에 나오는 자동차 경주 장면은?

자동차 경주 장면은 1964년 르망 24시이다. 장 루이 역의 트린티냥의 삼촌은 실제 레이서 '모리스 트린티냥'였다. 그는 마세라티 티포로 레이스에 참가했고, 11번의 그랑프리 레이스와 1954년 르망 24시에서 우승하기도 했다.

86

D. 이 영화가 유명한 이유는?

유명한 스윙 풍의 주제가와 함께 프랑스를 대표하는 명작으로 꼽힌다. 당시 29세의 끌로드 를르슈 감독이 각본을 쓰고, 핸디 카메라로 촬영하여 3주 만에 완성한 영화이다. 를르슈 감독은 과거의 상처와 그 상처를 봉합하는 두 남녀의 사랑 이야기를 세피아, 청색의 필터 효과와 흑백과 컬러 교차편집, 그리고 플래시백을 넘나드는 감각적인 영상과 대사 없이 이어지는 기법을 사용해 절제미를 풀어냈고, 이런 독창적인 영상미는 감미로운 음악과 절묘한 화합을 이루게 된다. OST는 프란시스 레이가 작곡하고 출연자의 한 사람인 피에를 바루가 가사를 썼고 바루와 니콜 크로와지르의 듀엣이 사용되었다. 아카데미 최우수 외국어 영화상, 각본상을 받았다.

에필로그

—

영화에서 겨울비가 흩뿌리는 도빌에서 밤길을 달려 멀리 떨어진 파리까지 쉬지 않고 차를 몰아 사랑하는 여인을 만나러 가는 남자의 모습에서 사랑의 뜨거운 힘을 공감할 수 있다. 계산적이지 않은 이런 폭풍 같은 에너지가 인간을 움직이게 하는 강한 원동력이 아닌가 생각해본다. 영화의 주제곡 "우리 서로의 목소리가 가만히 낮게 노래할 때, 우린 서로 두 사람의 마음을 발견하였지요. 어떤 기회와 같은, 희망과 같은 것을, 우리 서로의 마음은 그것을 믿어요"에서 사랑의 감미로움과 설렘을 느끼게 한다.

13

남자가 여자를 사랑할 때

남자가 사랑할 때When a man loves woman, 1994

프롤로그

—

　　현대인은 고도의 경쟁 사회로 가면서 가치관의 혼란과 동정심 없는 현실에서 정신적으로 더 외롭고 피폐해지고 있다. 또한 사랑하는 사람끼리도 둘러싼 다양한 환경의 영향으로 서로를 의심하고 실망하면서 불행의 길을 걷기 쉽다. 영화 <남자가 사랑할 때When a man loves woman, 1994>에서 겉으로는 행복해 보이는 가정의 부부도 각자에게 맡겨진 삶의 무게를 견디지 못해 방황하고 갈등하며 서로에게 상처를 주고 위기를 맞이하다가 두 사람의 간절한 노력으로 간신히 행복을 되찾아 간다. 한국 영화 <82년생 김지영, 2019>에서도 결혼생활에서 오는 감당하기 힘든 스트레스로 행복이라는 배가 좌초되는 것을 보면서 상대방에 대한 무조건적인 이해심과 도움 없이는 결혼생활은 언제나 위기를 맞게 된다는 것을 알게 된다. 오늘 누군가를 진정 사랑한다면 그 사람의 자존감을 해치지 않으면서 고통까지 감싸 안을 수 있는 강력한 포용력이 필요하다.

● 영화 줄거리 요약

앨리스(맥 라이언 분)에겐 가정적이며 끔찍이 위해주는 남편(앤디 가르시아 분)과 사랑스러운 두 딸, 가정부를 둘 정도의 여유 있는 생활, 초등학교 상담교사라는 안정적인 직장 등 남부러울 거 없는 행복한 조건인데도 정작 앨리스는 삶의 무게를 감당할 수 없어 술을 마신다. 비행기 조종사인 남편이 집을 자주 비우는 게 외롭고 직장과 가정에서 오는 스트레스를 잘 소화하지 못하기 때문이다. 하지만 남편의 사랑을 잃지 않기 위해 이런 사실을 숨기다가 어느 날 만취한 상태에서 신경질적으로 딸의 뺨을 때리고 아스피린을 보드카로 삼키고 샤워하다가 쓰러지고 만다. 남편이 달려와 수습하지만 서로의 속내를 열지 않아 두 사람은 겉으로만 맴돌게 된다. 남편은 회사 사정으로 덴버로 전출을 가게 되고 그녀는 알코올 중독을 치료하러 병원에 입원한다. 시간이 흘러 자신의 알코올 중독 경험을 많은 사람들 앞에 밝히는 자리에 남편이 찾아 오게 되고 두 사람은 다시 뜨겁게 포옹하게 된다.

● 관전 포인트

A. 여자가 알코올 중독에 빠진 이유는?

안정된 가정이었지만 정작 재혼하여 행복을 되찾은 본인은 이러한 행복이 사라질까 봐 두려운 마음에서 직장에서의 스트레스와 가정에서의 육아 등의 피로감을 남편에게 솔직히 표현하지 못하고 술에 기대게 되고 점점 심각한 중독 상태로 발전하게 된다.

B. 여자가 알코올중독으로 보인 현상은?

◇ 퇴근 후 친구와 담소를 나누면서 마시게 된 음주는 차츰 주량이 늘어가면서 남편이 야간 비행 출장을 가는 스케줄도 잊어 남편이 출장을 취소하게 된다.

◇ 여자는 쇼핑을 갔다가 음주로 인해 데리고 갔던 딸을 맡긴 것도 잊고 집으로 돌아오기도 했다.

◇ 남편이 출장 중 만취 후 집에 돌아온 딸이 귀찮게 굴자 뺨을 때리고 자신은 아스피린을 보드카로 마신 후 샤워하다가 의식을 잃고 쓰러지자 놀란 딸이 아빠에게 전화하여 비행을 취소하고 응급실로 달려온다.

C. 남자가 여자를 위해 노력한 것은?

◇ 자신이 자주 집을 비워 외로워하는 부인을 위해 멕시코 휴양지

로 여행을 떠나 단둘만의 오붓한 시간으로 위로하려 하지만 여
자는 여행 중에도 술에 취해 보트에서 바다로 뛰어들어 익사할
뻔하여 남편은 크게 놀라게 된다.

◇ 아내를 이해하고 치유하기 위해 알코올 중독자 가족모임에 참석
하게 된다. 처음에는 방관자적 자세였지만 차츰 그녀의 고통과
가족품으로 돌아오려는 처절한 노력을 이해하게 된다.

◇ 큰 딸이 자기가 친딸이 아니라 아버지가 덴버로 떠나면 오지 않
을까 봐 슬퍼하자 남자는 딸에게 더 자주 만나러 올 것을 약속
하며 포옹해 준다.

D. 남자의 문제는?

◇ 아내를 무척 사랑하지만 직업 특성상 자주 집을 비우는 이유로 부
부관계의 위기를 걱정하여 아내와 심각한 얘기는 피하자 문제는
점점 깊어 가고 아내는 외로움을 알코올로 달래게 된다. 부인이 전
문병원에서 일차적인 치료를 끝내고 집으로 돌아오지만 금단현상
과 자신의 열등감으로 부부는 과거로 돌아가기가 쉽지 않았다.

◇ 부인은 자신이 술에 취해 평소 재기 발랄하게 구는 자신을 사랑
한 남편이 이젠 술을 마시지 않으니 명랑하지 않게 되면 사랑에
금이 갈까 봐 불안해했고, 자신을 아기 취급하는 남편 앞에 서
면 자신이 무기력하게 느껴지게 된다.

E. 남녀의 가장 큰 문제점은?

근본적인 문제는 마음을 연 대화가 부족해서였다. 마음을 터놓고
이야기를 할 기회가 적고 진실을 마주할 자신이 없던 두 사람은 진심
을 털어놓기보다는 자신의 감정을 조금씩 감추는 법부터 배우게 된다.
여자는 남편에게 자신이 짐이 되지 않고 싶어 했고 치료소에서 만난

자신과 같은 처지의 친구들과 편하게 대화하는 모습을 본 남편은 좌절하기도 한다. 결국 두 사람은 서로 상반된 시각으로 문제를 계속 악화시켰던 것이다.

에필로그
—

　영화 속 남자는 "세상에서 가장 아름다운 모습은 한 남자가 한 여자를 업고 있는 모습이다. 그 남녀는 같은 길을 가길 원한다는 뜻이고 남자는 여자의 모든 짐을 짊어지겠다는 것이고 여자는 남자에게 모든 것을 맡긴다는 의미이다"라며 무한 책임과 포용으로 여자를 사랑한다는 의지를 표시한다. 현실적으로 많은 삶의 문제를 감당해 나가야 하는 부부는 경쟁자가 아닌 서로를 위로하는 파트너로서 사랑의 뜨거운 불씨를 꺼뜨리지 말고 용기 있게 헤쳐나가야 한다. 영화에서 "상대방 자체를 있는 그대로 인정하고 이해해 주는 것이 사랑이고 상대방의 문제를 해결해 줄 수 없더라도 같이 있고 상대방의 말에 인내심을 가지고 진심으로 귀 기울여 들어주는 것이 사랑"이라는 쉬운 것 같지만 어려운 교훈을 생각하게 한다.

#잊힌 로맨틱한 사랑은,
　영화 속에서 그 설렘을 찾는다!

제2부

사랑의 슬픔

14

사랑은 한편의 가슴시린 시

애수(哀愁)Waterloo Bridge, 1940

프롤로그

트렌치코트의 깃을 세운 중년의 로
이대령은 안개 낀 워털루 브리지에 서
서 마스코트를 만지작거린다. 귓가에
는 "당신만을 사랑해요. 그건 앞으로도
마찬가지예요"라고 속삭이는 마이러의
목소리가 들려오는 것만 같다. 촛불클
럽에서의 작별의 왈츠 '올드 랭 사인
Auld Lang syne'의 애잔한 선율이 애틋
했던 사랑의 추억을 불러일으키는 영
화 < 애수(哀愁)Waterloo Bridge, 1940>
에서, 사랑이란 '백조의 호수Swan Lake'

에 나오는 왕자와 마법에 걸린 백조공주 같이 너무나 아름답지만 동시
에 가슴 시린 한편의 시임을 느낄 수 있다. 인스턴트화 되어가는 현대

의 사랑에 따뜻한 서정적인 감성이 피어날수 있게 촉촉한 낭만의 물을
줄 수 있는 시간이 되길 기대한다.

● 영화 줄거리 요약

세계 1차대전, 전쟁의 소용돌이 속의 런던. 워털루 다리 위를 산책
하던 25세의 영국군 대위 '로이 크로닌(로버트 테일러 분)'은 때마침 공습
경보로 사람들과 함께 지하 철도로 피신한다. 그는 프랑스 전선에서
휴가를 받고 나와 있다가 내일로 다가온 부대 귀환을 앞두고, 마지막
이 될지 모르는 런던과의 이별을 아쉬워하며 황혼의 거리를 거닐던 중
이었다. 그때 공습이 시작됐고, 핸드백을 떨어뜨려 쩔쩔매고 있는 한
처녀를 도와주고 함께 대피한다. 혼잡한 대피소 안에서 두 사람은 자
연스럽게 가까워진다.

그녀의 이름은 '마이러 레스터(비비안 리 분)'로 올림픽 극장에서 공
연 중인 올가 키로봐 발레단의 발레리나였다. 공습이 해제되고 밖으로
나오자, 마이러는 로이가 출정한다는 말을 듣고 "행운이 있기를 빈다"
며 조그만 마스코트를 쥐여주고는 서둘러 사라진다. 그날 밤 극장 무
대에서 춤을 추고 있던 마이러는 객석을 바라보다 뜻밖에 로이를 발견

96

하고 놀란다. 그 놀라움은
이내 기쁨으로 변하여 설
레는 가슴을 억제치 못한
다. 로이는 사람을 통해서
마이러에게 쪽지를 전한다.
로이의 초대를 받은 마이
러는 기뻤지만, 그것도 순

간, 완고한 키로봐 단장에게 발각되어 야단을 맞고 거절의 편지를 쓰
지 않으면 안 되었다.

그러나 친구 '키티(버지니아 필드 분)'의 도움으로 둘은 몰래 만날 수
있게 된다. 그곳에서 싹트기 시작한 그들의 운명적 사랑은 다음 날 로
이의 청혼으로 이어지나 참전을 앞둔 로이의 일정이 갑자기 바뀌는 바
람에 결혼식도 올리지 못한 채 전쟁터로 떠나고 만다. 이에 상심한 마
이러는 전쟁터로 떠나는 로이를 마중하러 워털루 브리지 역으로 나가
고 그로 인해 공연 시간을 못 맞춘 그녀는 발레단에서 쫓겨나게 된다.
전쟁 중에 살길이 막막해진 마이러는 직업을 구해 헤매고 다니지만 구
하지 못한다. 그러다 로이 어머니를 만나러 나간 장소에서 우연히 신
문에서 전사자 명단 중 로이 이름을 발견하고 절망에 휩싸인다. 상심
하여 떠돌던 마이러는 자포자기의 심정으로 거리의 여자로 전락하고
만다.

하지만 어느 날 워털루 역에 나갔던 마이러는 건강하게 살아 돌아
온 로이를 귀국하는 군인들 사이에서 발견한다. 그러나 마음은 오직
로이만을 사랑하지만, 신뢰를 지키지 못한 몸이 된 마이러는 회한의
눈물만을 흘리고, 결국 지난날에 대한 후회와 사랑을 지키지 못한 죄
책감으로 행복해야 할 둘의 사랑은 무너지고 마이러는 새벽, 워털루
브리지에서 달려오는 트럭에 몸을 던진다.

A. 영화 제목이 워털루 브리지인 배경은?

로이 크로닌은 마이러를 워털루 브리지에서 운명적으로 처음 만났고, 그 다리에서 그녀를 잃는다. 그는 그녀를 잊지 못한 채 워털루 브리지 위를 서성이며 그녀와의 애절한 추억을 간직한채 살아가고 있기에 워털루 브리지는 그에게 인생의 스토리가 담긴 곳이라고 할 수 있다. 또한 전쟁으로 비롯된 25세 젊은 청춘과 사랑의 슬픔이 현재 48세가 된 그에게 여전히 또 다른 전쟁으로 계속되고 있다는 어두운 시대를 나타내기도 한다.

B. 마이러가 준 마스코트의 의미는?

전쟁터로 가는 연인 로이에게 자신을 지켜주던 마스코트를 줌으로, 로이는 전사가 아닌 포로수용소에 잡혀있다가 무사히 전쟁터에서 살아 돌아왔지만, 자신의 행운을 아낌없이 준 마이러는 결국 슬픈 운명을 맞게 되는 스토리에서, 진실한 사랑은 자신을 희생하여 상대를 살리는 위대한 것임을 깨닫게 된다.

C. 로버트 테일러와 비비안 리는 어떤 배우인가?

◇ 테일러Robert Taylor: 1936년 <춘희Camille>에서 그레타 가르보와 환상의 콤비로 유명해짐. 1951년 <쿼바디스Quo Vadis>에서 '데보라 카'와 열연을 펼쳤다.

◇ 비비안 리Vivian Mary Hartly: 남편인 '로렌스 올리비에'를 만나러 뉴욕을 방문 중 <바람과 함께 사라지다>의 '스칼렛 오하라'역에 전격 캐스팅되어 아카데미 여우주연상을 받았고, 1951년에는 <욕망이라는 이름의 전차>에서도 말론 브란도와 함께 남

98

부 미녀를 연기하여 아카데미 여우주연상을 받기도 했다.

D. 영화의 유명한 2가지 유명한 삽입곡은?

◇ 차이코프스키Tchaikovsky의 명곡 '백조의 호수' 중 제2막 제10곡
정경 – 모데라토(1876 작곡): 마이러가 발레리나로 무대공연 시 나
왔던 곡이다.

◇ 이별의 왈츠Farewell Waltz. Candlelight Waltz로 유명한 올드 랭 사
인Auld Lang Syne: 영화의 결말을 암시하듯 상당히 우울하고 슬픔
분위기의 연주이다. 1960년 미국의 5인조 보컬 그룹 '지 클립스
The G Clefs'는 'I Understand'라는 노래로 큰 인기를 얻었다.

E. 로이가 마이러의 행적을 알게 된 배경은?

기적적으로 마이러를 다시 만난 로이가 무척이나 행복감에 빠져있
던 순간, 마이러는 로이의 어머니에게 사정을 얘기하고 로이의 집을
나간다. 이를 찾아 헤매던 로이는 자신이 전쟁터에 나가 있던 동안 생
활고로 거리의 여자로 살아온 것을 알게 되고 더욱 죄책감에 복받치던
순간, 자신의 초라해진 모습을 감당하기 어려워진 마이러는 로이에게
작별의 편지(당신은 제게 너무나 소중하지만, 우리에겐 미래가 없답니다. 지금까지
당신이 준 사랑에 감사드려요. 더 쓸 수가 없군요. 안녕 내 소중한 사랑)를 남기고
워털루 브리지에서 트럭에 몸을 던진다. 그녀는 결국 아름다웠던 소중
한 사랑을 선택한 것이다.

F. 주인공이 입었던 유명한 코트는?

트렌치코트Trench Coat로 겨울 참호 속의 혹독한 날씨로부터 영국
군인과 연합군을 지켜주기 위해 만들어진 것이다. 코튼 개버딘Cotton
Gabardine 소재가 주로 사용되며, 우수한 통기성/내구성/방수성으로 기

능성이 뛰어나다. 1941년 제1차 세계대전 기간에 토머스 버버리가 영국 육군성의 승인을 받고 레인코트로 이 트렌치코트를 개발한 연유로 일명 버버리 코트라고도 한다. 영화에서 로버트 테일러가 버버리를 입고, 연인 비비안 리와 비가 내리는 워털루 브리지에서 포옹하는 장면은 잊히지 않는 감동을 주는 명장면이다. <카사블랑카>에서 험프리 보가트가 입었던 트렌치코트는 '험프리 보가트' 룩으로 패션사에 기록되고 있다.

G. 영화 시작에서 옛사랑을 추억하던 로이의 모습은?

영국이 독일에 선전포고를 한 1939년 9월 3일 저녁, 안개 자욱한 런던의 워털루 다리 위에 한 대의 지프가 멎는다. 로이 크로닌대령. 그는 프랑스 전선으로 부임하기 위해 워털루역을 향해 가고있는 중이었다. 군인다운 단정한 매무새엔 기품이 넘쳐 보였으나, 어딘가 얼굴엔 쓸쓸한 표정이 어리어 있었다. 마이러가 떠난 지 23년이 지난 그는 48살이 된 나이까지도 독신으로 지내고 있었다. 그는 차에서 내려 서서히 워털루 다리 난간으로 간다. 난간에 기대어 선 그는 호주머니에서 조그만 마스코트를 꺼내어 든다. 일생을 통틀어 잊을 수 없는 그 마스코트. 그의 눈앞으로 슬픈 사랑의 추억이 서서히 물결을 이루며 다가온다.

에필로그

비운의 여인을 열연한 비비안 리의 사랑과 절망, 후회와 선택의 모습이 담겨있는 영화 <애수>는 그녀가 '스칼렛 오하라'역으로 아카데미 여우주연상을 받은 <바람과 함께 사라지다. 1939>보다 어쩌면 더욱 애절하고 가슴을 시리게 만든 작품이기도 하다. 남겨진 로이역의 로버트 테일러의 모습 역시 한 여자를 사랑했지만 지켜주지 못한 남자의 고독한 심정을 극대화한다. 그녀와 처음 만났던 워털루 브리지, 그녀가 주었던 행운의 마스코트, 그리고 전쟁터로 나가기 전의 마지막 밤의 올드 랭 사인, 이런 기억들은 언제까지나 잊지 못할 것이다. 윤종신의 노래 <아버지의 사랑처럼> 가사에서 아버지의 사랑 모습을 한 번쯤 돌아본다면 현대에서의 계산적이고 쉽게 변하는 사랑에 하얀 첫눈만큼이나 아름답고 낭만적인 스토리가 덮혀지길 기대한다.

[아버지의 사랑처럼: 언제인가 들어 보았지 아버지의 사랑 얘기를, 지금 우리와는 다른 한 총각 얘기를/그렇게도 힘들었다지 엄마에게 고백하기가, 요즘 우린 너무 흔하게 쓰곤 하는 말 사랑해/지금 우린 어떤 말도 수줍지 않아, 조금 깊이 빠져들면 머뭇거림 없이 널 사랑해, 아무런 고민도 없이. 많은 건 새것이 좋지 그렇지만 사랑하기엔 먼지 쌓인 아버지 것도 낭만 있잖니/언젠가 세월이 흘러 우리들의 아이들에게 어떤 얘기 해주려고 하니, 아직은 늦지 않았어 변해보렴]

15
슬픔의 심로 겨울 나그네

겨울 나그네|Winter Wanderer, 1986

프롤로그
—

1980년대 한국 영화의 주요한 흐름 중 하나인 문예영화 전성기 시절, 작가 이문열과 최인호는 소설과 영화에서 많은 대중 친화적인 재미와 서정적 사유의 시간을 주기도 했다. 청춘에게 사랑은 삶의 원천이요, 긴 인생을 살아가는 에너지이다. 최인호가 동아일보에 연재한 원작소설을 영화화한 <겨울 나그네Winter Wanderer, 1986>에서 주인공은 운명처럼 만난 여인과의 사랑을 잃자 자신의 삶도 놓아버리게 되는 것을 보고 젊은 날의 타협 없는 열정과 순수함에 공감하게 된다. 긴 인생을 살아보고 관조하는 시점에서는 한낱 가슴 떨리는 젊은 날의 추억에 불과할지도 모르지만, 그것은 촛불을 태워 세상을 밝히는 것과 같은 인간 심연의 순수한 감정이기에 사랑을 잃고 눈길을 걸어가는 겨울 나그네의 쓸쓸한 모습에 가슴이 시려온다.

[슈베르트의 겨울 나그네: 빌헬름 뮐러의 원작 시 '아름다운 물레방앗간 집 아가씨'에 곡을 붙인 것을 시작으로 총 24개의 노래로 이루어진 연가곡이다. "사랑에 실패한 청년  이 추운 겨울, 연인의 집 앞에서 이별을 고하고 눈과 얼음으로 뒤덮인 들판으로 방랑의 길을 떠난다. 눈과 얼음으로 가득한 추운 들판을 헤매는 청년의 마음은 죽을 것만 같은 고통과 절망 속에서 허덕이고 어느덧 까마귀, 숙소(무덤), 환상, 도깨비불, 백발과 같은 죽음에 대한 상념이 마음속에 자리 잡게 된다" 작가 최인호가 이 음악에서 영감을 얻어 집필한 <겨울 나그네>는 감미롭고 슬픈 첫사랑을 아름답게 형상화한 작품이다. <겨울 나그네> 중 <보리수>가 메인 테마로 흐르며 방황하는 청춘과 엇갈린 사랑, 삶과 죽음에 대한 메시지를 감동적으로 전한다]

● 영화 줄거리 요약

사랑을 잃고 방황하며 추운 겨울 여행을 떠나는 젊은이에 대한 이야기를 담고 있는 슈베르트의 동명 가곡에서 따온 영화 <겨울 나그네, 1986>. 자전거를 타고 대학 교정을 달리던 민우(강석우 분)는 잠깐 한눈을 판 사이 첼로 캐이스와 악보를 들고 걸어가던 다혜(이미숙 분)와 부딪히며 운명적인 사랑이 시작된다. 유복한 가정에서 자라 세상살이에 숫기가 없는 의대생 민우와는 달리 세상의 평지풍파를 다 경험한 듯한 인물 현태(안성기 분)는 민우의 대학 선배이자 정신적 멘토로 두 사람의 사랑을 이어주는 역할을 하게 된다. 하지만 어느 날 민우는 아버지 회사가 부도가 나고 자신의 출생 비밀까지 알게 되면서 인생의 큰 태풍 속으로 끌려 들어간다. 아버지가 돌아가시고 나머지 가족은 해외로 도피한 후, 빚 독촉을 하는 채권자와의 폭력 사건에 휘말린 민우는 자신의 생모가 살았던 동두천의 기지촌으로 몸을 숨기며 순식간에 인생 밑바닥으로 떨어지게 된다. 그곳에서 기지촌 여성들을 치료해 주던 민우는 은영(이혜영 분)을 만나게 되고 민우를 사랑하던 은영은 그의 아이를 낳게 된다. 하지만 민우의 가슴속에는 언제나 다혜뿐이다. 민우는 급기야 폭력조직에 연루되어 복역 후 출소하게 된다. 출소 후 다혜와의 짧은 재회로 하룻밤을 보내게 되지만, 서로의 벌어진 운명은 결국 이별을 맞이하게 된다. 한편 현태는 민우와 다혜 사이에서, 사랑의 메신저에서 다혜와의 연인으로 변하게 되고 결국 결혼에 이르게 된다. 사랑과 우정을 모두 잃은 민우는 다시는 다혜 곁으로 돌아갈 수 없는 절망적인 처지에 놓이자, 안타깝게도 쥐고 있던 자신의 생을 놓아 버리게 된다.

● 관전 포인트

A. 영화에서 현태의 역할은?

처음에는 자신의 후배인 민우를 친형처럼 잘 이끌고 도와주다가, 막상 민우의 여건이 어려워지자 그의 근황을 다혜에게 숨기며, 서서히 실의에 빠진 그녀를 위로하며 그녀의 연인으로 다가가게 된다. 결국, 순수한 우정과 애정 사이에서 민우를 버리고 다혜와 결혼하게 된다. 민우를 잊지 못하던 다혜를 포기시키기 위해 민우가 은영과 같이 사는 초라한 저수지 옆 시골집으로 데려가 보여주는 장면에서 서글픈 생각이 들었다. 현태는 이 시대를 살아가는 현실적인 인간군상의 표본으로 좋아할 수도, 비난할 수도 없는 인물이다.

B. 영화에서의 잊지 못할 장면은?

민우가 현태와 다혜의 결혼식을 멀리서 지켜 보고 난 후 돌아오는 남산 계단 길에 하얀 눈이 내리며 슈베르트의 <겨울 나그네> 중 보리수Der Lindenbaum가 한 가닥 남은 사랑의 희망에 절망한 민우의 슬픔을 끌어올린다.

[성문 앞 우물곁에 서 있는 보리수, 나는 그 그늘 아래 단꿈을 보았네. 가지에 희망의 말 새기어 놓고서, 기쁘나 슬플 때나 찾아온 나무 밑/오늘 밤도 지났네! 그 보리수 곁으로, 깜깜한 어둠 속에 눈 감아 보았네, 가지는 산들 흔들려 내게 말해주는 것 같네, "이리 내 곁으로 오라 여기서 안식을 찾으라"고/찬 바람 세차게 불어와 얼굴을 매섭게 스치고, 모자가 바람에 날려도 나는 꿈쩍도 않았네, 그곳을 떠나 오랫동안 이곳저곳 헤매도 아직도 속삭이는 소리는 여기 와서 안식을 찾으라!]

105

C. 민우의 출생 비밀은?

민우는 혼외자로 태어났고, 친어머니는 민우를 낳은 뒤 자살한 아픈 과거가 있다. 민우는 한 번도 보지 못한 자신의 어머니가 매우 아름다운 천사일 거로 생각하고 살아왔지만, 나중에 만난 범죄조직의 이모로부터 어머니와 이모는 보육원에서 자랐으며, 기지촌에서 미군들을 상대하던 여성이라는 것을 알고 충격에 빠진다.

D. 민우가 죽고 난 후 나타난 은영의 모습은?

민우가 경찰에 포위된 범죄 현장에서 스스로 죽고 난 후 은영은 미군과 결혼하여 미국으로 가면서 다혜 부부에게 민우의 아이를 부탁하고 사라진다. 현태와 다혜가 찾아간 민우의 무덤에서 현태는 "이젠 다시는 돌아오지 못할 우리들의 젊은 날, 저녁노을 속으로 사라지는 굴뚝 위의 흰 연기처럼 그 젊은 날을 어디로 사라졌는가!"라며 민우를 빼닮은 아이에게 한때 아버지의 별명 '피리 부는 소년'이라고 부르며 데리고 떠난다.

E. 청춘의 사랑과 고뇌를 주제로 한 영화들은?

◇ 젊은 날의 욕망과 사랑 사이에서 고뇌하다가 모든 것을 잃고 방황하는 젊은이들을 그린 1951년 작 '몽고메리 클리프트와 엘리자베스 테일러'의 <젊은이의 양지A place in the sun>

◇ 젊은 날의 뜨거운 피를 주체하지 못하고 방황하다가 결국 사랑하지만 다른 길을 갈 수 밖에 없었던 청춘들을 그린 1961년 작 '나탈리 우드와 워렌 비티'의 <초원의 빛Splendor in the Grass>

◇ 아름답게 시작했지만 작은 불씨로 모든 것을 잃고 인생의 고통과 마주하게 되는 청춘들을 그린 1981년 작 '브룩 쉴즈와 마틴 휴이트'의 <끝없는 사랑Endless Love>로 '라이오넬 리치와 다이애나 로스'가 부른 주제곡도 유명하다.

106

에필로그

—

　슈베르트는 <겨울 나그네> 중 '봄날의 꿈'에서 오직 사랑만을, 아름다운 소녀를, 뜨거운 마음과 입맞춤을, 기쁨과 행복을 꿈꾸었지만 <겨울 나그네>를 완성한 이듬해에 노래처럼 가난과 질병으로 31세의 꽃다운 나이로 안타깝게 세상을 떠났다. 영화에서도, 따뜻한 봄과 같은 환한 사랑을 갈구하던 청춘이 뜻하지 않은 비극으로 자신의 삶과 사랑을 모두 잃고 겨울 나그네가 되어 눈이 내리는 인생의 추운 길로 쓸쓸히 사라지는 여정에서, 인생은 덧없는 찰나의 운명임을 공감하게 한다. 사랑할 때는 아름다운 꽃동산 속의 봄이지만, 이별할 땐 혹독한 눈보라 속의 겨울 나그네의 슬픈 운명은 우리들의 가슴 시린 피할 수 없는 사랑의 행로이다. 사랑을 잃은 젊은이여 겨울이 지나면 또다시 새로운 봄이 찾아오니 용기를 내어 그 빛을 찾아 나서라!

위대한 유산Great expectations, 1998

프롤로그

—

어느 날 갑자기 인생에 뜻하지 않은 큰 기회를 맞이하게 된다면, 그 기회는 언젠가 당신이 누군가를 위해 베풀었던 선한 행동이 있었기 때문일지도 모른다. 인생을 살아가면서 대가를 바라지 않는 선의는 언젠가 시련의 시기에 큰 은혜로 돌아올 수 있다. 타인을 사랑하고 베푸는 삶은 곧 자신의 풍요로운 삶에 대한 준비이다. 영화 <위대한 유산 Great expectations, 1998>에서 꿈을 포기하고 살아가던 주인공은 우연히 타인에게 대가 없이 베푼 선의가, 위대한 유산이 되어 자신에게 되돌아온 것을 경험하게 된다. 영화는 찰스 디킨스의 원작과는 다소 다른 결말로 끝나지만, 신분의 벽을 넘는 사랑을 얻기 위해 탐욕에 집착하던 청년이 성공은, 본인의 재능과 행운만이 아닌 자신을 아낌없이 도와주는 사람들의 희생과 노력으로 만들어진 위대한 유산이었다는 것을 깨닫는 과정을 보여준다. 이는 삶의 진정한 행복이 어디에서 오는지 알려준다.

[찰스 디킨스Charles Dickens, 1812~1870: 셰익스피어와 어깨를 나란히 하는 19세기 영국을 대표하는 소설가이다. 그는 상류사회에 대한 신랄하고 풍자적 희극성과 감상주의적 휴머니즘이 풍성하게 어우러져 있는 것이 작품의 특징이다. <올리버 트위스트>, <크리스마스 캐럴> 등 14편의 장편과 다수의 중단편 소설이 있다.]

● 영화 줄거리 요약

플로리다 걸프 해안의 작은 마을에 사는 8살의 핀 벨(에단 호크 분)은 부모 없이 메기누나와 함께 살아간다. 가난한 형편이지만 화가의 꿈을 가진 핀은 아름다운 바다를 그리며 자신의 이상을 키워나간다.

어느 날 그는 탈옥한 죄수 루스티그(로버트 드니로 분)를 우연히 만나 그의 발목에 찬 족쇄를 풀어주고 음식과 약을 주면서 멕시코로 도망갈 수 있게 뜻하지 않은 선행을 베풀게 된다.

한편 인근에서 가장 부자로 소문나 있던 노라 딘스무어 여사(앤 밴 크로프트 분)로부터 매형과 정원 일을 맡게 된다. 그러던 핀은 그녀의 조카인 에스텔라(기네스 펠트로 분)에 대한 막연한 동경과 사랑으로 매일 그녀의 저택 실낙원을 찾는다. 에스텔라는 핀에게 상류사회 특유의 냉정함과 오만함으로 일관하지만, 핀이 그린 자신의 그림에 깊은 인상을 받는다. "에스텔라를 사랑한다면 마음만 아플 거라는" 노라 여사의 충고에도, 어느새 커버린 그들은 서로에 대한 호감을 억누를 수 없다. 그러나 에스텔라는 홀연히 파리로 유학을 떠나버리고, 절망에 빠진 핀은 그림 그리기를 포기한 채 매형과 낚시 일을 하며 생활한다.

7년 후 어느 날 익명의 후원자가 보낸 변호사의 도움으로, 핀은 뉴욕에서 화가로서의 꿈을 이루며 미술계의 유망주로 떠오른다. 부와 지위, 명성을 한꺼번에 얻게 된 핀은 에스텔라와의 갑작스러운 재회에 행복해하지만, 그녀가 상류사회의 남자와 결혼함으로써 또 한 번 깊은 상처를 받는다. 그때 괴로워하는 핀 앞에 갑자기 나타난 탈옥수 루스티그를 통해 그동안 자신을 후원한 사람이 딘스무어 여사가 아니라는 사실과 자신이 누리고 있던 위대한 유산의 실체를 알게 된다.

관전 포인트

A. 마을의 부자 딘스무어 여사는 어떤 여인인가?

멕시코만에서 가장 부자인 딘스무어 여사는 30년 전 약혼자로부터 버림받고는 미쳐버렸다고 한다. 그리고 자신의 조카인 에스텔라와 놀아줄 사람으로 핀을 고용한 것이다. 그녀는 빛바랜 웨딩드레스를 입고 핀의 손을 자신의 가슴에 대고는 "이게 뭔지 아니? 망가진 가슴broken heart이란다. 에스텔라가 나 대신 남자들의 심장을 도려낼 거야"라며 무서운 사랑의 복수의 칼을 간다.

B. 딘스무어 여사의 조카 에스텔라는 어떻게 성장했나?

딘스무어 여사는 자신의 복수를 위해 에스텔라를 팜므파탈적인 사랑 없는 차가운 여자로 키우게 된다. 핀은 에스텔라를 사랑하게 되지만, 동시에 굴욕감과 상처, 모멸감과 분노, 서글픔의 감정을 느끼게 된다. 핀은 에스텔라와 어울리는 상류사회의 신사가 되기 위해 신분 상승에 대한 욕망이 커가면서 급기야 자신의 과거와 정체성을 속이기까지 한다.

C. 핀의 인생이 변화가는 과정은?

핀은 어릴 적 부모 없이 누나와 가난하게 살았다. 괴팍했던 누나는 자신을 버리고 떠났지만, 낚시를 생업으로 하던 착한 매형인 조는 핀이 성장할 때까지 그를 보살핀다. 그러던 중 과거 핀이 도움을 주었던 탈옥수 루스티그가 핀이 유명한 화가로 성장할 수 있도록 그를 뉴욕으로 초대하고 재정적인 지원을 하게 된다. 루스티그는 마지막으로 핀을 찾아와 비록 자신은 어두운 범죄자였지만 훌륭한 작가로 성장한 핀의 모습을 보면서 행복한 죽음을 맞이하게 된다.

111

D. 핀이 에스텔라의 사랑을 얻기 위해 한 행동은?

핀은 에스텔라의 사랑을 얻기 위해 자신이 성장해온 과정을 드라마틱하게 변조하고 상류사회에 깊숙이 진입하게 된다. 이 과정에서 탐욕스러운 욕망은 자신의 존재가치조차 잊어버리게 한다. 그는 뉴욕에서 벌어진 자신의 자선 작품전에 축하하러 찾아온 매형이 분위기에 맞지 않게 실수를 하자 냉대하며 쫓아내게 된다. 하지만 자신의 첫 번째 작품전에 나타나지 않은 에스텔라의 아파트를 찾아가 "난 이제 부자야! 이게 널 얻기 위한 거였어"라며 에스텔라만을 위해 자신이 노력해온 사실을 외치지만, 그녀는 이미 다른 사람과 결혼 후 떠난 뒤였다.

E. 영화에서 몽환적이고 아름다운 장면은?

에스텔라의 남자에 대한 연습 상대로 초대받았던 핀은 딘스무어 부인의 저택에 있는 분수대에서 물을 먹다가 에스텔라가 다가와 같이 물을 먹으며 키스로 이어지자 깜짝 놀라게 된다. 7년이 흐른 후 뉴욕의 분수대에서 우연히 에스텔라와 재회의 키스를 나누게 되면서 핀은 다시 뜨거운 열망을 느끼게 된다.

F. 딘스무어 여사가 후회하게 되는 장면은?

딘스무어 여사는 사랑에 고통받는 핀이 찾아와 자신의 가슴에 그녀의 손을 얹고 "이게 뭔지 아세요? 저의 망가진 가슴이에요"라고 원망하자 자신과 같은 고통을 겪고 있는 핀에게 자신의 잘못된 행동에 대해 깊은 회한과 함께 사과한다.

에필로그

영화 <위대한 유산>에서 딘스무어 부인은 자신의 상처를 에스텔라에게 주입하고 남자와 사랑에 대해 불신과 증오만을 갖게 만든다. 핀은 에스텔라의 사랑을 얻기 위해 신분의 벽을 뛰어넘기 위한 도구인 돈과 명예를 향한 욕망을 불꽃을 태우게 되지만, 결국 그는 자신이 이룬 성공이 누군가의 희생의 산물이었다는 것을 깨닫는다. 이는 현대를 살아가는 우리가 추구하는 물질적, 명예적 대상보다는 스스로 진정 부끄러워하지 않아도 되는 가치관과 선을 실천해나가는 삶이 행복으로 가는 길이라는 교훈을 얻게 한다. 오늘 당신의 도움이 필요한 누군가에게 가진 것을 나누어 주었다면 당신의 위대한 유산은 언젠가 빛을 발할 것이다. 영화 속 주인공 핀은 "누가 내 인생에 손을 대려 하는가? 내 인생을 조정할 사람은 바로 나다!"라며 자기 삶의 방식대로 살아가라고 외친다.

17

오늘 새로운 스타가 탄생한다!

스타 탄생A star is born, 1976

프롤로그

—

일반 대중들은 화려한 스포트라이트를 받는 인기인들을 부러워하고 그런 사람이 되길 갈망하기도 한다. 하지만 반대로 유명인은 자신의 프라이버시를 지키기 어렵고, 정상에서 추락했을 때의 참담함을 견디지 못해 극단적인 선택을 하기도 한다. 영화 <스타 탄생A star is born, 1976>에서 최고의 인기를 구가하던 남자가수가 우연히 마주친 재능있는 여자가수를 최고의 자리에 올려놓는다. 하지만 남자가수는 결국 추락하는 자신의 삶이 사랑하는 사람의 짐이 되는 걸 견디지 못하고 떠나게 된다. 마치 애벌레가 고치를 뚫고 아름다운 나비가 되어 훨훨 나르기 위해서는 각고의 시간을 통한 변신이 필요하듯 새로운 시대의
주인공을 탄생시키기 위해
서는 기존의 보금자리를
과감히 파괴하는 것과 같
다. 인간의 몸과 마음은 유
리잔처럼 깨지기fragile 쉽
다. 그러므로 자신의 가치
관을 점검하고 감사하는 삶을 통해 일희일비에 흔들리지 않는 건강한
삶을 만들어 가야 한다.

● 영화 줄거리 요약

잘 나가는 록스타 존 노만(크리스 크리스토퍼슨 분)은 사람들에 지쳐
공연 시간을 어기기도 하고 술에 취한 채 무대에 오르기도 한다. 그는
광팬들의 눈을 피해서 한적한 술집에 갔다가 헝클어진 머리를 한 무명
가수 에스터 레오나 호프만(바브라 스트라이샌드 분)의 노래를 듣고 탁월
한 음색과 매력에 반하게 된다.

한편 방송국 스튜디오에서 CM송의 코러스에 참가한 에스트와 재회
한 존 노만은 에스터의 재능을 방송국 간부에게 알려주며 물심양면으로
그녀를 키워준다. 특히 그는 기획사의 반발을 무릅쓰고 에스터에게 자
신의 무대에 대신 출연시키는 등의 노력을 하기도 한다. 결국 두 사람
은 서로에게 심취하게 되고 마침내 결혼하여 행복한 시간을 보낸다.

하지만 에스터가 그래미상을 받는 등 점점 유명해지는 반면, 노만
은 지친 삶을 술에 의존해 인생이 점점 망가져 가고 있었다. 결국 그
는 자신이 에스터의 인생에 방해가 된다고 생각하고 스포츠카를 타고
과속으로 달리다가 사고로 생을 마감하게 된다. 이에 에스터는 충격을

받고 은둔생활을 하지만, 용기를 내어 연인이며 멘토였던 노만이 작곡한 노래를 열창하며 그를 추모하고 아름다웠던 사랑을 회상한다.

● 관전 포인트

A. 스타 탄생의 다른 버전 영화는?

◇ 원조는 1937년 제작, 자넷 게이노/르페드릭 마치 주연, 남녀 주인공이 모두 영화배우로 음악영화가 아니었다. 사랑하는 사람과 헤어질 때 "한 번만 더 봐도 될까요?"라는 감미로운 대사와 충동적으로 치러지는 간소한 결혼식 장면으로 유명하다.

◇ 두 번째는 1954년 제작, 주디 갈랜드(오즈의 마법사 주인공), 제임스 메이슨 주연의 뮤지컬 영화

◇ 세 번째가 1976년 제작된 이 영화 <스타 탄생>

◇ 네 번째는 1980년 소피아 로렌, 아맨드 아상테 주연 영화

◇ 다섯 번째는 2018년 레이디 가가, 브래들리 쿠퍼 주연의 음악영화로 <원스Once, 2006>, <비긴 어게인Begin again, 2014>, <보헤미안 랩소디Bohemian Rhapsody, 2018>와 함께 음악적으로 감동을 준다.

116

B. 유명한 주제가는?

바브라 스트라이샌드가 폴 윌리엄스의 도움을 받아 작곡한 <에버그린Evergreen>은 1977년도 아카데미 최우수 오리지널 가곡 상을 받은 외에 그래미상 최우수 가요 상까지 받았다.

[Love soft as an easy chair/Love fresh as the morning air/One love that is shared by two/I have found with you(사랑은 편안한 의자와 같이 부드럽고 이른 아침 공기처럼 신선하지요/두 사람이 함께 나누게 되는 유일한 사랑을 당신과 함께 비로소 알게 되었지요) Like a rose under the April snow/I was always certain love would grow/Love ageless and evergreen/Seldom seen by two(4월의 눈 속에서 피는 장미처럼 항상 커갈 거라고 확신하고 있었어요/영원히 늘 푸른 둘만의 사랑은 흔히 보기 힘든 사랑이지요) You and I will make each night a first/Every day a beginning spirits rise/And their dance is unrehearsed(우리 함께 매일 밤을 첫날처럼 만들어요/하루하루를 영혼이 자라기 시작하고 아직 자랄 준비는 되지 않은 첫날처럼 여겨요) They warm and excite us/Cause we have the brightest love/Two lights that shine as one/Morning glory and midnight sun(우리는 가장 밝은 사랑을 하므로 따뜻하고 즐거울 거예요/나팔꽃과 여름밤에 보이는 태양이 하나가 되듯 두 줄기 빛이 하나가 되어 빛나게 될 거예요) Time we've learned to sail above/Time won't change the meaning of one love/Ageless and ever evergreen(우리는 시간을 항해할 방법을 배웠지요/시간은 유일한 사랑에 대한 의미를 변화시키지 못해요)]

C. 호프만이 노만을 끔찍이 사랑하던 장면은?

노만이 스스로 자동차 사고로 죽은 현장에서 에스터는 자신의 침을 묻혀 노만의 얼굴에 묻은 얼룩을 닦아주는 장면이 등장한다. 이 장면은 에스터가 노만의 깊은 아픔을 모성애로 보호하는 마음과, 그의

있는 그대로의 모습을 사랑한 진실한 연인으로서의 깊은 사랑을 발견
할 수 있다.

D. 바브라 스트라이샌드는 어떤 사람인가?

가수 겸 배우이기도 한 바브라 스트라이샌드는 뛰어난 가창력으로
미국의 국민가수로 사랑받았다.

◇ 영화부문: <화니 걸Funny girl, 1968>, 오마 샤리프와 같이 출
연, 촌스럽게 생긴 무명의 유대계 여인이 브로드웨이에서 성공
하는 과정, 그리고 그녀의 사랑과 이별을 뮤지컬로 그림. 바브
라 스트라이샌드가 아카데미 여우 주연상을 받았다. <추억The
way we were, 1973>에서는 정치의식이 강한 파워풀 우먼으로
출연하여 로버트 레드포드와의 애틋한 사랑을 노래해 아카데미
주제가상을 받기도 했다.

◇ 음악 부문: 비지스의 '베리 깁'이 제작해준 앨범 <Guilty, 1980>
의 <Woman in love>가 그래미상 최우수 듀오 부문 수상, 닐
다이아몬드와 듀엣으로 부른 <You don't bring me flowers>,
도나 써머와 부른 <No more tears>로 히트를 치기도 했다.

E. 노만이 스스로 생을 마감한 이유는?

노만은 최고의 스타였
을 때도 스트레스를 난폭
하게 풀지 않고는 견디질
못하는 기질이 있었다. 오
토바이를 난폭하게 타고,
말을 거칠게 몰고, 차를 무
법으로 주행하고, 총기를

위험천만하게 난사하고, 사랑을 야성으로 즐기는 등의 행동을 했다. 특히 그는 에스터가 그래미상을 받는 시상식에서도 주저하지 않고 난동을 부렸다. 그렇게 술과 마약을 일삼는 거칠고 자유분방한 로커지만, 자신이 키운 가수이자 사랑하는 여인의 승승장구 가도에 짐이 되지 않기 위해 빨간색 페라리를 타고 시속 260km로 질주하다가 끝내 생을 마감하는 애절한 사랑을 보여준다.

에필로그

—

영화의 콘서트 신은 애리조나 국립대학의 대 스타디움에 실제로 6만의 관중을 모아놓고 촬영하여 로큰롤의 슈퍼스타가 뿜어내는 강렬한 열기를 느낄 수 있다. 우리 인생도 열광적인 관심과 주도적인 지지를 받던 시기가 있고 그런 시기가 지나면 생을 관조하고 정리할 때가 오는 것을 인정해야 한다. 이러한 절정기와 분출기의 사이클을 통해 많은 새로운 것이 태어나고 푸른 삶이 유지된다. 현역에서 성공한 삶을 살았던 많은 사람이 은퇴 후 과거의 영광에 얽매여 새로운 길을 찾지 못하고 많이 방황하고 갈등하다가 결국 불행한 삶을 사는 것을 자주 보게 된다. 인생 절정기에 쌓았던 업적과 경험을 필요로 하는 곳에 아낌없이 공유하고 베푸는 삶을 통해 새로운 스타를 탄생 시켜 진정한 행복과 자기 성취를 완성하는 길로 나가야 한다.

18

별이 다시 길을 찾다!

비긴 어게인Begin again, 2013

프롤로그

—

열정적으로 일하고 뜨겁게 사랑
하던 사람도 어떤 계기로 좌절하면
새롭게 출발하기는 쉽지 않다. 하지
만 우리는 경험으로 알고 있다. 죽
을 만큼 힘든 시간도 성찰과 치유의
과정을 통해 성숙한 더 큰 도약의
시작을 만들어 낼 수 있다는 것을
말이다. 영화 <비긴 어게인Begin
again, 2013>에서는 잘나가던 음반
프로듀서인 남자는 언제부터인가
음악은 비즈니스의 수단으로 전락
했고, 재능있는 싱어송라이터인 여
자는 자신의 사랑을 남친에게 표현하는 도구로만 활용하다가 서로의 삶에서 큰 고통을 겪은 후,
음악이 세상에 존재하는
가장 큰 이유는 삶의 즐거
움과 영혼의 치유임을 깨
닫고 힘을 합쳐 걸작을 만
들어 내면서 운명, 만남,
홀로서기, 용서와 화해를
배우며 자신의 인생을 한 단계 성숙 시켜 나간다. 우리의 삶도 누구에
게 보여주기 위한 일과 사랑이 아닌 스스로가 인생의 주인이 될 수 있
는 길을 찾는 그런 새 출발이 필요한 순간이다.

● 영화 줄거리 요약

   싱어송라이터인 그레타(키이라 나이틀리 분)는 밴드 스타인 남자친구
데이브(애덤 리바인)가 음악영화에 출연 후 몸값이 급등하며 메이저 대
형 음반 회사와 계약을 하러 영국에서 뉴욕으로 같이 건너오게 된다.
그러나 행복도 잠시, 오랜 연인이자 음악적 파트너로서 함께 노래를
만들고 부르는 것이 좋았던 그레타와 달리 스타가 된 데이브의 마음은
어느새 변해버린다. 한편, 스타 음반 프로듀서였지만 부인과의 결별이
후 술에 취해 슬럼프에 빠진 생활로, 딸 앞에서 비참하게 해고된 댄(마
크 러팔로 분)은 미치기 일보 직전 들른 뮤직바에서 그레타의 '도시에 홀
로 있는 사람을 위한 자작곡'을 듣고 감동하여 음반 제작을 제안한다.
거리 밴드를 결성한 그들은 뉴욕의 거리를 스튜디오 삼아 진짜로 부르
고 싶었던 노래를 만들어간다. 한편 데이브는 뒤늦게 그레타가 단순한
연인이 아닌 '음악적 영감을 주는 원천'임을 깨닫지만 그레타는 고통의
치유과정을 통해 남자에게 의존하는 여인이 아닌 대중들과 소통하고

영혼을 치유하는 순수한 음악을 창조하는 뮤지션으로 성장해 버린다. 그레타와의 멋진 걸작 완성 후 자신감을 회복한 댄은 집으로 돌아가 별거하던 아내와 딸과 다시 일상으로 돌아가서 마음의 안정을 되찾는다. 작품활동을 하면서 동료 이상의 감정을 느낀 그레타에게는 소중한 파트너로서의 추억만 남기고 그녀의 세계로 돌려보낸다. "둘은 헤어지면서 언젠가는 파리, 베를린 등에서 유럽 시리즈를 만들자"는 여운을 남겨둔다.

● 관전 포인트

A. 영화 두 주인공의 동병상련은?

댄과 그레타는 놀랄 만큼 서로 닮아있다. 댄은 바람난 아내에게 일방적인 이별 통보를 받고 집을 나와서 방황하게 되고, 그레타 역시 5년간 사귄 남친 데이브가 새로운 여자를 만난다는 사실을 듣고 도망치듯 함께 살던 집을 뛰쳐나온다. 댄은 배신감에 대낮에 공원에서 술을 마시기도 하고, 그레타는 전 남친과의 행복했던 순간들이 담긴 비디오 영상을 보기도 하면서 힘든 시간을 보낸다. 그러다 두 사람은 음악이라는 공통분모를 통해 새로운 삶을 개척해 나간다. 절망에 빠진 댄의 모습은 영화 <라스베가스를 떠나며>의 니콜라스 케이지와 같은 깊은 우울감이 느껴지지만, 댄은 "음악은 지극히 따분한 일상의 순간까지도 의미가 있게 만든다. 이런 평범함도 어느 순간 갑자기 아름답게 빛나는 진주처럼 변하거든"이라며 음악을 통해 스스로 치유하고 슬기롭게 다시 삶을 되찾게 된다.

B. 영화에서 스플리터(이어폰)가 상징하는 것은?

댄이 가지고 있는 스플리터(같이 음악을 들을 수 있는 이어폰 공유기)는 서로 좋아하는 음악의 playlist를 공유하며 상대방을 이해하며 소통하는 소중한 도구로 상징된다. 가족이나 사랑하는 연인 사이도 서로를 이어주는 이런 장치가 없다면 결국 영혼이 메말라가고 파경으로 이를 수 있다는 것을 보여준다. 마지막 아내와 화해하고 집으로 돌아온 댄이 스플리터를 같이 착용하고 음악도 듣고 춤도 같이 추는 장면에서 행복한 소통의 혈액이 원활히 도는 것을 확인할 수 있다. 영화 <건축학개론, 2012>, <라붐La Boum, 1980>에서도 남녀의 사랑이 시작되는 계기가 이어폰으로 음악을 같이 듣는 순간이듯이 같은 음악을 듣는 것은 큰 감정의 공감대를 형성한다.

C. 댄이 새 음반을 제작하면서 시도한 방식은?

댄은 과거 자신의 도움으로 성공한 뮤지션을 찾아가 새로운 음반을 만드는 데 작은 도움을 받게 된다. 그는 길거리에서 버스킹에 가까운 방식으로 뉴욕 전체를 스튜디오 삼아 야외녹음을 컨셉으로 시내의 소음을 음악 안에 녹여 넣기도 하고, 아이들에게 용돈을 주며 화음을 넣게 하기도 한다. 즉 쓸모없었던 기준을 탈피하니 음악도 마음도 즐거워진 것이다. 또한 헤어진 딸을 기타리스트로 참여시켜보라는 그레타의 조언을 통해 서로 간의 화해도 만들게 되고 과정에서 마침내 아내와도 화해하게 된다.

D. 그레타가 데이브와의 재회가 어렵다고 생각한 이유는?

그레타는 데이브에게 보이스 메일로 노래를 불러 보냄으로써, 과거의 데이브에 대한 자신의 사랑을 인정하고 상처를 내려놓게 된다. 데이브는 그레타의 노래를 듣고 진정한 사랑을 깨닫고 그레타를 자신의 콘서트에 초대하면서 재회를 기대한다. 하지만 그레타가 작곡 작사한 노래를 부르는 방식에 대한 서로의 입장이 다르다는 것을 발견한다. 그레타는 "노래가 기교에 감춰졌다면 중요한 것은 진정성이라고" 말하고, 데이브는 "중요한 것은 대중과의 공유가 아니겠냐며 대중없는 음악은 진정한 음악이라고 할 수 없다"며 반문한다. 막상 공연장에서 본 데이브는 그레타의 조언대로 턱수염도 말끔히 정리하고 공연에서도 앞부분은 그레타가 원하던 방식(아무 기교도 넣지 않고 목소리만 전달되는)이었으나 마지막 부분은 데이브의 방식대로 편곡되었고, 불특정 다수의, 대중을 위한 바뀐 음악 템포에 취해있는 여자들이 스크린에 비춰지는 것을 보고 그레타는 서로의 방식을 바꿀 수 없다는 것을 깨닫고 콘서트장을 나와 홀가분한 표정으로 자전거를 타고 집으로 돌아간다.

E. 그레타가 아무 남자도 선택하지 않은 이유는?

그레타는 남친의 눈물 어린 사과에도 불구하고 마음을 정리하고 묵묵히 자전거를 타고 홀로 집으로 돌아가 소중한 추억이 담긴 듀얼잭을 댄에게 소포로 부친다. 이제 그레타는 남친에게 배신당하고 슬퍼하던 여인이 아닌 영혼이 담긴 음악을 통해 한 사람의 성숙한 여인과 뮤지션으로 거듭난 것이다. 그레타는 기획사를 통해 고가에 팔 수 있는 음원을 단돈 1달러에 일반 대중들이 들을 수 있게 업로드시키면서 순수한 음악가로서의 성숙한 모습으로 변신하게 된다.

124

에필로그

영화 속 대사에서 "어떤 음악을 듣는지를 알게 되면 그 사람에 대해 알게 되지"처럼 호감이 가고 운명적으로 친밀해지는 과정에서 그 사람의 음식, 의복, 장신구, 향기까지도 공감하게 된다. 영화에서 삶의 힘든 과정에서 서로의 순수성과 열정을 알아본 두 사람은 실수와 아픔을 외면하지 않고 기꺼이 받아들임으로써 새 출발을 통해 치유와 훌륭

125

한 작품을 만들어 낸 것이다. 오늘 자신의 인생이 바뀔 수도 있는, 운명의 장소, 사람, 이벤트를 놓치지 말고 열정의 마음과 냉정의 눈을 가지고 나아간다면 새로운 출발을 만들어 갈 수 있다. 우리는 어둠을 밝히려 노력하는 길 잃은 별이니까요!(But are we all lost stars trying to light up the dark)

19

장밋빛 인생!

라비앙 로즈The passionate life of Edithe Piaf, 2007

프롤로그

요즘 연인들은 작고 사소한 오해로 쉽게 헤어지곤 한다. 그만큼 사랑은 약하고 부서지기 쉬운 것이어서, 신뢰를 통해 아름다운 꽃을 피워 나가야만 한다. 프랑스의 전설적 샹송 여왕 에디트 피아프의 일생을 다룬 영화 <라비앙 로즈The passionate life of Edithe Piaf, 2007>에서는 에디트가 깊이 사랑했던 연인이 사고로 죽자 그녀는 <사랑의 찬가Hymene a la Amour>를 만든다. 그녀는 "푸른 하늘이 무너져 버리고

땅이 뒤집힌다고 하여도 그런 건 중요하지 않아요. 당신이 날 사랑해준다면, 난 세상이 어떻게 되어도 상관없어요. 내 사랑이여, 신은 사랑하는

사람을 다시 만나게 해줄 거예요"라며 행복했던 사랑을 노래한다. 이를 통해 사랑은 자신의 몸과 마음을 바쳐 생명과도 바꿀 정도로 행복하고 소중한 가치임을 노래로 가르쳐 준다.

● 영화 줄거리 요약

1915년 파리의 빈민가에서 태어난 에디트 피아프(마리옹 꼬띠아르 분/ 아카데미 여우주연상 수상)의 부모는 아이를 키울 수 없을 만큼 가난했고 의지도 없었다. 14세부터 길거리 곡마단에서 아버지를 도와 노래하던 에디트의 목소리에 반한 나이트클럽 사장 루이 르플레는 '작은 참새'라는 뜻의 '피아프piaf'라는 이름으로 그녀에게 성공적인 데뷔 무대를 열어주게 된다. 에디트의 열정적인 노래에 반한 사람들이 그녀에게 열광하기 시작할 무렵, 그녀를 발굴한 사장 르플레가 살해되면서 피아트는 뜻밖의 시련을 겪게 된다.

하지만 프랑스 최고의 시인 레이몽 아소에게 발탁된 에디트는 그의 시를 노래로 부르며 단숨에 명성을 얻게 된다. 관객들은 작은 체구에서 뿜어져 나오는 폭발적인 가창력, 열정적인 무대 매너의 에디트에 열광한다. '장밋빛 인생' 등 수많은 히트곡으로 프랑스는 물론 미국 시장까지 점령하게 된 에디트 앞에 그녀 인생의 단 하나뿐인 진실한 사랑인 세계 미들급 권투 챔피언 마르셀 세르당(장 피에르 마틴 분)이 나타난다.

마르셀과 운명적 사랑
에 빠진 에디트는 프랑스
에 있던 마르셀에게 뉴욕
에 있는 자신에게 와 줄
것을 부탁한다. 하지만 다
음날 마르셀이 타고 있던
비행기 사고 소식을 접한

에디트는 절망의 늪에 빠지게 되고 <사랑의 찬가>를 작곡하여 뜨겁
게 사랑했던 연인을 아름답게 떠나보내게 된다. 결국 에디트는 47세의
젊은 나이에 후회없는 사랑과 영원히 잊히지 않을 사랑의 노래를 남기
고 세상을 떠나게 된다.

● 관전 포인트

A. 에디트 피아프의 불우했던 어린 시절은?

아버지는 거리의 곡예사였고 어머니는 이탈리아와 북아프리카계
혼혈로 거리에서 노래를 부르는 가수였다. 어머니는 도망가고 아버지
가 그녀를 노르망디에서 매춘업소를 경영하는 친할머니에게 맡겨 몸
을 파는 여인들 사이에서 불우하게 성장했다. 제대로 된 양육을 받지
못해 늘 영양실조에 시달렸고 각막염을 앓아 눈도 제대로 보이지 않아
실명의 위기를 겪기도 했다.

B. 피아프의 독특한 무대의상은?

어렸을 때의 영양실조로 키가 142cm밖에 되지 않던 에디트는 작
은 새가 노래하는 것 같다고, 루이 레플리는 몸므 피아프(작은 참새)란

예명을 지어주었고, 작은 몸매를 돋보이게 하는 단아한 검정색의 무대의상을 입게 했다. 이 검은 의상은 에디트 피아프 평생의 트레이드 마크가 되었다. 피아프는 에펠탑과 함께 프랑스의 정체성과 천재성의 상징으로 기억된다.

C. 피아프의 또 다른 위기와 재기는?

나이트클럽의 사장 르플레에게 발탁된 후 2년간 두 장의 앨범을 내며 호평을 받고 많은 연예계 사람들과 교류하면서 승승장구한다. 하지만 르플레는 과거 자신과 관련이 있던 폭력조직에 살해당하고, 그녀는 다시 나락으로 빠지게 된다. 그러나 작사가 레이몽 아소는 그녀의 이미지를 로맨틱하게 바꾸고 '라 몸므 피아프'라는 예명 대신 에디트 피아프란 예명을 붙여주면서 이미지를 쇄신 시켜 준다. 그 후 에디트는 1940년 프랑스의 대문호인 장 콕토의 작품을 연주하면서 슬럼프로부터 완전히 회복한다. 그녀는 프랑스 최고의 가수가 되었고 '고엽'으로 유명한 가수 겸 배우인 이브 몽탕과 사랑하면서 만든 '장밋빛 인생 La Vie en rose'처럼 그녀의 삶도 장밋빛 인생으로 변해가기도 했다.

D. 에디트 피아프가 가장 사랑한 남자는?

에디트가 가장 사랑한 남자는 프랑스를 대표하는 미들급 세계 챔피언 권투선수 "마르셀 세르당"이다. 그는 신사적 매너와 탄탄한 외모, 신실한 성격으로 많은 프랑스인의 사랑을 받았다. 2차대전이 끝난 후 미국에 머물며 순회공연을 열던 피아프는 경기를 위해 뉴욕에 온 마르셀 세르당과 사랑에 빠지게 되지만, 세르당은 1949년 10월 프랑스에서 뉴욕으로 에디트를 만나러 가던 도중 비행기 추락사고로 세상을 등지게 된다.

E. 인생의 후반부에 자신의 일생을 대변하는 듯한 노래는?

여러 차례의 교통사고와 연인의 죽음으로 몸과 마음이 피폐해진 피아프는 1960년 12월 29일 올랭피아 극장공연에서 <아니요, 나는 아무것도 후회하지 않아요Non je ne regretted rien>를 불렀는데 마치 자신의 인생을 회고하는 듯한 노래기도 하다. [가사: 아니요, 나는 아무것도 후회하지 않아요. 남들이 내게 한 일은 좋건 나쁘건 나에게는 같은 거예요. 그것은 이미 청산되었지요. 깨끗이 청소가 끝났어요. 잊어버렸어요. 나는 과거를 저주하지 않아요. 추억과 함께 슬픔과 기쁨에 불을 붙였어요. 그런 것은 이제 필요가 없어요. 사랑도 그 떨리던 목소리의 사랑들도 모조리 청산해 버리고, 나는 처음부터 다시 시작하는 거예요. 나의 인생도 나의 기쁨도 지금 당신과 함께 시작되는 것이니까요]. 이 노래는 크리스토퍼 놀란 감독의 영화 <인셉션, 2010>에도 테마곡으로 나온다.

에필로그

　사랑에 빠지면 누구나 시인이 된다는 말처럼, 피아프는 사랑을 하면서 모든 열정을 노래에 담았기에 지금까지 많은 사람에게 깊은 감동과 공감을 주고 있다. 각박한 현실 속에서 점점 찾아보기 힘든 조건 없는 사랑과 뜨거운 예술의 감성을 현재에 불러내어 자기 일과 사랑 그리고 삶 속에 피워내길 기대해 본다. <사랑의 찬가>에서 피아프가 "내 사랑이여, 난 지구 끝까지라도 가겠어요. 내 머리를 금발로 물들일 수도 있어요, 당신이 원한다면" 같은 간절하고 행복한 사랑의 마음이라면 우울한 코로나 시대를 힘차게 극복할 힘을 얻을 것이다.

20

웃어라 화니 걸

화니 걸Funny girl, 1968

프롤로그

—

사회가 정해 놓은 이상적인 스펙과 잘생긴 외모에 주목하던 시대를 지나 지금은 자신만의 독특한 개성을 지닌 사람이 주목받는 시대가 왔다. 특히 밀레니얼 세대나 Z세대같이 신인류들은 과거의 정형화된 가치관까지 바꾸어 놓고 있다. 영화 <화니 걸Funny girl, 1968>에서는 시대상 기준으로 다소 촌스럽게 생긴 주인공이 자신감과 개성 있는 재능으로 사람들에게 행복한 웃음을 주며 무대의 주인공이 되고, 더

당당한 삶을 살아가는 것을 보여준다. 하지만 일상의 사랑에서는 늘 웃을 수만은 없는 안타까운 슬픈 순간을 맞이하기도 한다. 세상은 급

격히 변화하고 있다. 이럴 때 정치, 경제, 문화, 환경, 사회적인 모든 부문에서 다르게 생각하고 새롭게 도전하는 용기와 도전정신으로 일과 생활의 균형을 통한 가치 있는 삶을 만들어 가야 한다. 오늘 자신에게 숨겨진 재능과 순수한 마음을 발산하며 후회 없는 삶을 주도해 나가자.

● 영화 줄거리 요약

성공한 스타가 된 화니, 브라이스(바브라 스트라이샌드 분)가 지그펠드 극장에서 과거의 회상에 젖으며 영화는 시작된다. 브로드웨이 댄서를 꿈꾸던 화니는 말라깽이 다리와 매부리코의 촌스럽게 생긴 외모 때문에 어렵게 쇼에 출연하게 되지만 실수를 저질러 쫓겨난다. 우여곡절 끝에 롤러스케이트 쇼에 출연하게 된 화니는 거기서도 실수를 연발하지만 그런 행동이 관객의 웃음을 사고 더불어 화니의 노래 실력이 주목을 받게 되는 계기가 된다. 덕분에 연예인의 길로 들어선 화니에게 미남인 도박사 닉 안스틴(오마 샤리프 분)이 찾아와 각별한 관심과 지원을 해주게 된다. 이후 화니는 지그펠드 극단의 사장 플로렌즈 앞에서 오디션을 보게 되고 쇼가 성공하면서 점점 스타의 길로 접어들게 된다.

닉을 그리워하던 화니는 1년 후 볼티모어 순회공연에서 그와 다시

재회하고 결혼에 골인하게 된다. 하지만 유전사업에 실패한 후 아내의
유명세에 부담을 느낀 닉은 다시 도박에 빠지고 가짜 채권단 사기까지
연루되어 결국 감옥에 간다. 1년 18개월 후 출옥한 닉은 화니를 다시
찾아오지만, 자신이 그녀의 앞날에 짐이 될 것이라는 생각에 결국 떠
나간다. 그를 떠나보낸 화니는 무대공연에서 눈물을 흘리며 자신은 영
원히 닉의 여자이며 그를 기다릴 것이라는 가사로 간절한 사랑의 노래
를 부른다.

● 관전 포인트

A. 영화의 제작 배경은?

1890년대 중반부터 1930년대 초까지 미국에서 인기를 끈 보드빌
쇼의 스타였던 화니, 브라이스Fanny Brice 실존 인물을 영화화한 작품으
로 재미난 소녀라는 의미와 발음이 비슷한 <Funny girl>이라는 제
목으로 무대극과 영화가 만들어졌다. 1964년 브로드웨이에서 초연하
여 성공을 거둔 뮤지컬을 화니 브라이스의 사위인 레이 스타크Ray
Stark가 제작을 맡고, 이소벨 레나트와 봅 메릴이 각색하고 <벤허>로
유명한 윌리엄 와일러가 감독하였다.

B. 바브라 스트라이샌드는 어떤 배우인가?

가수였던 스트라이샌드는 원작인 뮤지컬에서 화니 역을 맡아 훌륭한 연기와 노래 솜씨로 격찬을 받았다. 처음으로 출연한 영화에서 더 이상의 적역을 찾을 수 없을 정도의 열연을 펼쳐 아카데미에서 캐서린 헵번과 공동으로 여우주연상을 받았으며, 골든글로브상의 뮤지컬 코미디 부문에서 여우주연상을 받았다. 영화 <추억The way we were, 1974>, <스타 탄생A star is born, 1976)에서 '에버그린'이라는 테마곡으로 '아카데미 최우수 오리지널 송 부문' 상을 받기도 하였다.

C. 화니가 관객들에게 사랑을 받게 된 계기는?

극장주 지그펠드는 화니에게 피날레 노래를 맡긴다. 하지만 자신을 아름다운 여인이라고 소개하는 노래 가사에 크게 부담을 느낀 화니는 뱃속에 베개를 넣고 임신한 여인으로 등장하는 기발하고 코믹한 발상으로 무대를 폭소의 도가니로 만들게 된다. 이 사건으로 지그펠드는 화니에게 더 큰 기회를 주게 된다. 한편 닉에게 흠뻑 빠진 화니는 시카고 순회공연 중 돌연 뉴욕의 닉에게 건너가 자신과 결혼을 해달라고 요청한다. 이에 닉이 도박에서 크게 이기면 하겠다고 하자, 당장 도박판을 벌이게 하여 닉이 큰돈을 따면서 마침내 결혼을 쟁취하게 된다.

D. 이 영화와 비슷한 컨셉의 영화는?

◇ 스타 탄생: 유명한 영화배우이자 가수인 노먼 메인에게 발탁된 무명의 여가수(바브라 스트라이샌드)는 톱가수로 성장하지만, 상대적으로 쇠락해가던 노먼은 결국 열등감으로 알코올 중독자가 되어 그녀 곁을 떠나게 된다.

◇ 미 비포 유Me before you, 2016: 백수로 방황하던 주인공 루이자(에밀리아 클라크)는, 사고로 전신 마비 환자지만 한때 촉망받던 젊

136

은 사업가 월의 간병인을 하면서 사랑과 정성을 통해 자신만의
밝고 맑은 재능을 발견하고 성숙한 인생을 살아가게 된다.

E. 남편 닉이 화니를 떠나는 이유는?

처음에는 화니에게 닉은 키다리 아저씨 같은 따뜻한 후원자였지만,
자유로운 삶을 추구하던 닉은 사랑하는 화니의 성공에 자신의 입지가
약해지자 스스로 열등감에 빠지게 된다. 결국 가짜 채권단 사기 사건
에 연루되어 감옥에 가게 되자 화니의 곁을 떠나게 된다. 사랑은 아무
대가 없이 이루어지는 순수한 감정이라고 하지만, 결국 각자가 자신의
역할을 하지 못하고 자존감을 잃는 순간 사랑도 식어가는 것을 볼 수
있다. 남녀 간의 역할, 부부생활의 급격한 패턴 변화로 사랑하는 사이
라도 꾸준히 노력하고, 존중과 예의를 통해 서로 자존감을 지켜야만
건강하고 행복한 관계가 유지된다는 것을 알게 된다.

에필로그

오늘도 건강하게 스스로 두 다리를 딛고 자유롭게 생활할 수 있고, 친구에게 따뜻한 커피라도 살 수 있는 순간이야말로 즐거운 인생이다. 이는 모든 것을 갖게 된 화니가 사랑하는 닉을 떠나보내는 순간 눈물을 흘리며 그리워하던 일상 속 작은 행복들이다. 만화 영화 <들장미 소녀 캔디>에서 악녀 '이라이저'의 괴롭힘과 고달픈 생활 그리고 연인 안소니와의 안타까운 이별 속에서도 용기를 잃지 않고 밝게 살아가는 캔디처럼 오늘 하루도 크게 웃어보자!

[캔디: 외로워도 슬퍼도 나는 안 울어, 참고 참고 또 참지 울긴 왜 울어, 웃으면서 달려보자 푸른 들을 푸른 하늘 바라보며 노래하자, 내 이름은 내이름은 내이름은 캔디! 나 혼자 있으면 어쩐지 쓸쓸해지지만 그럴 땐 얘기를 나누자 거울 속의 나하고, 웃어라 웃어라 웃어라 캔디야, 울면은 바보다 캔디 캔디야!]

21

부베의 연인

부베의 연인La Ragazza Di Bube, 1963

프롤로그

—

죽도록 사랑하던 연인도 안 보면 잊히고 또다시 누 군가와 사랑에 빠지게 되는 것은 인간은 외로움을 견딜 수 없는 존재이기 때문일 것이다. 하지만 어떤 사랑  은 그 수명이 특별한 인연도 많다. 영화 <부베의 연인La Ragazza Di Bube, 1963>에서 혁명 투사를 사랑했던 주인공은 꽃다운 나이에도 외로움과 많은 유혹을 물리치고 교도소에 장기 수감 중인 연인을 정기 적으로 면회를 하러 가면서 14년을 기다린다. 순애보 적인 사랑이 전 설처럼 사라진 현실이지만 그런 사랑의 힘이 세상을 지켜온 것이 아닐 까 생각해 본다.

● 영화 줄거리 요약

    과도기 이탈리아, 반정부주의와 살인죄로 14년형을 선고받고 복역 중인 약혼녀 부베를 찾아가는 마라(클라우디아 카르디날레 분)의 회상으로 영화는 시작된다. 마라는 이곳저곳 옮겨 다녀야만 하는 부베(죠지 차키리스 분)와의 면회를 자그마치 14년째 계속하고 있으며 오직 그가 석방될 날만을 기다리고 있다. 마라가 부베를 처음 만난 것은 북부 이탈리아의 산중에 있는 가난한 빈촌에서 2차 세계대전이 끝날 무렵인 1944년 7월 한여름 마라의 집에 부베라는 청년이 찾아오게 되면서이다. 부베는 레지스탕스로 나치에게 처형된 오빠 산태의 동지로 오빠 전사 소식을 전하러 왔던 것이다. 이들은 처음 본 순간 서로 이끌렸고 하룻밤을 마라의 집에서 묵은 부베는 전쟁에서 기념으로 가지고 온 낙하산 천으로 옷이나 만들어 입으라는 말을 남긴 뒤 떠난다. 그 후부터 부베의 편지가 끊이지 않았다. 그로부터 1년 후 겨울, 다시 찾아온 부베는 마라의 의사를 묻지도 않은 채 마라의 아버지(에밀리오 에스포지토 분)에게 약혼 승낙을 받는다. 그리고 얼마 후 부베가 다시 찾아왔을 때 부베는 친구 운베르토가 경찰에 사살되어 보복으로 경찰을 죽이고 쫓기는 신세가 된다. 1년 만에 유고 정부로부터 송환되어 재판을 받게 된 부베에게 마라는 더는 인연을 끊으려고 재판장에 갔다가 부베가 아직도 사랑한다는 말에 그녀의 연인이 되기로 결심한다.

● 관전 포인트

A. 마라가 부베를 잊지 못하는 이유는?

선물이라고는 전쟁 중 가져온 낙하산 실크 원단과 구두 한 켤레가 전부였지만, 그녀는 부베가 준 낙하산 천으로 블라우스를 만들기도 하는 등 부베에 대한 사랑은 순수했고 순종적이기도 했다. 그녀는 혼자 지내기에는 너무나 아름답고 발랄했고, 근무하는 인쇄소의 사장 스테파노의 구애를 받지만, 자포자기하는 부베에게는 자신의 변치 않는 사랑이 필요하다고 확신한 그녀는 부베와의 추억을 간직하며 사랑을 지켜나간다.

B. 부베가 종신형을 면하게 되는 계기는?

버스에서 부베가 구해준 사제가 그에게 유리한 증언을 해주어 부베가 종신형을 면하고 징역 14년을 받게 된다. 이렇게 마라의 청춘을 사라지게 되지만 그녀는 자포자기하는 부베를 지켜주기 위해 자신의 순정을 바치게 된다. 마라는 아직 7년이나 더 복역해야 하는 상황에서도 2주일에 한 번씩 기차로 면회하면서, 나는 34살 그는 37살로 아이도 가질 수 있다고 스스로 위로하기도 한다.

C. 마라의 마음이 움직이는 과정은?

　　부베는 편지로 마라에게 사랑한다는 말 대신 약간의 생필품과 가족을 안부를 묻는 정도이다. 부베에게 실망한 마라는 그를 잊고 다른 남자와 평범한 연애를 꿈꾸기도 하지만 그녀는 가난한 집안의 딸로서 친구에게 구두를 빌려 춤을 추고 그녀에게 구두가 상했다고 질책을 받자 자신의 현실을 깨닫게 된다. 이때 찾아온 부베가 약혼 선물로 뱀가죽의 고급 구두를 선물하자 자신이 존중받고 있다는 생각에 부베에게 마음을 열게 된다.

D. 전쟁으로 인한 사랑의 아픔을 보여주는 영화는?

　◇ 험프리 보가트가 잉그리드 버그만에게 '당신의 눈동자에 건배'라는 대사로 유명한 <카사블랑카, 1942>

　◇ 혁명 상황으로 헤어져야만 했던 슬픈 '라라의 테마'가 유명한 <닥터 지바고, 1965>

　◇ 소피아 로렌이 전쟁에서 기억상실증에 걸린 남편과 슬픈 이별을 그린 <해바라기, 1970>

에필로그

———

영화 <철도원The railroad man, 1956>의 음악으로도 유명한 '카를로 루스티켈리'의 OST는 환희와 슬픔 사이를 방황하는 여인의 마음과 오버랩 되면서 사랑의 깊이를 느끼게 한다. 현대사회에서 점점 퇴색해 가는 가벼운 사랑이라는 감정에 깃든 무지갯빛 같은 신비함 힘을 발견하게 된다. 영화는 2차 세계대전이 끝난 후 파시스트 정권의 후유증을 그리고 있는데, 당시의 상황과 순정적 이야기는 큰 감동으로 오랜 시간 기억된다. 야성미가 깃든 '클라우디아 카르디날레'는 이탈리아가 낳은 '소피아 로렌', '실바나 망가노'와 더불어 전설적인 배우로 <형사, 1959>, <가방을 든 여인, 1961>에 출연하였다. 관능미가 넘치는 이미지가 강해서 순정적인 부베의 연인에서 마라 역을 소화할 수 있을지 우려했지만, 명품 연기를 선보였다. 그녀가 눈부시게 아름답기에 연인에 대한 기다림이 더욱 절실한 감동을 준다.

22

진짜와 가짜의 경계선

트루먼 쇼The Truman show, 1998

프롤로그
—

　지금은 소셜 네트워크 발전으로 모든 삶이 실시간으로 공유되고 작동되는 시대에 살고 있다. 특히 코로나 이후 식당이나 카페 등 모든 시설 이용 시 개인 식별 절차 필수화로 개인정보의 노출은 보편화 되었다. 또한 자신의 아이덴티티를 유지하기 위해 카톡이나 페이스북, 인스타그램 같은 SNS는 일상적인 활동으로 정착되면서 자신의 진정한 정체성과의 경계선이 불분명해지고 있어 보이지 않는 공기의 소중함 같은 개인의 자유는 서서히 사라지고 있다. 영화 <트루먼 쇼The Truman show, 1998>에서도 인생 자체가 연출된 드라마 쇼의 주인공이 된 남자가 직면하게 되는 짜 맞춰진 삶을 통해 현대인들도 진짜와 가짜가 혼동을 주는 시대에서 새롭게 현실을 돌아보면서 어떤 것이 진정한 행복의 삶인지 조망해 봐야 할 시점이다.

● 영화 줄거리 요약

보험사에서 근무하는 트루먼(짐 캐리 분)은 매일 같은 하루를 보내며 평범한 일상을 살아간다. 가끔 만나 맥주를 마시는 절친 말론(노아 엠머리히 분)과 대학 시절에 만나 부부의 연을 맺은 간호사 메릴(로라 리니 분) 외에는 딱히 친구라고 부를 만한 사람도 없다. 어린 시절 마젤란과 같은 탐험가를 꿈꾸며 배를 타고 바다로 나갔다가 아버지가 폭풍우에 휩쓸려 실종된 후로 물을 두려워하고, 새로운 도전과는 거리가 먼 사람으로 성장하게 된 것이다. 하지만 많은 사건을 겪으며 무언가 이상하다고 느낀 트루먼은 결국 자신이 살고 있는 섬을 탈출하기로 결심하고 죽을 고비를 넘긴 끝에 자신이 살던 곳이 거대한 방송 세트장이었다는 사실을 알게 된다. 트루먼을 제외한 모두가 허구라는 사실을 알고 있는 세계 속에서 살고 있는 트루먼의 모습을 보면서 전 세계시청자는 마치 자신이 영화 속에 등장하는 주인공이라는 느낌을 받으며 엄청난 시청률을 지켜나갔던 것이다.

145

A. 극 중 트루먼 쇼의 제작 배경은?

'씨 헤이븐' 방송국의 연출가 크리스토프(에드 해리스 분)는 드라마나 영화에 등장하는 배우들이 만들어내는 가짜 현실에 질린 시청자들을 위해 진짜 중의 진짜 생방송 리얼리티로 일반인인 트루먼이 태어난 순간부터 성장하는 모든 과정을 시청자들이 지켜볼 수 있도록 트루먼 쇼를 제작한다. 어느 날 세상 모든 것이 자신을 중심으로 돌아간다는 사실을 눈치챈 트루먼은 목숨을 걸고 진실을 찾기 위해 바다로 나서고 온갖 방해 공작을 이겨내고 바깥세상으로 나간다. 이 영화는 트루먼

쇼를 지켜보는 시청자들을 통해 가공되지 않은 것에 대한 사람들의 열망을 보여주며 세트장이 안전한 세상인 것을 알면서도 바깥세상으로 발을 내딛는 트루먼의 모습을 통해 진실을 알고자 하는 인간의 욕구가 얼마나 큰지 알게 한다.

B. 주인공이 자신의 삶이 허구라는 증거를 찾게 되는 것은?

학창 시절 한눈에 반한 실비아와 바닷가에서 데이트 중 아버지라는 사람이 나타나 딸이 정신병이라며 강제로 데리고 떠날 때 실비아는 "트루먼! 모르는 척할 뿐이지 모두 너에 대해 알고 있어"라며 모든 것이 가짜라고 소리친다. 그 이후 하늘 위에서 갑자기 방송용 조명등이 떨어지고, 라디오 주파수에서 자신의 일상이 생중계되고 있는 듯한 느낌이 있고, 결혼한 자신의 부인은 모든 상황에서 숨겨진 카메라 앞에서 코코아 같은 PPL 상품광고를 하고, 어릴 적 바다에서 실종된 아버지를 살려내어 만나게도 하는 과정에서 트루먼의 의심은 점점 커지게 되면서 탈출을 계획한다.

C. 트루먼이 탈출하자 방송국에 취한 조치는?

실비아를 찾아 피지섬으로 탈출하는 트루먼을 막기 위해, 연출가 크리스토프는 날씨 조정시스템을 이용하여 밤을 낮으로 바꿔 그가 바다에 있다는 것을 발견하고, 트루먼을 막기 위해 폭풍우를 일으켜 위기를 만들지만, 트루먼은 죽기를 작정하고 항해를 멈추지 않는다. 하지만 그의 배는 가짜 세상의 끝인 세트장 벽에 부딪히자 크리스토프는 창조자가 피조물에게 대화하듯 "이 세상에는 진실이 없지, 하지만 내가 너를 위해 만든 세상은 다르다"라며 설득하지만, 트루먼은 용기 있게 진짜 세계로 통하는 문으로 나아간다.

D. 짐 캐리는 어떤 배우인가?

캐나다 출신의 짐 캐리는 고무찰흙 같은 신축성 있는 만능 얼굴과 곡예 같은 행동의 코미디 연기로 <에이스 벤추라, 1994>, <마스크, 1994>, <덤 앤 더머, 1994>로 스타로 등극하였다. <트루먼 쇼>는 오랜만에 보여주는 드라마 연기로 트루먼 쇼를 보는 시청자 입장에서 트루먼을 응원하다 보면 어느새 자신도 영화 속 등장인물이 된 듯한 느낌을 받게 된다.

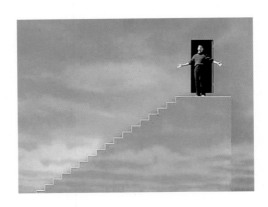

에필로그
—

코로나 팬데믹 이후, 비대면 활동이 삶의 중심으로 이동하면서 개인의 소통 채널과 업무는 물론 사랑까지도 사회통신망 서비스(SNS)를 작동해야만 가능하고 생필품 주문은 온라인 쇼핑으로, 금융거래와 결제는 인터넷뱅킹이 없으면 불가능하다. 하지만 이런 과정에서 자신의 자유는 무분별하게 구속되면서 개인의 프라이버시와 정체성은 자연스

148

럽게 통제되고 있다. 과연 진짜 우리가 원하는 진정한 행복은 어떤 방식으로 찾을 수 있을 것인가 생각해 볼 시점이 된 것이다.

#잊힌 로맨틱한 사랑은,
  영화 속에서 그 설렘을 찾는다!

제3부
───
감동의 순간

23

마음의 안식처 라디오 스타

라디오 스타Radio Star, 2006

프롤로그

    갓난아기가 돌을 지나 세상을 향해
첫걸음을 뗄 때, 엄마나 아빠의 아낌없
는 격려와 응원이 큰 힘이 되듯, 누군가
의 인생에도 멘토가 있다. 그런 귀인이
많을수록 그 사람은 자신의 길을 더욱
더 쉽게 찾아 일어설 수 있는 것이다.
영화 <라디오 스타Radio Star, 2006>
에도 그런 소중한 관계가 나온다. 그러
나 어떨 때는 무한한 사랑을 주는 사
람의 소중함을 모르고 자신이 잘나서

성공한 줄 착각하는 사람도 많다. 자신만을 바라보며 온 사랑을 쏟아
준 부모님, 바른길로 인도해주기 위해 애쓰신 스승, 한 사람의 사회인
으로 이끌어준 회사 선배들의 고마운 얼굴을 떠올려 보며, 요즘같이 삶

153

 이 팍팍한 시절에는 영화 <아름다운 세상을 위하여 Pay it forward, 2000>에서 도움주기 실천으로 아름다운 세상을 꿈꾸던 소년 트레버처럼 누군가를 위해 우산을 씌워줄 따뜻한 사람들이 많아지길 기대한다.

● 영화 줄거리 요약

<비와 당신>이라는 불후의 히트곡으로 쌍팔년도에 가요 왕으로 잘 나가던 록가수 최곤(박중훈 분)은 대마초 사건과 일련의 폭행 사건에 연루되어 가요계를 떠나 카페촌에서 노래하는 신세가 되어 버렸다. 하지만 그곳에서도 손님과 시비가 붙어 유치장 신세를 지게 된다. 언제나 최곤의 재기를 철석같이 믿고 사는 그의 충직한 매니저인 박민수(안성기 분)는 합의금을 구하기 위해 지인인 방송국 국장을 찾아갔다가 최곤이 강원도 영월지사에서 라디오 DJ를 하면 합의금을 내주겠다는 제안을 받게 된다.

억지로 영월로 가게 된 최곤은 그곳에서도 자유분방한 태도로 위기를 맞게 된다. 그러던 어느 날 DJ 석 부스 안으로 커피 배달을 시킨 최곤은 다방 여종업원에게 게스트를 맡기게 되고, 그녀의 숨겨진 사연들이 라디오 전파를 타는 방송사고가 발생한다. 하지만 의외로 김양의 솔직하고 가슴 아픈 이야기는 지역 청취자들의 심금을 울리면서 최곤이 진행하는 <오후의 희망곡>은 일약 인기 프로그램으로 사랑을 받기에 이른다.

154

게다가 평소 최곤의 음
악을 좋아하고 추종했던
영월지방의 록밴드 '이스트
리버(노브레인 분)'는 최곤이
운영하는 방송 팬 사이트
를 열어 그의 방송을 열심
히 홍보하며 인지도를 대

폭 올리게 된다. 덕분에 주민들이 참여하고 서로 친해지면서 잊힌 라
디오가 공동체를 제대로 묶어내는 매체 역할을 하게 된다. 하지만 방
송이 인기를 타자, 연예기획사 사장의 이간질로, 박민수는 최곤의 재
기에 폐가 될까 봐 그의 곁을 떠나게 된다.

● **관전 포인트**

A. 히트친 커피 배달 아가씨의 방송 내용은?

비 오는 날 커피 배달을 시킨 최곤은 장난삼아 배달하는 김양에게
게스트 DJ를 맡긴다. 그녀는 떠나온 고향에 두고 온 어머니에게 "엄
마! 기억나? 비 오면 우리 부침개 해 먹던 거? 난 사실 엄마가 미워서
집 나온 거 아냐. 내가 미워서, 나 막살았어. 엄마 미안해!"하며 울먹
이게 된다. 방송을 듣던 청취자들은 김양의 스토리에 깊게 공감하고
덕분에 인기 방송으로 부상한다. 이를 계기로 단순히 노래만 틀어주는
프로그램이 아닌 지역주민들이 참여하여 고민 상담까지 하는 청취자
친화적 프로그램으로 진화한다.

B. 매니저 안성기의 유명한 대사는?

최곤의 재기를 믿으며 모든 궂은일을 도맡아 하는 매니저 박민수는 "자기 혼자 빛나는 별은 없어, 별은 다 빛을 받아서 반사하는 거야"라며 사람은 혼자 살 수 없고, 함께 도우며 사는 것이 최고의 삶임을 최곤에게 일깨워 준다. 박민수가 떠난 후, 생방송 중 자리에 출연한 소년이 가출한 자신의 아빠를 찾는다고 하자, 최곤도 자신도 한 사람을 찾는다고 멘트하면서 "형! 듣고 있어? 형이 그랬지. 자기 혼자 빛나는 별은 없다며, 와서 좀 비쳐 주라, 좀"이라고 흐느낀다. 이 방송을 버스에서 듣던 박민수는 비 오는 날 그의 특유의 노래 "한번 보고 두번 보고 자꾸만 보고 싶네"를 부르며 최곤에게 나타난다. 영화에는 유앤미 블루의 <비와 당신>, 신중현의 <아름다운 강산>, 조용필의 <그대 발길이 머무는 곳에>, 시나위의 <크게 라디오를 켜고>, 김추자의 <빗속의 여인>, 들국화의 <돌고 돌고 돌고>, 김장훈의 <세상이 그대를 속일지라도>, 노브레인의 <넌 내게 반했어>가 감칠맛을 더해준다.

C. 매니저의 깊은 신뢰도를 보여주는 장면은?

최곤의 충직한 서포터로 일하는 매니저는 언제나 신중현의 노래 <미인>을 부르면서 최곤에 대한 한없는 사랑과 지지를 나타낸다. 또한 항상 우산을 지참하고 비가 오는 날이면 투정 부리는 최곤의 머리 위에 따뜻한 형님처럼 우산을 펼쳐 보호해 주기도 한다. 최곤이 계속 방황하자, "같이 동강에 빠져 죽자고"라며 최곤을 강하게 일깨워 주기도 한다.

D. 라디오 시대가 비디오에 의해 사라짐을 아쉬워하는 노래는?

한때 정보와 감성의 친구였던 라디오는 비디오 시대에 밀려 사라지고 있지만, 비디오 매체처럼 모든 것을 집중할 필요가 없이, 혼자서 생각할 수 있는 여유로운 시간을 보낼 수 있는 것은 여전히 라디오의 강점인 것 같다. 마치 LP 레코드가 부활했듯이. 팝송인 Bugglesds의 <Video kill the radio star>가 아련한 라디오 시절의 추억을 소환시켜준다. [I heard you on the wireless back in fifty two(1952년 무선라디오로 당신의 목소리를 들었어요) Lying awake intent at tuning in on you(정신이 바짝 들어 누운 채로 주파수를 맞추며 듣곤 했죠) If I was young it didn't stop you coming through(내가 젊었더라면 당신의 목소리를 계속 들을 수 있을 텐데) They took the credit for your second symphony(시청자들은 당신의 두 번째 공연을 극찬했어요) Rewritten by machine on a new technology(새로운 기술로 탄생된 기계(TV)로 방송된 거 말이에요) And now I understand the problems you can see(이제 난 당신이 본 문제점들을 이해할 수 있어요) I met your children(당신의 아이들을 만났어요) What did you tell them?(그들에게 뭐라고 말했나요?) Video killed the radio star(비디오가 라디오 스타를 죽여버렸다고) Pictures came and broke your heart(화면이 나오고 당신의 마음을 아프게 했죠) And now we meet in an abandoned studio(그리고 우린 버려진 스튜디오에서 만났죠) We hear the playback and it seems so long ago(우린 꽤 오래된 듯한 노래를 들었어요) And you remember the jingles used to go(당신은 예전에 유행하던 CM 광고 송을 기억하더군요) You were the first one(당신이 제일 처음이었고) Your were the last one(당신이 마지막이었어요) In my mind in my car, we can't rewind we've gone to far(내 마음속에서나 내 차 안에서도 되돌릴 수가 없어요 너무 멀리 와버렸으니까요) Pictures came and broke your heart(텔레비전이 나오고 당신은 상처받았죠) Put down the blame on VCR(그래서

157

VCR을 원망했어요) Oh, you are a radio star(그러나 당신은 여전히 내 마음의 라디오 스타예요)]

에필로그

   누구나 화려했던 시절이 지나면 그 시간을 아쉬워한다. 하지만 화려했던 시절 속 기억은 사라지지 않고 영원히 누군가의 머릿속에 남아 있기에 슬퍼하거나 아쉬워할 필요는 없다. 최근 젊은 나이에 안타깝게 세상을 떠난 그룹 '거북이'의 리더이자 래퍼 '터틀맨(임성훈)'이 인공지능기술로 복원되어 다시 팬들 곁으로 돌아왔다. 과거의 추억을 잊지 않고 소중히 간직한다면 많은 사람의 사랑을 받을 수 있음을 보여준다. 누구나 화려한 시절을 간직한 소중한 스타였기에 더욱 큰 자부심과 영원한 행복을 누릴 자격이 있다. 최곤이 영월에서 인기를 회복하자 본사 방송국으로 돌아가지 않고, 영월지국에서 전국으로 방송 송출을 제안하는 모습은 매니저 박민수의 진정성을 통해 이기적이던 최곤이 남을 비춰주는 스타로 변신한 모습을 보게 된다. 남을 빛나는 스타로 만드는 사람이 진정한 스타일 것이다. 코로나 바이러스로 몸과 마음이 지친 요즘, 사이먼 앤 가펑클의 노래 <험한 세상 다리가 되어 Bridge over troubled water>처럼 힘든 사람의 눈물을 닦아주는 사랑이 가득 찬 사회가 되기를 기원한다.

24

언제나 마음은 태양!

언제나 마음은 태양To sir with love, 1967

프롤로그

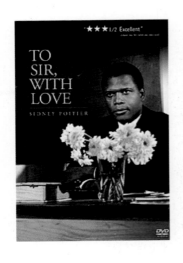

현대 사회의 가치관이 변하면서 선생님에 대한 학생들의 존경심이 없어지고 있다. 이에 자존감을 상실한 많은 선생님이 학교를 떠나가고 있다. 산업사회의 고도화로 사제 간에 예의와 도리가 사라진 지 오래된 것이다. 학교는 전인교육의 소중한 터전이라는 철학이 사회에서 사라지고 있는 현실은 미래 큰 폭풍을 불러일으킬 것이다. 영화 <언제나 마음은 태양To sir with love, 1967>에서 제자들에 대한 진정한 사랑과 인내로 문제 학생들을 자발적으로 변화 시켜, 성숙한 인격체로 만들어가는 과정을 보면서 현재 한국 사회에 드리워진 교권의 문제를 해결할 수 있는 계기를 얻을 수 있길 기대해본다.

● 영화 줄거리 요약

통신 분야 엔지니어인 마크 색커리(시드니 포이티어 분)는 취업이 어려워 런던의 빈민가에 자리 잡은 노스키 고등학교North Quay에 임시 교사로 부임하게 된다. 생활고에 찌들어 교육에 대해서는 통 관심을 보이지 않는 사람들이 사는 동네다 보니 학생들은 하나같이 말썽꾼이고 그들의 관심사는 교사를 골탕 먹여 스스로 학교를 떠나게 하는 것뿐이다. 하지만 무엇보다 더 나쁜 것은 이런 현실에 방관자적인 자세를 취하고 있는 교장과 동료 교사들의 태도이다. 색커리는, 인생의 목표도 없고 자신이 처한 현실을 변화시키려는 의지도 없이 학교를 그저 냉혹한 현실에서 도피할 수 있는 공간 정도로만 생각하는 아이들에게 뭔가 색다른 전략이 필요함을 느낀다.

그는 먼저 학생들을 하나의 인격체로 대우해준다. 동시에 인생을 살아가는데 필요한 여러 가지 철학적 이슈에 대해 토론하고 박물관을 견학하면서 삶에 대한 혜안을 일깨워 주는 등 서서히 아이들의 마음의 벽을 허물고 신뢰를 얻게 된다. 또한 아이들 개개인의 맞춤형 코칭으로 졸업 후 취업 문제에 당면할 때 포기하지 않도록 그들을 바른길로 이끌어준다. 마침내 졸업 댄스파티에서 아이들은 진심이 담긴 마음을 색커리에게 전하고 색커리는 그런 아이들의 변화된 모습에 감동의 눈물을 흘린다.

● 관전 포인트

A. 색커리 선생이 아이들을 변화시킨 방법은?

학생들을 책임감 있는 성인으로 대우 해주고, 서로가 동등한 위치에서 자신들의 이야기를 하도록 유도하며 적대적 경계심을 풀어나간다. 그리고 아이들의 생각에 와닿지 않는 교과서를 쓰레기통에 던져넣고 인생, 생존, 죽음, 결혼, 사랑, 섹스, 반항 등 친밀하지만 어려운 주제들에 대한 진솔한 대화로 불신의 벽을 무너뜨린다. 또한 일과 중 박물관 견학, 요리 실습 등을 통해 살아있는 삶에 대한 통찰력을 일깨워주면서 아이들에게 호감과 공감을 불러일으킨다. 또한 색커리는 학생들에게 서로의 호칭을 예의를 갖추어 부르도록 요구한다. "자신을 먼저 존중해야 남들도 너를 존중한다Respect yourself and others will respect you"는 가르침을 통해 처음에는 어색했던 존칭을 통해 서로를 존중하

162

는 신사, 숙녀로서의 기본적인 매너를 체득하게 된다. 아무리 가까운 연인이나 부부간에도 서로 예의를 지켜 존대한다면 서로 간의 갈등과 마찰을 예방할 수 있다는 전문가의 조언도 이와 같은 맥락일 것이다.

B. 색커리가 이런 전략을 쓸 수 있었던 배경은?

색커리는 아프리카 기니 출신의 흑인으로서 웨이터, 경비, 청소부 등 많은 고생을 하면서 학업을 이어가야 했기에 인내심과 삶에 대한 성실성이 누구보다 잘 훈련되어 있었다. 학생들은 그의 과거를 알게 되면서 자신들의 어려운 처지를 이해하는 그를 서서히 존경하게 된다. 또한, 반에서 가장 문제아로 색커리를 괴롭히던 '덴햄'은 체육 시간 그와의 권투경기를 요구하고 이에 맞서 경기하던 색커리는 초반에 맞다가 나중에 어퍼컷 한 방으로 그를 제압하지만, 곧 그를 보살핀다. 경기를 마치고 덴햄은 왜 자신을 계속 때리지 않았냐고 묻자, 색커리는 폭력은 아무것도 해결할 수 없다는 것을 잘 알기 때문이라고 말한다. 또한 덴햄에게 졸업 후 학생들에게 복싱을 가르치는 보조 교사가 되는 것이 어떻냐며 제의하고, 덴햄은 이에 감동한다.

C. 색커리를 진정 존경하게 된 여학생은?

색커리의 신사다움에 반한 '대어'는 그에게 존경과 사랑을 느끼게 된다. 하지만 색커리는 대어를 제자로서 따뜻하게 대한다. 어느 날 그녀의 어머니가 학교로 찾아와 방황하는 자신의 딸을 잘 계도해주기를 부탁한다. 알고 보니 대어는 이혼한 어머니의 자유분방한 사생활에 반항심을 가지고 있었다. 결국 색커리의 충고로 그녀는 어머니를 이해하게 되고 가정으로 돌아가게 된다. 졸업 파티에서 대어는 색커리 선생님에게 마지막 춤을 요청하고 선생님은 흔쾌하게 응한다.

D. 시드니 포이티어(Sidney Poitier)는 어떤 배우인가?

시드니 포이티어는 언제나 과잉되지 않은 정확한 캐릭터 연기와 진중한 눈빛이 매력인 배우로 정평이 나 있다. 동독을 탈출한 수녀들을 돕는 마음씨 좋은 퇴역군인 역을 연기한 <들판의 백합Lilies of the field, 1963>으로 흑인 최초로 아카데미 남우주연상을 받은 미국 배우이다. 또한 그의 작품으로는 흑인 탈옥자를 통한 인종차별 문제를 다룬 선구자적인 작품 <흑과 백The Defiant Ones, 1958>, 인종차별을 딛고 살인사건을 쫓는 흑인 형사를 연기한 <밤의 열기 속으로In the heat of night, 1967>, 백인 처녀와 결혼하려는 흑인 의사역을 연기한 <초대받지 않은 손님Guess who's coming to dinner, 1967>이 있다.

E. 훌륭한 선생님을 선보인 영화는?

◇ 죽은 시인의 사회Dead poets society, 1989: 명문 웰튼 아카데미에 새 영어 교사로 부임한 '존 키딩(로빈 윌리엄스 분)'의 파격적 수업을 통해 학생들을 참된 인생으로 이끄는 이야기

◇ 리멤버 타이탄Remember the Titans, 2001: 흑백갈등을 극복하고 신화적인 승리를 이끈 고교 미식축구 타이탄스팀 '허만 분(덴젤 워싱턴 분)' 이야기

◇ 완득이, 2011: 다문화 가정의 제자인 완득이(유아인)를 바른길로 인도하기 위해 노력하는 담임 동주 선생(김윤석)의 이야기

에필로그

———

색커리 선생은 그가 애타게 찾던 통신회사 엔지니어직을 구하게 된다. 하지만 마지막 졸업 파티에서, 학생들로부터 사랑의 마음이 가득 담긴 노래(룰루LuLu가 부른)가 흐르며 정성이 담긴 선물을 받게 된다. 이에 감동을 주체할 수 없던 그는 교실로 돌아온 후 통신회사 합격통지서를 찢어 버리고 문제가 가득한 노스키 고등학교의 선생님으로 남기로 결심하게 된다. 선생님이란 자리는 이렇듯 지식을 전달하는 전문가가 아닌 제자의 인생을 올바르게 인도하여 한 사람의 훌륭한 인격체를 만들어 내는 중요한 리더라는 생각이 든다. 세월에 따라 학생들의 생각과 태도도 거칠어졌지만, 진정한 사랑과 열정이 가득한 선생님이라면 색커리 선생처럼 어떤 문제 학생도 끝까지 포기하지 않고 훌륭한 사람으로 변화시켜나갈 수 있다는 신념이 필요하다. 요즘 많은 의료인이 자원하여 바이러스 현장에 참여하고 있다고 한다. 히포크라테스 선서를 통한 인류애를 실천하는 의료인들에게 감사와 존경을 보낸다.

흑과 백The defiant ones, 1958

프롤로그

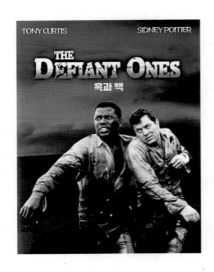

    도저히 이해하기 힘들고 소통이 어려운 사람이 있다면 결별밖에는 답이 없을지도 모른다. 하지만 긴 삶 속에서 싫어도 같이 가야 할 운명적인 관계도 있는 법이다. 그때는 최악의 상황(무인도에 두 사람만 갇혔다. 막강한 공동의 적을 상대해야 한다)을 가정하고 관계를 개선할 방법을 찾아보는 것도 필요하다. 아카데미 각본상과 촬영상을 받은 영화 <흑과 백The defiant ones, 1958>에서도 절대로 친해질 수 없는 두 사람이 만나 수많은 역경을 같이 헤쳐가는 여정에서 결국 깊은 우정을 나누게 되는 것을 보여준다. 오늘도 불편한 관계로 힘든 상대가 있다면, 먼저 다가가 뜻밖의 선의를 베 푸는 낯선 모험을 시도해 보길 바란다. 언젠가 그 사 람이 당신을 위기에서 구 해줄 소중한 사람으로 재 탄생 될 수도 있지 않겠는가?

● 영화 줄거리 요약

캄캄한 밤, 억수같이 쏟 아지는 빗속에 죄수 호송 트럭이 언덕에 구르는 사 고가 난다. 이때를 틈타 쇠 사슬로 묶인 흑과 백 두 사람이 탈주하게 된다. 관 계가 좋지 않던 흑인 '노아 컬린(시드니 포이티어 분)'과

백인 '조 잭슨(토니 커티스 분)'은 험난한 탈주 여정에서 서로 협력하여 극복해 나가면서 점차 친해지게 된다. 두 사람은 야간에 주유소에 잠 입하여 먹을 것과 쇠사슬을 끊을 도구를 찾는다. 그러나 인부들에게 붙잡혀 집단 린치를 당할 위기에서 간신히 도망치게 되지만 두 사람의 갈등은 최고치에 달해 서로 쇠사슬을 찬 체 증오에 가득찬 격투를 벌 이게 된다. 그 후 외딴 마을에서 아들을 데리고 사는 여인 집에서 도 움을 받아 쇠사슬을 자르게 된다. 아이러니하게도 잘생긴 백에게 연정

을 품은 외롭던 여인이 백과의 도망을 제의하자, 흑은 여인이 가르쳐 준 대로 각자 헤어져 길을 가게 된다. 흑이 떠난 후 여인은 자신이 흑에게, 추격하는 보안관으로부터 자신들을 보호하기 위해 거짓으로 험한 길을 가르쳐주었다며 실토하고 백은 그녀를 버리고 흑을 구하기 위해 뛰쳐나가게 된다.

● 관전 포인트

A. 흑과 백이 탈주의 여정에서 관계가 깊어지는 계기는?

탈주 후 깊은 갈등을 겪게 되지만, 물살이 거센 계곡을 건너면서 서로 목숨을 구해주고, 깊은 구덩이에서 빠져나올 때도 힘을 합치게 된다. 또한, 과거 흑이 일하던 주유소에 먹을 것과 체인을 자를 도구를 구하러 갔다가, 인부들에게 잡혀 린치를 당하게 될 위기에 처했지만, 마침 인부들의 대장이 과거 죄수 생활을 경험한 사람이라 그들을 몰래 탈출시켜주게 된다. 상처에 감염된 백의 손을 흑이 진흙을 발라 치료해주는 등 극한의 탈출 과정에서 서로의 생명을 지켜주는 관계로 거듭나게 된다.

B. 영화의 원제 <The defiant ones>처럼 흑과 백이 가지는 반항심의 이유는?

◇ 흑: 태어날 때부터 지금까지 흑인이라는 차별에 시달려왔기에 백인 중심사회에 강한 반항심을 가지고 있다. 그래서 자신이 일하던 농장의 관리인 백인 지주에게 대들다가 살인미수죄로 감옥에 가게 되었다. 항상 이글거리는 눈으로 백인사회를 혐오하기에 그런 심정을 한과 억울함이 맺힌 노래에 담아 자주 부르게 된다. "오래전에 떠났지 녀석은 운도 좋아, 켄터키로 멀리 떠났

네, 재봉틀 바느질이 너무 빨라 열한 땀을 꿰매네, 새끼 고양이
의 꼬리에/내게 뭐가 남았나 봐, 잭! 감옥살이 20년 동안 비지
땀 흘리며 돌이나 깨지, 멤피스에서 온 판사가 내게 판결을 내
렸지, 그 자식을 다시 만나면 다시는 집에 못 가게 해줄 거야,
그 판사 놈은 오래전에 떠났어! 켄터키로, 이젠 놈도 심술 안
부리겠지!"

◇ 백: 열심히 살았지만, 항상 돈 많은 사람에게 굽신대며 사는 게
너무 싫었던 백은 자신의 꿈인 "주말에 술집에서 아가씨를 꿰찬
킹카가 되는 것"을 실현하기 위해 강도질을 하다가 감옥으로 가
게 된다. 그래서 그는 "Thank you sir"라는 말을 들으면 바늘
로 찌르는 것 같은 불쾌감과 거부감을 느끼고 있기도 하다.

◇ 둘 다 사회가 격리해야 할 흉악범이라기보다는 각박한 사회의
현실에 적응하지 못한 낙오자의 모습이다.

C. 마지막 백이 여자를 버리고 흑에게 달려가는 이유는?

여자가 흑에게 기찻길로 가는 길을 거짓으로 가르쳐준 것을 알고
어느새 우정으로 친해진 흑이 위험에 처할까 봐 여자를 버리고 흑을
구하러 달려가게 된다. 하지만 여인의 아들에게 총을 맞은 백은 "난
안 되겠어"라고 하자 흑은 "어서, 너와 나는 아직 체인에 매여 있잖
아"라며 뜨거운 우정의 손을 내민다. 화물열차에 먼저 오른 흑이 손을
뻗어 백의 손을 잡았지만, 백은 그만 기차에서 떨어지고 만다. 이때
흑도 아직도 쇠사슬이 연결된 것처럼 같이 굴러떨어지고, 서로 담배를
피우며 위로를 하는 사이, 보안관이 다가와 그들을 체포하게 된다.

D. 보안관이 보여주는 휴머니즘은?

두 도망자를 쫓는 과정에서 난관에 부딪히자, 냉혈한 블라이 지구

대장은 맹견인 도베르만을 풀어 도망자를 살상하자고 한다. 이에 뮬러 보안관은 자신의 임무는 도망자를 죽이는 것이 아니고 잡는 것이라고 강조하며, 만약 지구대장이 도베르만을 푼다면 권총으로 개들을 쏘겠다고 경고한다. 결국 도베르만 대신 '블러드하운드' 등 추격견을 활용하게 된다.

E. 이 영화처럼 커플의 우정을 보여준 영화는?

◇ 텍사스에서 돈을 벌기 위해 올라온 시골 청년 '존 보이트'와 사기꾼 '더스틴 호프만'의 우정을 그린 <미드나잇 카우보이Midnight cowboy, 1969>

◇ 서부를 주름잡던 산골짜기 갱단 '폴 뉴먼'과 '로버트 레드포드'의 낭만적이지만 내일이 없는 우정을 그린 <내일을 향해 쏴라 Butch Cassidy and the Sundance kid, 1970>

◇ 부인의 살해범이라는 누명을 쓴채 도망자 신세가 된 저명한 외과 의사 '해리슨 포드'와 자신을 쫓지만 동시에 무죄를 교감하기도 하는 연방경찰 '토미 리 존스'와의 정의 두사람을 그린 영화 <도망자The fugitive, 1993>

◇ 페덱스 물류회사 직원이었던 '톰 행크스'가 비행기가 사고로 무인도에 4년이나 갇히면서 배구공 '윌슨'과의 웃픈 우정을 그린 <캐스트 어웨이Cast away, 2000>

◇ 만년설로 뒤덮인 브로크백 마운틴 양 떼 방목장에서 함께 일하게 된 두 청년 '히스 레저'와 '제이크 질렌할'의 애절한 러브스토리를 다룬 <브로크백 마운틴Brokeback mountain, 2005>

에필로그

2인 삼각 달리기 경기에서 상대와 호흡을 맞추지 못하면 서로의 발에 걸려 넘어지게 되지만, 사전에 규칙을 협의하고 적극적으로 협동하면 골인 지점에 1등으로 들어갈 수 있다. 인생에 있어 친구, 가족, 회사 동료 사이에서 서로 맞지 않는 관계를 경험하기도 하고, 그런 관계에서 성과를 내야만 하는 것이 현실이다. 영화 <흑과 백>에서도 혐오와 증오로 가득 찬 두 사람이 함께 쇠사슬에 묶였다는 사실 때문에 하는 수 없이 같이 행동하는 여정에서, 흑과 백이라는 피부색의 편견에서 벗어나 서서히 서로를 이해하고 존중하기 시작한다. 그리고는 자신을 희생할 만큼 인간적으로 소통해 가는 과정을 보며 치유가 불가능한 관계는 없다는 것을 깨닫게 된다. 아무리 힘든 인간관계라도 역지사지를 통해 먼저 다가가고 따뜻하게 배려한다면 분명 더 큰 협력과 성과를 만들어 낼 수 있을 것이다.

26

세상에 나쁜 음악은 없다!

시스트 액트Sister act, 1992

프롤로그

—

삶의 고단한 여정에서 위안을 주는 노래는 장르에 상관없이 영혼에 큰 안식을 준다. 영화에서도 스토리나 주인공들의 감정을 극적으로 전달하기 위해 다양한 장치를 삽입하는데, 자극적인 CG(컴퓨터 그래픽)보다는 아름다운 음악이 더욱 큰 힘을 발휘한다. 영화 <시스트 액트Sister act, 1992>에서도 인생을 마구잡이로 살아온 삼류 가수가 성스럽지만 따분할 수 있는 찬송가를 재미있고 흥겹게 부르며 소외된 많은 사람의 영혼을 정화하고, 활기차게 만들어 준다. 요즘같이 코로나바이러스로 야외활동이 자제되는 상황에서는 집에서 <트롯>프로를 즐기거나, 또한 자신만의 음악을 통해 인생의 궤

도를 되돌아볼 소중한 시간을 갖는 계기가 되기도 한다. 그렇기 때문에 이 세상에 나쁜 음악은 없다!

● 영화 줄거리 요약

리노의 카지노에서 삼류 가수로 일하는 들로리스(우피 골드버거 분)는 우연히 암흑가의 거물인 빈스가 부하를 살해하는 현장을 목격하게 된다. 그로 인해 자신의 생명도 위태로워진 들로리스는 경찰에 신고하여 증인이 될 것을 약속하고 법정에서 증언할 때까지 경찰이 제공한 증인 보호 프로그램을 받게 된다. 증인 보호 프로그램으로 들로리스는 외부와 단절된 샌프란시스코의 성 캐서린 성당의 수녀원에 두 달간 숨어 있게 된다. 들로리스는 수녀원에서 고지식한 원장 수녀의 눈총을 받으면서 은신처라기보다는 감호소에 들어온 심정으로 힘든 시간을 보낸다. 그러던 어느 날 그녀는 뜻하지 않게 성가대의 지휘자를 맡게 된다. 그녀의 재치와 유머로 성가대는 활력을 되찾고 급기야 냉담했던 빈민가의 주민들이 합창 소리에 이끌려 성당으로 몰려들기 시작하면서 지역 방송에도 출연하게 된다. 하지만 들로리스를 뒤쫓던 악당들이 이 방송을 보고 그녀를 납치를 하게 된다. 이에 수녀님들과 에디 서더 형

173

사 반장의 극적인 도움으로
들로리스는 목숨을 구하고
악당들은 일망타진하게 된
다. 마침내 교황이 참석한
가운데 들로리스는 성스럽지
만, 주민 친화적인 활기찬
성가를 지휘하면서 큰 반응
을 얻는 데 성공하게 된다.

● **관전 포인트**

A. 들로리스가 지루한 성가대를 개선한 방법은?

◇ 1편 : <I will follow him> 1절에서 성스럽게 부르다가 2절
에서 피아노 치는 수녀가 벌떡 일어서며 경쾌한 반주를 시작으
로 힘찬 노래로 분위기를 반전시킨다. 또한, 수줍은 성격의 로
버트 수녀를 솔로 부분에 배치하여 전체적인 분위기를 띄우고,
박수와 댄스로 신도들에게 성당은 체면 차리는 불편한 장소가
아닌 서로의 공감을 통해 따뜻한 인간성을 회복하는 장소로 만
든다.

◇ 2편: <기쁘다 기쁘도다> : 불량청소년들에게 발성법을 가르쳐
아름다운 화음을 완성한 후 박수와 댄스로 자신들이 가장 잘할
수 있는 역할로 존재감을 키워 준다. 복장도 자유스럽게 입고
청소년에게 맞는 랩을 자신 있게 열창하여 합창대회에서 우승하
면서 큰 감동을 불러일으킨다.

◇ 서로 받아들임의 미학 : 들로리스를 상징하는 팝 음악과 성당의

합창을 효과적으로 적절히 사용했다. 정체성은 유지하면서 새로운 변화를 받아들이는 수녀원의 모습을 음악으로 표현하고자 했다.

B. 후속 제작된 2편(Back in the habit, 1993)의 스토리는?

라스베이거스 최고의 인기 가수가 된 들로리스에게 어느 날 수녀님들이 찾아와 도움을 요청한다. 자신들이 선생으로 있는 성 프란시스 고등학교의 문제아들에게 음악을 가르쳐 달라는 것인데, 처음에는 골탕을 먹은 들로리스는 포기하기에 이른다. 하지만 우연히 학교의 경영자 크리스 이사가 학교를 폐쇄하려고 한다는 음모를 알게 된 들로리스는 다른 수녀들과 힘을 합쳐 학교를 살리기 위해 특유의 끼를 발동하여 학생들을 지도하게 된다. 그 후 할리우드에서 열리는 '캘리포니아 주 음악 경진대회'에서 우승을 하며 폐교결정도 취소된다.

C. 팍팍한 수녀원 생활에서 큰 힘이 된 사람은?

성가대의 수녀님들은 들로리스가 다소 엉뚱하기는 하지만 그녀를 믿고 따르며 최선의 노력을 다한다. 특히 견습생 로버트 수녀는 처음에 무척 소극적인 성격에 소리도 잘 나지 않았지만, 들로리스의 격려와 지도로 나중에 솔로 부분을 맡아 큰 역할을 수행하면서 자신감도 얻게 된다. 또한 신부님도 들로리스가 이웃 주민들에게 큰 축복을 준다고 응원하면서 원장 수녀의 불평을 막아내 준다. 신부는 막달라 마리아가 과거에는 방탕한 여인이었지만 성녀가 된 계기를 얘기하며 들로리스도 그렇게 될 수 있다고 암시하기도 한다.

D. 원장 수녀의 태도가 바뀌게 된 배경은?

처음에 들로리스가 범죄자 같은 분위기로 자칫 수녀원의 수녀들을 오염시키지 않을까 우려했었다. 하지만 서서히 들로리스가 마음을 다해 성가대를 지휘하고 그로 인해 주변의 냉담했던 빈민가 주민들도 담을 허물고 하나둘씩 성당으로 오면서 미사가 크게 활성화되는 모습을 본다. 그리고 교황까지 축하하러 오는 모습을 보게 되면서 진심으로 그녀를 응원하게 된다.

E. 악당들에게 잡혀간 들로리스는 어떻게 구조되나?

수녀원의 수녀들이 단체로 악당이 있는 술집으로 쳐들어가 들로리스를 구출하려 하다가 악당들에게 도리어 잡힌다. 이에 들로리스가 마지막으로 기도를 하고 싶다고 하면서 악당들을 밀치자, 마침 나타난 에디 서더 반장과 경찰의 출현으로 들로리스와 수녀들이 구조되게 된다.

에필로그
—

영화 <시스터 액트>에서 아무리 이기적이고 탐욕적인 사람이라도 마음의 근본에는 따뜻한 인간미와 사랑을 담고 있음을 보여준다.

176

또한, 종교가 신성한 영역이라 하더라도 자연스럽게 일상의 생활 속으로 들어가기 위해서는 더 쉽고 재밌는 분위기가 필수적이라는 것도 알게 된다. 그런 의미에서 성공적인 종교시설은 또 하나의 사회적 커뮤니티면서 엔터테인먼트의 장일 수도 있다는 생각이 든다. 백 마디 훌륭한 설교보다 마음을 사로잡는 아름다운 노래가 사람들의 영혼을 정화하고 선행을 베풀게 하는 원동력이 될 수 있도록 밝고 서정적이며 희망적인 생활 음악의 대중화가 절실해 보인다. 뮤지컬 영화인 <사운드 오브 뮤직The sound of music, 1969>에서 줄리 앤드류스가 엄격한 군인 아버지 밑의 아이들을 슬기롭고 훌륭하게 성장할 수 있게 영감을 주는 것도 음악의 위대함에서 비롯된 것이다. 가짜 수녀 들로리스는 현실에서 도피하는 젊은이에게 "두려운 상황에 닥칠 때마다 도망치면 평생 도망치게 된다."라며 힘들 땐 음악으로 몸과 마음을 충전하면서 더나은 삶으로 돌진하라고 용기를 준다.

27

백조가 되어 날아오른 소년!

빌리 엘리어트^{Billy Elliot}, 2000

프롤로그

—

성공한 사람의 뒤에는 항상 모든 것을 아끼지 않고 희생한 사람이 있다. 하지만 사람은 성공이 자신의 노력과 재능으로만 이뤄진 것이라고 착각하고 교만에 빠지는 경우가 많다. 영화 <빌리 엘리어트^{Billy Elliot}, 2000>에서는 아들의 재능을 알아보고 사회의 모든 질서 속에서도 그 재능을 키워주려 온몸을 바쳐 희생한 아버지의 모습을 볼 수 있다. 훗날 아들은 훌륭한 발레리노로 성장하여 아버지의 삶을 빛나게 한다. 영화에서 진정한 주인공은 바로 아버지라고 할 수 있다. 오늘은 우리를 위해 간절히 기도하고 지원해준 사람의 얼굴을 떠올려 보는게 어떨까? 더 나아가 우리 스스로도 누군가의 후원자가 되어주는 것에 기꺼이 동참하길 바래본다.

[매튜 본의 백조의 호수: 기존의 <백조의 호수>와 전혀 다른 작품이다. 기존에 가냘픈 발레리나들이 맡았던 백조의 역할을 남성들이 맡았다. 여기서는 가냘프고 아름다운 백조가 아닌, 근육질의 투박하고 와일드한 백조가 나온다. 음악은 차이코프스키의 <백조의 호수>를 그대로 쓰고 있지만, 안무나 내용은 완전히 다르다. 마법에 걸려 백조로 변한 오데트 공주와 지그프리트 왕자의 비극적인 사랑을 그린 기존과 달리, 매튜 본의 작품은 애정 결핍증에 걸린 왕자의 고독과 소외, 성적 정체감의 혼란, 불분명한 자아 사이에서의 고뇌와 방황을 그려낸다.]

● 영화 줄거리 요약

1984년 영국의 북부 탄광촌 더럼주에 사는 11살 소년 빌리는 몇 해 전 어머니를 잃은 뒤, 치매 증상이 있는 할머니와 아버지 그리고 형과 함께 살고 있다. 아버지와 형은 광부이며, 광부의 민영화로 인한 구조조정을 반대하는 파업에 동참하면서 생활이 점점 어려워지고 있는 상황이다. 그런 상황 속에서도 아버지 재키 엘리어트(게리 루이스 분)는 빌리가 남자답게 성장하길 바라며 권투도장에 교습을 보낸다. 어느 날 발레강습소가 노조 사무실로 쓰이게 되면서 권투도장에 발레강습소가 들어오게 되고, 이에 흥미를 느낀 빌리는 아버지 몰래 권투 대신 발레 강습을 받게 된다. 빌리의 재능을 알아챈 발레 선생 산드라 윌킨슨 부인(줄리 월터스 분)은 개별지도는 물론 그를 런던의 로열발레스쿨에 입학시키려 오디션을 준비하지만, 오디션 당일 노조 지도부인 빌리의 형 토니가 경찰에 체포되며 무산되게 된다.

발레 수업은 포기했지만 춤을 포기할 수 없었던 빌리는 크리스마스 밤 권투도장에서 친구 마이클에게 발레를 가르쳐주다가 아버지에게 들키고 만다. 하지만 그 순간 아버지 앞에서 신들린 듯 춤을 추기 시작하고 그 모습을 본 아버지는 빌리의 재능을 알아채게 된다. 빌리를 런던의 학교에 보내기 위해 아버지는 파업까지 그만두고 비용을 마련하는 데 전념하게 된다. 드디어 아버지와 함께 로열발레스쿨의 오디션을 보러 간 빌리는 극도로 긴장하지만, 자신의 느낌을 아낌없이 표현하여, 심사위원들의 마음을 움직여 합격통지서를 받게 된다. 파업 실패로 아버지와 형은 다시 열악한 탄광으로 들어가야 했지만, 한참의 시간이 흐른 후 무대 위의 스타로 도약한 빌리가 주연을 맡은 <백조의 호수> 공연을 보면서 자신들의 인생이 무의미했던 것이 아니라는 것을 깨닫게 된다.

180

● 관전 포인트

A. 빌리가 발레에 소질이 있었던 이유는?

비록 아버지와 형이 생계를 위해 광부로 일하고는 있지만, 현실이 힘든 이들에게도 꿈과 이상, 그리고 예술이 유일한 위안이라는 것을 알고 있었다. 형인 토니는 늘 빌리를 못살게 굴었지만, 음반을 모으고 음악을 듣는 것이 유일한 취미였다. 과거 할머니의 꿈도 발레리나였었고, 유품인 아내의 피아노를 부숴서 땔감으로 쓴 아버지도 곧 후회의 눈물을 흘린다. 삶이 아무리 힘들어도 그들에게는 인간으로서 결코 포기할 수 없었던 삶의 가치가 있었고, 바로 그것을 빌리가 일깨우고 완성시켜준 셈이다.

B. 반대하던 아버지가 빌리를 인정하게 된 이유는?

아들 빌리가 씩씩한 남자로 성장하기를 바라며 어려운 환경에도 권투도장에 보내지만, 몰래 발레에 관심을 보이는 아들에게 큰 실망을 하게 된다. 하지만 크리스마스 밤, 권투도장에서 친구 마이클에게 발레를 가르쳐 주던 빌리가 자신의 꿈을 버리지 못한 채 열정적으로 발레를 하는 모습을 보자, "발레는 남자답지 않다"는 편견에서 벗어나 평소의 신념을 꺾고 싫어하던 발레 선생 집을 찾아가 빌리의 지도를 간곡하게 부탁하게 된다.

C. 발레 선생님과 빌리가 한마음이 되는 계기는?

발레 선생인 윌킨슨 부인은 한때 발레리나를 꿈꾸었지만, 지금은 냉담한 남편과 철없는 딸과 함께 살면서, 아이들의 코 묻은 돈으로 생계를 연명하고 살고 있다. 하지만 다이아몬드 원석 같은 빌리를 만나면서 그를 통해 자신의 잃어버린 발레리나 꿈을 완성하려 노력한다.

하지만 교습 과정에서 윌킨슨 부인이 지나치게 일방적인 노력을 압박하자 빌리는 "선생님의 실패한 인생을 나한테 뒤집어씌우지 말아요!"라고 반발하게 된다. 하지만 빌리와 선생님의 공통점인 꿈을 위해서 환경과 싸우고 있다는 점이 있었기에 서로 화해하고 발레의 꿈을 향해 나아가게 된다.

D. 꿈을 이루기 위해 싸우거나 희생해야 하는 현실의 문제는?
  ◇ 빌리가 뉴캐슬에서 오디션을 보러 가기로 한 날에 하필이면 형인 토니가 체포된다.
  ◇ 아버지가 빌리의 재능을 알아채고 가슴이 벅차오를 때 그가 선택할 수 있는 길은 학비를 대기 위해 파업을 포기하는 일이었다.
  ◇ 합격통지서를 받은 기쁜 날에, 아버지는 정부의 강압으로 파업이 끝났다는 비보를 듣는다.
  ◇ 빌리가 꿈을 펼치기 위해 런던으로 떠나는 날, 아버지와 형 토니는 석탄을 캐기 위해 지하갱도로 내려간다.

E. 오디션의 심사위원이 빌리에게 물었던 질문은?
  불안한 마음에 자꾸 말을 거는 애를 폭행한 후 거의 실격할 위기 상황에서 마지막으로 심사위원이 "빌리 춤을 출 때 어떤 기분이니?"라고 묻자 빌리는 "그냥 기분이 좋아요. 조금 어색하긴 하지만, 한번 시작하면 모든 것을 잊게 되고 사라져 버려요. 내 몸 전체가 변하는 기분이죠. 마치 몸에 불이라도 붙은 기분이에요. 전 그저, 날고 있는 새가 되죠. 마치 전기처럼요"라며 진정 발레를 즐기고 몰입하는 느낌을 전한다. 심사위원은 그의 순수한 감정과 재능을 인정하고 합격을 시키게 된다.

182

F. 아버지가 빌리의 발레 수업 지원을 위해 선택한 것들은?

◇ 파업에서 이탈하여 업무에 복귀하면서 "파업 파괴자"라는 비난과 계란 세례를 받으면서도 빌리의 발레를 지원하기 위해 일을 하게 된다. 빌리의 형 토니가 아버지의 작업장 복귀를 만류하자 "빌리에게 나와 같은 삶을 물려주고 싶지 않다고, 빌리에게 기회를 줘야 한다고" 절규한다. 이에 토니도 아버지의 진심을 알고 부둥켜안고 흐느끼게 된다.

◇ 사랑했던 아내이자 빌리의 어머니가 남긴 반지, 목걸이 등 유품을 전당포에 맡기고 빌리의 런던 오디션 비용을 구하게 된다.

에필로그

영화 <빌리 엘리어트>는 꿈을 이루기 위해 싸우거나 희생해야 하는 현실적인 문제를 동시에 보여준다. 모든 성공 뒤에는 반드시 어려운 과정과 희생이 따른다는 것을 잊지 않게 해주려는 듯하다. 성공한 사람의 결실과 성공한 국가의 문화유산도 결국은 그런 많은 희생

183

속에 꽃을 피운 것이다. 미드의 원조 <페이톤 플레이스Peyton Place>
에서는 '페이톤 플레이스'라는 작은 소도시에서 무고한 소녀 셀레나를
살인범으로 몰아가던 검사는 결정적인 증언으로 셀레나가 무죄 판결
이 되자, 비난하던 신문사 편집장에게 "오늘의 신문은 내일 쓰레기통
에 뒹군다(오늘의 수치심은 내일이면 모든 사람의 기억에서 사라진다)"라고 하는
장면을 보면서 현대에도 철면피처럼 양심을 저버리는 사람이 많다는
것을 느낀다. 영화 <빌리 엘리어트>에서 소중한 누군가의 꿈을 위
해 자신을 희생한 사람들과 코로나 사태에서 의료인들이 보여준 소중
한 생명을 위한 희생은 절대 잊히지 않고 영원히 기억돼야 할 것이다.

184

28
카라멜 마끼아또 탁월한 선택입니다!

아이 엠 샘I am Sam, 2002

프롤로그

인생을 살다 보면 모든 것이 사회적으로 등급이 정해져 있다는 것을 알 수 있다. 지능, 학교, 재산, 직업, 자동차, 아파트, 한우 고기까지. 하지만 가장 중요한 기준은 스스로가 삶을 살아가는 인격의 주체이고 중심이라는 사실을 깨닫는 것이다. 영화 <아이 엠 샘I am Sam, 2002>에서 지적장애가 있는 주인공이 사랑하는 딸과 함께 살기 위해 사회가 정해놓은 여러 가지 등급

세계가 울어버린 순수한 사랑의 감동!

을 뛰어넘기 위해 사투를 벌인다. 지적능력과 재력이 뛰어나다고 제대로 된 사랑을 한다는 보장은 없다. 정해진 등급 대신 각자의 소중한 삶의 가치와 방식을 존중하고 도와주는 애틋한 측은지심이 필요하다. 사람들에게 부족한 지능 대신 마음을 가득 채워 사랑한 샘이 부럽다.

● 영화 줄거리 요약

홀로 외롭게 딸을 키우고 있는 샘 도슨(숀펜 분)은 7살짜리 꼬마의 지능을 가진 지적장애와 자폐증을 가지고 있지만, 순수하고 티 없이 맑은 영혼을 소유한 보기 드문 어른이다. 그에게 있어서 딸 루시(다코타 패닝 분)는 그의 전부이자 그가 살아가는 이유이다. 비록 자신이 남들이 보기엔 장애인일지 몰라도 엄연히 루시의 아빠이며 항상 그녀를 즐겁게 해주기 위해서 모든 노력을 기울인다.

어느덧 루시가 7살이 되자, 사회복지관에서는 샘의 양육능력에 의심을 가지고 샘과 루시를 떨어트려 놓는 결정을 하게 된다. 시설로 옮겨진 루시를 일주일에 두 번만 볼 수 있게 된 샘은 도와주는 변호사 리타(미셸 파이퍼 분)와 함께 딸을 되찾기 위해 눈물겨운 노력을 하게 된다. 이 과정에서 샘을 둘러싼 모든 사람이 사실은 더욱 비정상적인 생각과 문제를 안고 살고 있다는 것을 비춰준다. 이를 통해 부족한 지능 대신 따뜻한 마음으로 가득 채운 인생을 사는 샘이 더욱더 인간적이고 훌륭한 삶을 살고 있음을 깨닫게 된다.

186

비록 재판에서는 루시의 양육에 적합한 양부모가 필요하다는 결론
이 나지만, 루시의 양모 랜디는 저녁마다 집을 빠져나가 항상 샘에게
향하는 루시의 모습을 보며 그들의 사랑을 자신이 대신할 수 없다는
것을 깨닫게 된다. 이에 랜디는 마음의 문을 열고 지금까지와는 다른
시선으로 세상을 돌아보기 시작한다.

● 관전 포인트

A. 샘이 루시를 키우는 데 도움을 준 친구들은?

◇ 외출 공포증으로 집안에서 피아노만 연주하는 이웃 애니

◇ 샘과 같은 장애를 갖고 있으면서도 언제나 밝은 친구 이프티와 로버트

◇ 허드렛일이 아닌 커피를 만드는 일을 시켜준 커피전문점 사장 조지

이처럼 주변의 따뜻하고 친절한 도움이 없었다면 샘이 루시를 건강하고 밝게 키우기 힘들었을 것이다.

B. 샘이 딸을 위해 노력하는 과정은?

평소 좋아하는 비틀즈의 노래가사(루시 인 더 스카이 위드 다이아몬즈)에서 따온 '루시 다이아몬드 도슨'을 딸의 이름으로 짓는다. 또한, 지적 장애인 친구들과 수요일에는 레스토랑에서 팬케이크를 먹고, 목요일에는 샘의 집에서 비디오를 보고, 금요일에는 노래방에 함께 다니며 행복한 시간을 보낸다. 친구들이, 없는 돈으로 딸 루시의 모자란 신발값을 십시일반으로 지불하기도 하고, 모두의 손에 풍선을 들고 비틀즈 앨범 <애비로드>에 나온 사진처럼 길을 건너는 모습에서 샘과 친구들이 루시를 즐겁게 해주려는 노력이 물씬 묻어난다. 샘은 자신이 시간당 8불을 받으며 일하는 카페에서 손님이 카라멜 마끼아또를 주문하자 '탁월한 선택입니다'를 연발하며 딸을 위해 최선을 다해 생업에 종사한다. 이러한 노력으로 루시는 "난 행운아야. 다른 애들은 아빠와 함께 공원에 놀러 가지 않거든요"라며 좋아한다.

C. 샘의 양육권에 문제가 생기게 된 계기는?

루시가 7살이 되면서 아빠의 지능을 추월해 버리는 것을 두려워한

188

나머지 학교 수업을 일부러 게을리하게 된다. 이로 인해 사회복지사가 샘의 집을 방문하게 되는데 하필 루시를 위한 깜짝 생일파티 준비 도중 샘이 루시의 친구와 말다툼을 하게 된다. 이를 본 복지사는 샘이 감정조절을 못 하여 루시를 위험에 처하게 할 수도 있다고 판단한다. 결국 이 일로 복지관으로부터 샘은 아빠로서 양육 능력이 없다는 선고를 받게 된다. 결국, 루시는 시설로 옮겨지고 샘은 주 2회의 면회만을 허락받게 된다. 샘은 세상에서 가장 사랑하는 딸과의 행복한 날들을 빼앗기고 실의에 빠지게 된다. 루시가 증언하는 모습을 옆방 TV로 지켜보던 샘은 화면 속 루시에게 키스한다. 샘과 루시를 가로막는 벽과 TV는 문명과 지능으로 뒤덮인 세상을 대신하는 듯 슬프게 보인다.

D. 샘을 도와주는 변호사 리타는 어떤 사람인가?

샘은 법정에서 싸워 루시를 되찾을 결심을 굳히고, 승승장구하는 엘리트 변호사 리타 해리슨을 찾아간다. 그녀는 정력적이고 자아도취적인 변호사로 능력을 과시하기 위해 무료로 샘의 변호를 맡겠다고 공언하고 샘과 도저히 어울리지 않을 것 같은 연대를 맺게 된다. 그러나 아무리 생각해도 샘에게는 불리한 재판으로 그가 양육권을 인정받을 가능성은 작았다. 샘이 훌륭한 아빠라는 것을 인정해줄 친구들은 재판에서 증언조차 불가능한 지적장애인들이다. 음악대학을 수석으로 졸업한 애니는 외출 공포증을 극복하고 증언대에 서지만 상대 변호사의 추궁으로 궁지에 몰리게 된다. 샘의 머리로는 이해할 수 없는 말들을 어렵게 외워 재판에 나가, 그 어떤 사회의 유능한 사람일지라도 어떤 면에서는 약하고 자신만의 특이한 정신적인 병을 앓고 있을 수 있다고 강조한다. 처음에 공명심으로 변호를 시작한 리타는 정상적이었다고 생각했던 자신의 삶을 돌이켜보게 된다. 그녀는 일 중독과 가정의 불화로, 샘의 생활에 비해 무척이나 비정상적이라는 것을 깨닫고 울음을 터뜨리며 "내가 걱정되는 건 내가 더 도움을 받은 것 같아서예요"라며 샘에게 진심으로 감사의 마음을 표시하게 된다.

E. 샘이 헤어진 루시와 같이 있고 싶어 취한 행동은?

절망 속에서 샘은 루시와 함께 살 수 없지만, 곁에 있고 싶어 루시가 사는 집 옆으로 이사를 온다. 루시는 밤마다 샘의 집으로 오고 잠이 들면 루시를 집으로 데려다주는 생활을
계속한다. 샘은 부업으로 시작한 반려견 돌보미 일과 중 개 네 마리를 끌고 루시를 찾아가고, 왜 이제야 왔냐고 질책하는 루시를 보면서 강한 부성애를 느끼게 된다. 사랑, 우정, 용기, 열정 같은 감정들은 반드시 어느 정도의 지능을 갖춘 문명인들에게만 허락된 특권이 아니라는 사실을 일깨워준다.

에필로그
—

세상에서 가장 어려운 일은 자식을 키우는 일일 것이다. 태어나서 성장기에는 건강하고 올바르게 자라나길 바라고 어른이 돼서는 가정과 사회의 한 일원으로 원만하게 살아가기를 원하지만, 결과는 아무도 예측할 수 없다. 그래서 부모의 역할은 정답도 없고 생각처럼 쉽지 않은 것이다. 현대사회에서 학교를 졸업한 자식들이 취업도 결혼도 어려워지면서 부모들의 고민은 더욱더 깊어지고 책임은 무한대로 넓어지기에 자신의 여생을 돌아볼 시간도 여유도 차츰 없어지고 있다. 하지만 영화 속 아빠 샘처럼 온 마음을 다해 아름다운 노래가사처럼 딸 루시를 사랑하는 마음만 있다면 아이들은 언젠가 따뜻하고 행복한 인생을 살아가는 길을 찾을 수 있을 것이다. 정상인과 비정상인을 나누는 것은 우리들의 사회적 편견이다. 본질에서 하나인 존재인데도 불구하고 굳이 '차이점'과 '거리감'을 형성하는 등급의 타성에서 벗어나 사람 하나하나를 최고의 개성 있는 명품으로 존중하는 그런 아름다운 시절이 오기를 기대해 본다.

29

전설의 연애 코칭 전문가

미스터 히치 - 당신을 위한 데이트 코치Hitch, 2005

프롤로그

좋아하는 누군가의 마음을 얻기 위해 사람들은 부단히 노력과 시도를 한다. 사랑하는 여인의 마음을 훔치기 위해 값비싼 다이아몬드와 명품백이 잘 팔리는지도 모르겠다. 하지만 그렇게 얻어진 마음은 얼마 가지 못한다. 영혼 없는 껍데기는 곧 싫증이 나기 때문이다. 하지만 그 사람만의 독특한 매력에 빠진다면 그 사랑은 오랫동안 이어질 수 있다. 영화 <미스터 히치 - 당신을 위한 데이트 코치Hitch, 2005>에서 다른 사람의 데이트를 성사시키는 전문가가 정작 자신의 로맨스에는 고도의 경험과 기술이 안 통하는 것을 깨닫고 결국 진심만이 상대방의 마음을 얻는 바른 길이라는 것을 알게 된다. 화려한 외면만 보고 달려들다 보면 유행이

지나고 철이 지나 벗겨진 페인트칠처럼 식상하게 되지만, 진실한 사랑은 자신의 모습과 마음을 있는 그대로 보여주게 되어 상대방 내면의 아름다움과 공감하면서 은은한 향기가  오랫동안 몸과 마음에 남아 행복을 구가할 수 있을 것이다.

● 영화 줄거리 요약

학창 시절 미숙한 경험으로 첫사랑에 실패한 트라우마가 있는 알렉스 히치(월 스미스 분)는 각오의 노력으로 뉴욕에서 잘나가는 데이트 코치라는 특이한 직업을 가지고 있다. 데이트 코치라고 하면 뭔가 부정적인 생각을 할 수 있지만, 그는 정말 진심으로 누군가를 사랑하는 사람에게 기회를 만들어 주면서 멋진 사랑을 이룰 수 있게 도와준다. 어느 날 연애 경험이 전혀 없는 비호감의 회계사 알버트(케빈 제임스 분)가 도움을 요청하는데 바로 알레그라 콜(앰버 발레타 분)이라는 뉴욕 사교계의 여신이며 매력적인 상속녀인 그녀와 사랑에 빠지고 싶다는 불가능한 꿈을 갖고 있었다. 하지만 미스터 히치는 그가 "매일 아침 절망 속에서 눈을 떠 봤어요?"라며 호소하는 순수함을 높이 사서 그의 장점을 부각하는 방법을 통해 데이트를 코칭해 주면서 두 남녀는 점점 친밀해지게 된다. 한편 히치는 뉴욕 최고의 스캔들 전문 칼럼니스트인 사라 렘라스(에바 멘데스 분)에게 호감을 느끼게 되고 둘은 어렵사리 가까워진다. 하지만 사라의 절친이 어떤 나쁜 남자와의 만남으로 상처를 받고 그 남자의 데이트 코치가 히치라고 오해하면서 결별을 당하게 된

다. 히치의 정체가 드러나면서 알레그라도 알버트의 사랑이 의도된 거짓으로 오해하고 균열이 생기고 만다. 하지만 히치가 직접 알레그라를 찾아가서 알버트의 진심을 전하면서 둘의 사이를 회복시켜주게 되고 히치 또한 그들의 순수한 사랑을 통해 용기를 내서 사라를 찾아가 진심을 전하고 아름답고 순수한 사랑을 회복하게 된다.

● 관전 포인트

A. 히치의 데이트 코칭 철학은?

"어떤 상황이든 상대가 누구든 여자를 사로잡을 기회는 충분합니다"라는 신조로 명함에 <Ask me how to get a date!>라는 문구를 새겨서 다니는 히치는 남자가 여자를 가슴 가득 사랑하지만 고백하는 방법을 몰라 홀로 가슴앓이로 끝날 수 있는 상황에서 실마리를 풀어주는 특별한 직업을 가지고 있다. 히치의 데이트 코치로 소중한 인연의 커플이 된 사람들은 감사 카드를 보내기도 한다. 단순하게 쾌락을 위해 여성을 헌팅하는 인간말종 남자는 거절한다. 어느 날 찾아온 왕재수의 남자는 히치에게 쾌락의 대상으로 여성을 소개해달라고 하자 정중하게 거절하고 계속 추근대자 그의 팔을 비틀어 응징한다. 하지만 그 남자는 히치의 명함을 나쁘게 사용하여 히치의 애인인 사라가 히치를 나쁜 사람으로 오해하게 만든다.

194

B. 히치가 사라의 마음을 얻기 위해 취한 방법은?

바에서 우연히 만난 사라에게 반한 히치는 자신의 모든 코칭 경험을 활용하여 그녀의 마음을 사고자 노력하게 되지만 훈수는 쉬웠어도, 막상 자신의 연애에는 큰 도움이 되지 않는다.

◇ 만난 다음 날 무전기를 사라의 사무실에 택배로 보내 그녀와 첫 데이트를 잡는 데는 성공한다.

◇ 수상 스쿠터를 같이 타며 즐겁게 지내려 했으나 히치의 스쿠터가 고장이 나고 데려다주던 택시에 옷이 끼여 찢어지는 등 머피의 법칙으로 엉망이 된다.

◇ 파티에서 사라가 준 음식을 먹고 알레르기로 얼굴이 외계인처럼 변해 약국에서 응급약을 사 먹고 사라의 집에서 오붓한 시간을 가지며 친밀한 사이로 발전하지만 사라의 오해로 다시 결별 당하게 된다.

C. 알레그라가 알버트에게 반한 이유는?

◇ 자신의 회사 이사회에서 알레그라는 "사업안과 샘플이 기가 막힌 꼭 투자하고 싶은 데가 있어 디자이너인 친구 매기와 같이 사업을 해보고 싶다고"고 하자 능구렁이 같은 이사진들은 "우리가 먼저 여러 투자 대상들을 물색한 후 다시 검토하시는 게 좋을 것 같다고" 완곡하게 거절하자, 알레그라의 관심을 끌고 싶었던 알버트는 "자기 돈 쓰는데 이런 꼰대들 허락받을 필요 없어요. 어른 취급 받고 싶으면 자신을 존중해야죠. 결정권자는 우리가 아니라 당신"이라며 알레그라의 의사를 지지하여 관심을 끌게 되고 전화번호도 챙기게 된다.

◇ 히치의 초대장으로 알버트가 대신 참석한 파티에서 알레그라와 같이 춤춘 가십 기사가 실린 신문에서 알버크가 데이트 코치인

히치의 도움으로 사랑을 쟁취한 것이라고 실렸지만, 실제로 히치가 알레그라를 찾아가 해명하는 과정에서 히치의 코칭(품위 있는 손의 위치, 첫 키스 90:10의 법칙, 잔잔한 춤 추기, 애인의 친구를 내 편으로 만들기 등)을 따르지 않고 알버트 스스로 한 어리숙한 행동(휘파람 못 부는 것, 옷에 겨자까지 떨어뜨리고, 춤을 엉망으로 추는 것)이 그녀를 사로잡았다는 것을 알고 놀라게 된다.

D. 히치가 사라를 마지막으로 찾아가 고백한 것은?

히치는 알버트가 알레그라에게 차인 후 자신을 찾아와 "당신은 가치도 모르면서 사랑을 팔고 있어요, 나만 겁쟁이인 줄 알았는데 당신도 그렇군요"라는 말에 알레그라를 찾아가서 "알버트는 당신의 행복을 위해서는 영혼이라도 팔 사람"이라며 알버트의 진심을 전한다. 히치는 알버트가 짜인 각본이 아닌 자신의 진심으로 알레그라의 마음을 얻은 것을 보고 자신도 용기를 내어 사라가 이사하는 아파트를 찾아가 "깊은 곳에서부터 내가 원하는 건 당신"이라며 출발하는 차 앞에 달려들면서까지 자신의 진심을 보여 결국 사라의 마음을 돌리는 데 성공한다. 결국, 평소 "남들 사는 것만 훔쳐보며 자기 삶을 놓친" 사라와 "결혼보다는 뜨겁고 화려한 단기전만 즐기던" 히치는 시행착오의 과정을 통해 사랑과 신뢰라는 결실을 얻으면서 결혼에 골인하게 된다.

E. 사라가 히치의 직업을 알게 된 배경은?

사라의 절친이 나쁜 남자 밴스에게 차이고 이 모든 것이 데이트 코치가 시켜서한 일로 오해한 사라는 미끼거래를 통해 히치의 존재를 알아내고 배신감에 자신의 가십 신문에 <Coach of the year! Can this man get you into bed with Allegra Cole? 올해의 코치, 알레그라와 자게 해준다?>라는 기사를 톱기사로 올려 히치를 당황스럽게 만들었

196

고, 고객인 알버트도 위기에 처하게 된다. 그러나 사라 역시 톰 크루즈 주연의 영화 <제리 맥과이어>를 보며 자신의 지나친 행동을 반성하고 히치에게 사과하러 가지만 히치는 "난 과거의 누군가에게 매이는 사람이 아니에요. 그 과거는 일주일 전이고요"라며 차갑게 외면한다.

에필로그

마음에 드는 사람과 소중한 관계를 만들고 싶어 하는 사람에게 그 사람만의 강점과 진정성을 극적으로 표현하여 아름다운 인연을 만들어 주는 데이트 코치 <미스터 히치>를 보면서 사실은 이러한 조력자가 삶의 많은 부문에 존재한다는 것을 알게 된다. 원하는 직장에 들어가기 위한 인터뷰를 전문적으로 코칭해 주는 사람, 라이프스타일에 맞는 금융상품을 설계해주는 자산관리 전문가, 자신의 집이나 자동차같이 장기적으로 사용할 제품 구매를 코칭해 주는 딜러 등 전문가들이 존재한다. 이러한 조언자들의 도움으로 더욱더 현명한 결정을 하고 행복하고 슬기로운 삶을 만들어 갈 수 있다. 하지만 히치가 얘기한 "사랑을 얻기 위한 기본 법칙은 없다"처럼 사랑에 있어 성공 공식은 없고 자신의 방식으로 진정성 있게 깊은 곳에서부터 사랑과 신뢰를 표시하는 것이 최선임을 일깨워 준다. 물론 가까운 연인 사이에도 예의(존댓말, 매력적인 복장)와 존중(개인위생, 건강관리, 과도한 선물요구 자제, 남과 비교하지 않기)의 자세는 연애를 지속하는 기본기임을 잊지 말아야 한다.

30
내 인생의 어느 멋진 날!

어느 멋진 날One fine day, 1996

프롤로그
—

굵은 비가 주룩주룩 내리는 날 마스
크와 우산을 쓰고 차를 타는데 빗물이
옷을 적시면 우울감이 밀려온다. 이처럼
인생은 매일 해가 쨍쨍 비치는 날만 계
속되지 않는다. 도리어 비바람이 치는
힘든 날이 더 많은 게 현실이다. 그때마
다 행복을 주는 것이 바로 사랑하는 사
람과 가족이다. 그들을 떠올리면 이런
건 대수롭지 않다. 영화 <어느 멋진
날One fine day, 1996>에서 각자 이혼
후 아이를 키우며 재미없고 우울하게

살아가던 남녀가 우연히 만나 우여곡절 끝에 새로운 사랑을 키워가며
궂은 날씨 같은 삶에서 벗어나 사랑으로 가득한 멋진 날을 맞이하게

199

된다. 행복의 기준은 어떻게 생각하느냐에 달렸지만 분명한 것은 자신에게 불행이 닥쳤을 때 헤쳐나갈 한 줄기 빛과 같은 사랑이 있어야 슬기롭게 탈출을 꿈꿀 수 있다.

● 영화 줄거리 요약

멜라니 파커(미셸 파이퍼 분)는 홀로 아들을 키우며 살아가는 이혼한 건축 디자이너이다. 잭 테일러(죠지 클루니 분)는 테일리 뉴스에 칼럼을 쓰는 기자이자 이혼남으로, 전처가 키우는 딸을 주말마다 만나고 있다. 지금껏 계속 남자들에게 실망만 해온 멜라니는 다시는 남자를 사귀지 않겠노라고 다짐하며 지내왔고, 잭 역시 여자들을 단지 가벼운 데이트 상대로만 여겨왔다. 즉, 두 사람 모두 사랑에는 신뢰를 상실한 상태였다. 그러던 중 두 사람의 아이들이 같은 학교에 다니는 덕분에 둘은 우연히 만나게 된다. 하지만 잭의 실수로 아이들이 그만 소풍에 가지 못하게 되고 만다. 두 사람은 직장으로 인해 아이들을 맡길 곳을 찾다가 결국은 둘이 서로 비는 시간에 교대로 아이들을 돌봐주기로 한다. 그러나 일이 꼬이려고 그랬던 것일까. 둘의 핸드폰이 뒤바뀌는 통에 상황은 더 복잡해지고, 안 그래도 서로에게 불편한 감정이었던 두 사람은 계속 상대에게 마음에도 없는 독설을 퍼붓게 된다. 그러면서도 둘은 서로에게 자신의 감정을 들킬까 봐 두려워 으르렁대면서도 조금씩 상대에게 끌리게 된다. 한편 기자회견장에서 시장의 비리를 폭로하려 했던 잭의 계획은 증인이 늦게 나타나는 바람에 난관에 부딪히고

200

이로 인해 잭은 웃음거리가 되고 만다. 그러자 잭의 핸드폰을 통해 시장의 비리에 관한 내용을 알고 있던 멜라니는 기자회견장에 미리 가서 시간 끌기 작전으로 잭을 도와준다. 힘겨웠던 하루가 저물면서 결국 모든 일은 잘 해결되고, 두 사람은 서로에게 자연스럽게 마음의 문을 열고 '어느 멋진 날'로 들어서게 된다.

● 관전 포인트

A. 멜라니와 잭의 현실적 어려운 스토리는?

멜라니와 전남편이 헤어진 후 멜라니의 사고뭉치 아들인 새미는 아빠를 무척 그리워한다. 이런 상황에서 멜라니는 중요한 고객과의 미팅을 앞두고 있다. 한편 잭의 전 부인은 재혼해 신혼여행을 떠나며 딸 매기를 잭에게 맡기려 한다. 이렇듯 이혼 후 두 사람의 일상은 어려움에 부딪히게 된다.

B. 멜라니가 중요한 고객과의 비즈니스 미팅 중 한 행동은?

고객과 미팅 중이던 멜라니는 미팅 장소 밖에서 자신을 기다리는 아들 새미를 위해 "전 아들이 있고 그 애는 20분 후에 축구 경기가 있어요. 늦으면 트로피를 못 받죠. 저 때문에 늦을지도 몰라요. 더 가슴 아픈 건 저 아이가 우는 대신, 밖에서 저렇게 붕어 입을 하고 웃고 있다는 거예요, 여러분은 제 능력과 노력을 믿고, 아들에게 엄마로서 가장 소중한 것이 무엇인지 알려주길 바라실 거예요"라고 말한다. 이에 고객들은 열심히 사는 그녀를 흔쾌히 보내준다.

C. 멜라니가 테일러에게 가장 큰 호감을 느끼게 되는 것은?

공원 분수대에서 뛰어놀고 싶어 하는 아이들을 위해 잭은 멜라니를 번쩍 안아 들어 옷에 물이 튀지 않게 해주고, 아이들이 놀 수 있도록 해준다. 잭 덕분에 물장구를 치며 행복해하는 아이들의 모습을 보며 멜라니는 잭에게 호감을 느끼게 된다. 또한, 아들인 새미가 잭을 잘 따르는 모습을 보고 새로운 가족에 대해 긍정적인 생각을 하게 된다. 잭도 자신의 딸 매기를 같은 여성으로 세심히 돌봐주는 멜라니에게 호감을 느끼게 된다.

D. 잭이 특종으로 취재하던 사건은?

시장이 뒷돈을 받고 마피아를 도와준 것을 알게 되어 증인을 찾지만, 증인은 보복이 두려워 숨게 된다. 이때 시장의 외도로 화가 난 부인 일라인을 찾아가 시장의 비리를 증언해달라고 요청한다. 마침내 그가 25만 달러를 받은 증거를 확보하여 특종을 성공적으로 완성한다. 이때 시장과의 인터뷰 시간에 늦어지는 잭을 위해 멜라니가 시간을 벌기 위해 노력하는 등 멜라니는 잭에게 큰 도움을 주게 된다.

E. 힘든 하루를 보내고 찾아온 잭의 결론은?

멜라니의 집에 찾아온 잭은 "솔직하게 물어보고 싶은 게 있어요. 남편과 다시 시작할 거라면 왜 하루종일 날 유혹했죠? 그리고 애들한테 나랑 데이트하고 싶다고 했다면서요"라며 능청스럽게 접근을 한다. 이에 멜라니는 '나를 물지 말아요(Don't bite: 자신을 다시는 아프게 하지 말라)'라고 말을 하고 그 말에 잭이 동의하자, 멜라니는 잭에게 키스를 하게 된다.

에필로그
—

엔딩에서 서로의 호감을 확인한 후 멜라니는 엄마 냄새가 나지 않도록 매력적으로 꾸민 후 나오겠다며 잠시 자리를 비우게 된다. 멜라니를 기다리던 잭은 힘들었던 일과에 지쳐 소파에서 잠이 들자, 한껏 꾸미고 나온 멜라니는 그 모습을 보고 그의 옆에 살포시 기대는 장면을 볼 수 있다. 이 장면은 일상에서 로맨틱한 사랑을 키워나가는게 얼마나 힘든 것인지 보여준다. 그만큼 결혼과 육아는 무척이나 복잡하고 힘든 과정이다. 이때 부부들은 서로의 역할에 충실해야 가정은 안정적으로 유지되고 아이들도 평화롭게 자신들의 미래를 향해 나아갈 수 있는 것이다. 최근 증가하는 이혼으로 다양한 형태의 가정이 생겨나고, 그 속에서 상처받고 고통받는 아이들이 사회적 갈등의 문제로 주목받고 있다. 젊은 날 뜨거운 사랑과 함께 따르는 많은 책임도 동시에 잘 관리하면서 행복하고 슬기로운 가정을 이끌어 나가도록 해야 한다. 인생은 비가 오고 눈이 오는 날이 많지만, 힘들 때 기댈 수 있는 사랑이 있다면 설렘 가득한 '어느 멋진 날'을 만들어 갈 수 있을 것이다.

31

보헤미안 랩소디

보헤미안 랩소디Bohemian Rhapsody, 2018

프롤로그

속세의 관습이나 규율 따위를 무시하고 방랑하면서 자유분방한 삶을 사는 시인이나 예술가인 보헤미안으로 살기는 현실적으로 쉽지는 않다. 하지만 현재를 살아가면서 어느 순간  어느 공간만큼은 보헤미안적인 자유와 낭만을 꿈꾸며 실천해 보는 것은 우울감을 이겨내고 새로운 도약을 위해서 절대적으로 필요하다. 영화 <보헤미안 랩소디Bohemian Rhapsody, 2018>에서 그룹 퀸Queen의 탄생과 성공, 불화와 화해, 그리고 리더 싱어 프레디 머큐리의 성적 갈등과 뮤지션의 전설에서 자유로운 영혼과 뜨거운 열정을 보여준다. 영화를 보면서 코털을 붙이고 웸블리 스타디움(메가박스 MX 관)에서

싱어롱(떼창)을 했던 순간들을 떠올리며 다시 한번 코로나에 지친 삶에서 자유로운 보헤미안으로 돌아가 본다.

● 영화 줄거리 요약

공항에서 수화물 노동자로 일하며 음악의 꿈을 키우던 이민자 출신의 아웃사이더 '파룩 부사라'는 보컬을 구하던 로컬 밴드 '스마일'에 들어가게 되면서 '프레디 머큐리(라미 말렉 분/아카데미 남우주연상 수상)'라는 이름으로 밴드 '퀸'을 이끌게 된다. 시대를 앞서가는 독창적인 음악과 화려한 퍼포먼스로 관중들을 사로잡으며 성장하던 '퀸'은 라디오와 방송에서 외면을 받을 것이라는 음반사의 반대에도 불구하고 무려 6분 동안 이어지는 실험적인 곡 '보헤미안 랩소디'로 대성공을 거두며 월드스타 반열에 오른다. 그러나 독보적인 존재감을 뿜어내던 '프레디 머큐리'는 매니저인 폴의 꼬임에 넘어가 솔로 데뷔라는 유혹에 흔들리게 되고, 결국 오랜 시간 함께 해왔던 멤버들과 결별을 한다. 그 후 그는 외로움에 젖어 파티와 술에 빠져 몸과 마음에 깊은 병이 드는 나락으로 빠지게 된다. 하지만 자신을 찾아와 간절한 충언을 해준 여자친구 덕분에 용기를 얻어 기다려준 멤버들에게 다시 돌아가 아프리카 기아 돕기 자선공연 '라이브 에이드Live - Aid'에서 공연하며 마지막을 멋지게 불태운다.

● 관전 포인트

A. 퀸의 히트곡들은?

스스로를 "우리 4명은 부적응자들을 위해 연주하는 부적응자들"이라고 정의하며, <Bohemian Rhapsody>, <We are the champions>, <We will rock you>, <Killer Queen>, <Radio Ga Ga>, <Somebody to love>, <Don't stop me now>, <The show must go on>, <Love of my life>, <I want to break free> 등 20여 곡의 주옥같은 노래들을 탄생시켰다.

B. 보헤미안 랩소디는 어떤 곡인가?

퀸은 시대를 앞서가는 독창적인 음악과 화려한 퍼포먼스로 관중들을 사로잡으며 성장했다. 퀸은 라디오와 방송에서 외면을 받을 것이라는 음반사의 반대에도 불구하고 무려 6분 동안 아카펠라, 발라드, 오페라, 하드 록 등 전혀 다른 장르들을 조합한 실험적 구성인 록 오페라 <보헤미안 랩소디>로 대성공을 거두며 월드 스타 반열에 오른다. 랩소디(광시곡)는 '틀에 얽매이지 않고 미친 듯이 격한 감정을 쏟아내는 노래'라는 뜻이다. 1975년, 록과 오페라, 헤비메탈이 이루는 광란의 축제인 이 곡이 영국 라디오에서 처음 나왔을 때, 대중들은 환희에 찬 광기와 뒤죽박죽된 상상력에 매우 즐거워했다.

C. 프레디의 첫사랑 연인은?

정체성에 혼란스러워했던 자신의 장점을 인정하고 사랑해주었던 메리 오스틴으로, 자신이 동성애자의 정체성을 알게 된 이후에도 '내 인생에 머물러 줘'라고 하면서 평생 연인이자 친구 같은 깊은 신뢰를 보이기도 했다. 프레디는 메리를 위해 <Love of my life>를 작곡하기도 했는데, 피아노 연주와 하프 선율의 애절한 음색이 아름다운 노래다.

D. 프레디 머큐리(Freddie Mercury)는 어떤 아티스트인가?

영국 국적이지만, 인도계 동양인으로 아버지는 인도 국적으로, 8세기 무슬림들에게 쫓겨 인도로 망명한 조로아스터교의 후손으로 항상 '좋은 생각, 좋은 말, 좋은 행동'을 프레디에게 강조한다. 이방인 프레디는 영국의 '일링Ealing 칼리지'에서 디자인 학위를 받았는데, 독특한 취향과 감각을 배우기도 했다. 1971년 런던에서 브라이언 메이(기타, 보컬), 존 디콘(베이스), 로저 테일러(드럼, 보컬)와 함께 록밴드 퀸을 결성하였다. 프레디는 4옥타브를 넘나드는 힘 있는 보컬과 라이브에서의 폭발적인 무대 매너로 대중의 사랑을 한 몸에 받다가 45세의 젊은 나이에 전설을 남기고 사라졌다.

에필로그

프레디 머큐리가 밴드를 떠나 외롭게 지내던 어느 날, 첫사랑 메리가 찾아와 친구들이 기다리는 곳으로 돌아오라고 진정 어린 충고를 하자 망설이던 프레디는 용기를 내어 매니저 폴과의 악연을 끊어내고 마음의 고향인 퀸 밴드로 돌아가서 병마를 딛고 마지막 열정을 불태운다. 우리는 누구나 인생의 보헤미안이 되지만 진정한 사랑하는 사람이 곁에 있다면 언젠가 자신의 소중한 삶 속으로 되돌아가 의미 있는 자신을 찾을 수 있을 것이다. 1985년 라이브 에이드 공연 실황에서 프레디의 <라디오 가가> 열창을 들으며 우리 모두 코로나 블루를 이겨내길 기도해본다.

32

소통의 패스워드 바램유!

꼬마 돼지 베이브Babe, 1995

프롤로그
—

호주 여행길에서 양 떼를 키우는 목장을 투어한 적이 있는데, 그곳에서 수많은 양 떼들을 몰이하는 양치기 개들의 영특함을 볼 수 있었다. 속성상 겁이 많고 시력이 낮은 양몰이에 있어 탁월한 리더십을 발휘하는 모습이 굉장히 놀라웠다. 장교훈련 시절 한 마리의 사자가 이끄는 100마리 양의 부대가, 한 마리의 양이 이끄는 100마리의 사자 부대보다 강인하다고 들었다. 하지만 어떨 땐 강인한 리더십보다 구성원들의 공감을 끌어내는 소통리더십이 더욱 중요할 때도 많다는 것을 알게 된다. 영화 <꼬마 돼지 베이브Babe, 1995>에서 양몰이 개의

210

역할을 소통력 있는 돼지가 훌륭하게 완수하는 모습을 볼 수 있다. 자신의 운명을 뛰어넘어 새로운 소명을 해낸 리차드 바크의 소설 <갈매기의 꿈>에서 사람들이 던져주는 빵

부스러기에 만족하지 않고 스스로 비행술을 배워 자신만의 길을 개척한 갈매기(조나단 리빙스턴 시걸)처럼 육체 속에 갇혀있는 생각을 버리고 자신만의 보람된 삶의 방향을 모색해 보는 것은 어떨까?

● 영화 줄거리 요약

주인공인 베이브(크리스틴 카바노프 목소리 분)는 이 세상에 갓 태어난 돼지 새끼이다. 그는 엄마와 짧은 기간이지만 단란한 생활을 하며 엄마에 대한 정을 키운다. 그러나 엄마는 도살장에 끌려가는 운명을 맞게 되고 베이브는 슬픔의 눈물을 흘린다. 이런 베이브의 슬픔이 가시기도 전에 베이브는 동네 축제의 경품이 되어 호겟씨(제임스 크롬웰 분)의 새 식구가 된다. 황금빛 햇살이 연두색 대지 위로 반짝거리고, 양들이 뛰노는 초원을 가진 시골 농장에서 즐겁게 생활한다. 베이브는 양치기 개 플라이(미리암 마고리스 목소리 분)를 엄마로 생각하고, 플라이도 베이브를 정성껏 돌본다.

어느 날 닭이 되고 싶어 매일 아침 지붕으로 올라가 닭처럼 울어대는 엉뚱한 오리 퍼디랜드(대니 만 목소리 분)와 농장 밖으로 나가게 된 베이브는 하겟씨의 양들이 도난당하는 것을 목격하고 플라이에게 알려 양들이 도난당하는 것을 막는 공을 세우게 된다. 도둑을 막게 된 것이

베이브 때문인 것을 알게 된 하겟씨는 베이브가 보통 돼지와 다르다고 생각하고 베이브에게 집안 출입이란 파격적인 대우를 해준다. 그리고 하겟씨는 베이브를 양치기 돼지로 훈련시킨다. 베이브는 기존의 양치기 개와는 달리 양들에게 간곡한 호소와 소통력으로 자신의 임무를 수행하게 되고, 마침내 전국 양몰이 대회에 출전하여 우승을 통해 주인을 기쁘게 만든다.

    <꼬마 돼지 베이브 2> 편도 1998년 개봉되었다.

● 관전 포인트

A. 베이브가 양치기 개의 역할을 하게 된 계기는?

    수캐 렉스는 베이브에게 잘해주는 플라이가 못마땅해 싸우다 다치게 만들고, 본인 또한 성질을 완화하는 약물치료를 받으면서 일을 못하게 된다. 이에 주인은 평소 동물들과 잘 소통하는 베이브에게 양몰이 역할을 맡기게 된다. 처음에는 말을 듣지 않던 양들을 베이브는 무력으로 몰아붙이지만, 꿈쩍도 하지 않는다. 그 후 베이브는 양들에게 친절하게 부탁하는 등의 부드러운 소통력으로 양들을 움직여 임무를 성공적으로 수행하게 된다.

B. 교활한 고양이로부터 충격적인 얘기를 들은 베이브의 반응은?

    주인으로부터 베이브가 사랑을 받자 질투심이 난 고양이는 양치기 대회 전날 밤, 돼지의 운명은 사람에게 잡아먹히는 거라는 사실을 알려준다. 이에 베이브는 큰 충격에 빠져 비 오는 밤에 가출했다가 급기야 감기에 걸리게 된다. 이를 걱정한 주인은 베이브에게 젖병까지 물리고 자장가를 불러주는가 하면 춤까지 추어 베이브에게 용기를 준다. 그 모습을 본 베이브는 다시 힘을 내어 양치기 대회에 출전하게 된다.

C. 양몰이 대회에서 위기를 극복한 계기는?

많은 사람의 비난에도 불구하고 돼지를 양몰이 대회에 출전시킨 주인에게 기쁨을 주기 위해 베이브는 최선을 다하지만, 집에 있던 양들과 달리 그들은 꿈쩍도 하지 않는다. 그때 위기를 타개하기 위해 수캐 렉스는 집으로 달려가 양들에게 앞으로 자신이 정중하게 대하겠다는 약속을 하고 도움을 받게 된다. 집에 있던 양들은 공손하고 예의 바른 베이브를 신뢰하기에 엄청난 천기 사항을 알려준다. 그것은 바로 양들만의 암호 "바램유!(네 종족과 신념과 일족에 진실하라, 양이여 진실하라)"였다. 그 암호를 전해 받은 베이브는 성공적 양몰이로 심사위원 만점을 받아 대회에서 우승하고 주인에게도 큰 기쁨을 선사한다.

D. 오리가 아침마다 닭 대신 운 까닭은?

오리는 동물의 운명에 대해 베이브에게 설명한다. 인간이 고양이를 안 잡아먹는 이유는 "고양이는 쥐를 잡고, 수탉은 암탉을 임신시키고 아침을 알려주기에 나도 드디어 재능을 발견하여 아침마다 우는데, 주인이 자명종이라는 기계 닭을 사서 나는 위기에 빠졌다"라며 자신의 역할이 없어지면 자신의 생명이 위태롭다고 생각하기 때문에 베이브를 시켜 자명종을 없애려고 시도한다.

E. 양의 리더가 죽은 이유는?

거친 들개의 습격 사건으로 친구 양인 '마'가 숨지자 주인은 베이브

의 소행으로 오해하고 그를 죽이려고 한다. 하지만 베이브의 엄마 역할을 하던 개 플라이는 양들과 대화를 통해 베이브가 범인이 아니고 오히려 양들을 구하려 했다는 사실을 알아내어 주인에게 알리려 한다. 때마침 안주인이 옆집 양도 들개로 6마리나 희생되었다고 말하면서 베이브의 오해가 풀리게 되고 주인인 호겟씨는 베이브를 더욱 소중하게 여기게 된다.

에필로그

영화에 나오는 다양한 동물들의 생각을 통해 인간의 삶에 대해 생각해보게 하는 계기가 되었다. 꼬마 돼지 베이브는 비록 약하고 볼품 없지만, 자신의 진정성과 호소력으로 사나운 개, 사악한 고양이, 어리석은 오리, 고집불통의 양들을 친구로 만들고 드디어 주인을 위해 양 몰이 대회에서 그들의 언어를 찾아내 우승하게 되는 것을 보면서 진실한 소통에는 적이 없다는 것을 깨닫게 해준다. 만일 여러분도 설득이 필요한 상대가 있다면, 그들만의 패스워드 '바램유'를 찾아 불통의 상대를 정중히 설득해 보자.

33

넌 점프할 수 있어!

프리 월리Free Willy, 1993

프롤로그
—

사랑하는 가족과 자유롭고 행복한 삶을 누리고 싶은 것은 누구나 가지는 자연스러운 바람이다. 하지만 많은 사람은 직업적, 경제적, 건강상, 자녀의 교육적 이유로 같이 살지 못하고 헤어져 지내는 경우도 많다. 언젠가는 따뜻한 정을 나누며 살 수 있는 그 날을 위해 오늘도 각자 온 힘을 다해 살아가고 있는지도 모른다. 영화 <프리 월리Free Willy, 1993>에서 주인공은 자신의 외로운 처지와 닮은 범고래 월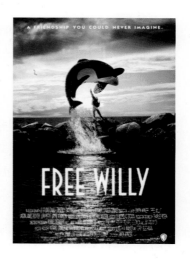리와의 깊은 우정을 만들어 간다. 그 모습을 보며 자유와 행복의 실체를 다시 한번 생각해 보게 된다. 현실의 답답함에 갇힌 몸과 마음을

훌훌 털어버리고 환한 대보름달 같은 자유로운 내일을 향해 용기있게
점프를 해 보자!

● 영화 줄거리 요약

12살의 제시(제이슨 제임스 리처 분)는 어머니로부터 버림을 받은 후,
거리에서 방황하며 살아가는 소년이다. 거리에서 좀도둑질 하며, 경찰
서를 제집 드나들듯 하는 제시는 어느 날 마을에 있는 수족관에 들어
가 친구와 벽에 낙서 한 게 발각되어 두 달 동안 수족관의 유리와 벽
을 닦는 청소를 해야 하는 벌을 받게 된다. 수족관을 청소하는 벌을
이행하던 중 제시는 수족관 최고의 스타이자 신비에 싸인 고래 윌리와
조우하게 된다. 3t이 넘는 범고래 윌리는 이 수족관의 어떤 조련사의
말도 듣지 않고, 고래쇼에 나가서 재주부리는 걸 거부하는 등 수족관
에서 가장 큰 골칫덩어리였다. 하지만 윌리를 향한 제시의 계속되는
사랑에, 윌리 또한 누구에게도 보인 적이 없었던 신뢰를 제시에게 보
이게 된다. 이윽고 둘은 비록 동물과 사람이라는 장벽이 있었지만, 떼
려야 뗄 수 없는 애정을 서로에게 느끼게 된다.
    이런 과정에서 동물 조련사 레린들리의 도움으로 제시는 손동작으

216

로 의사소통하는 방법을 배워 윌리와 더욱 가까워지게 된다. 이후 윌리는 지느러미를 돌려 구르고 다이빙을 하고 도약을 하는 등 감탄할 만한 행동의 연속으로 제시에게 답하면서 상호신뢰와 애정의 유대감  이 둘 사이에 서서히 발전한다. 그러나 야심 차게 준비했던 쇼가 무산되자, 테마파크 사장이 무서운 계획을 꾸미고 있음을 발견한 제시는 그의 앞에 단 한 가지 선택이 남아있음을 깨닫는다. 윌리를 본래 고향으로 돌려보내는 일인, '프리윌리'가 되게 하는 것이 제시가 할 수 있는 유일한 일이었다. 자신이 소년원에 가게 될지도 몰랐지만, 제시는 항구에서 제지하는 세력을 물리치고 모든 것을 걸고 윌리를 가족이 있는 자유로운 세상으로 풀어준다.

● 관전 포인트

A. 주인공 범고래는 어떤 고래인가?

실제로 윌리를 연기한 범고래의 본명은 케이코로, 아이슬란드 근해에서 태어나 2살 때 포획당해 10년 넘게 멕시코 놀이공원의 작은 수조에서 생활하다가 영화 주인공을 맡으면서 전 세계의 주목을 받게 된다. 동물보호단체가 영화처럼 자연으로 돌려보내야 한다는 주장에 1998년부터 몇 년에 걸친 야생 적응훈련을 거쳐 2002년 여름 아이슬란드의 바다에 방생되었지만, 오랜 시간 인간의 손에 길러져 자연에 적응하지 못한 케이코는 1,400km 거리를 헤엄쳐 되돌아왔고, 평생

수조 속에서 살다가 폐렴에 의해 2003년 27살의 나이로 하늘나라로 갔다.

B. 테마파크 사장이 노리던 것은?

윌리쇼가 열리는 날, 관람객들이 수족관을 손바닥을 치자 시끄러운 소음과 많은 사람에 당황하며 윌리는 쇼를 거부하고 결국 모두의 기대를 한 몸에 받던 쇼가 수포로 돌아가자, 다이얼 사장은 윌리가 돈이 안 되니 수족관의 물을 뺀 후 사고사로 위장해 윌리의 사망보험금을 챙기려 한다. 이를 알게 된 제시는 위탁가정 부모와 수족관 직원들과 함께 윌리를 자신의 가족이 있는 바다로 보내주기 위해 작전을 짜게 된다.

C. 반항적이던 제시의 마음이 바뀐 계기는?

세상에 반항적이던 소년 제시는 가족과 떨어져 원하지 않는 곳에서 사는 자신과 신세가 비슷한 윌리와 서로의 상처를 치료해 나가면서 우정을 쌓아가고 조금씩 사람들에게 마음을 열고 다가갈 수 있게 된다.

D. 유명한 영화의 OST는?

마이클 잭슨의 아름다운 노래 <Will you be there> 가사: [Hold me like the river Jordan/and I will than say to thee you are my friend/Carry me like you are my brother/Love me like a mother/Will you be there?(저 넓은 요르단강처럼 절 안아주세요, 그럼 전 당신을 친구라고 말할게요/저를 당신의 형제처럼 인도해 주세요/제 어머니처럼 날 사랑해 주세요/그곳에 있어 줄래요?)]

E. 윌리의 똑똑함을 보여주는 장면은?

　밤에 자신을 몰래 찾아온 제시가 관리인 랜돌프의 순찰을 피하다
가 실수로 수족관에 빠져 정신을 잃자 윌리는 제시를 수족관 밖으로
밀어내서 제시를 구하게 된다. 제시는 어시장에서 물고기를 가져와 윌
리에게 선물로 주면서 그들의 교감은 더 깊어지게 된다. 윌리는 밤마
다 가족들이 있는 바다를 향해 슬픈 노래를 부른다.

에필로그

　부모님에게서 버림받은 외로운 제시는 아름다운 태평양 바다가 보
이는 수족관에서 하모니카를 불면서 자신과 처지가 비슷한 범고래에
게 마음을 전하자, 기적처럼 범고래도 제시에게 다가온다. 둘은 모든
것을 터놓고 진정한 교감을 했기에 더 깊은 정을 나누게 된 것이다.
마지막 장면에서 제시는 항구의 높은 방파제 앞에서 망설이는 윌리에

219

게 점프해서 자유로운 바다와 가족에게 가라며 용기를 내게 한다. 비록 사랑하지만, 그가 가야 할 곳을 알았기 때문이다. 그러므로 누군가를 진정 사랑한다면 그가 가장 행복하고 자유로운 곳으로 보내주는 용기도 필요하다.

34

초대받지 않은 손님

초대받지 않은 손님Guess who's coming to dinner, 1967

프롤로그

—

행복한 결혼이 과연 어떤 것인지는 인류의 오래된 숙제이다. 하지만 가장 중요한 포인트는 '서로 얼마나 신뢰하고 진심으로 사랑하는가'일 것이다. 과거 인륜지대사라고 여기던 전통적 가치관에서 이제는 더욱 현실적인 관계의 결혼으로 변했다. 영화 <초대받지 않은 손님Guess who's coming to dinner, 1967>에서 전통적 사회적 관습과 순수한 사랑과의 충돌은 사회적으로 큰 반향을 일으켰다. 이러한 영화의 출현으로 결혼에 대한 금기가 옅어지고 두 사람의 실질적 판단과 사랑이 결혼 결정의 중심이 되는 길이 활짝 열린 계기가 된 것이다. 거의 50년이 지난 시점에서 현재 사회를 조망해보면 행복한

결혼의 핵심이 뭔지 짚어
볼 수 있는 동시에 세월
에 파묻혀 무덤덤한 관계
로 변해버린 기성 부부의
잊혔던 사랑의 의미와 추
억도 일깨워주는 계기가
될 것이다.

● 영화 줄거리 요약

샌프란시스코에 사는 쾌활한 23세의 백인 처녀 조이(캐서린 휴튼 분)
는 하와이 여행 중 만난 37세의 존(시드니 포이티어 분)과 사랑에 빠진다.
존은 장래가 촉망되는 뉴욕의 유능한 젊은 의사이지만 8년 전 열차 사
고로 전처와 아이가 사고로 죽었다. 하지만 문제는 그것이 아니라 그
가 흑인이라는 것이다. 사회적으로 성공한 조이의 부모 맷(스펜서 트레이
시 분)과 크리스티나(캐서린 헵번 분)는 하나밖에 없는 외동딸이 결혼한답
시고 데리고 온 흑인 존을 보고 기겁한다. 맷은 아무래도 흑인과 결혼
하는 것이 달갑지 않아 어떻게 해서든지 막아야 할 생각뿐이고, 크리
스티나 역시 흑인인 사위가 반갑진 않으나 그래도 딸을 믿기에 딸의
뜻대로 따르려고 한다. 설상가상으로 조이는 이날 저녁 식사에 LA에
사는 존의 부모도 초대한다. 이날 처음 아들이 결혼하겠다는 며느리가
백인 처녀임을 안 존 부모의 표정도 조이의 부모와 마찬가지다. 모두
생각이 복잡한 양가 부모들은 이 문제를 이성적으로서 해결하고자 여
러모로 고심한다. 이때 아내와 딸, 조이와 존, 그리고 흑인 가정부 아
주머니까지 모든 사람으로부터 각기 다른 의견으로 압력을 받고 있던
맷은 결국 고심에 찬 결론을 제시함으로써 문제가 해결된다. 그것은

222

두 사람의 결혼으로 인한 모든 문제, 즉 결혼하느냐 마느냐도 결국은 두 사람의 사랑과 책임에 맡기는 수밖에 없다는 것이었다. 이로써 이들은 모두 한자리에 모여 새로운 시대를 여는 저녁 식사를 시작한다.

● 관전 포인트

A. 탐탁지 않은 크리스티나가 딸 조애나에게 하는 말은?

열흘 전에 우연히 만난 사람으로 단 20분 만에 그냥 사랑에 빠져버렸다는 딸의 말에, 엄마는 "여전히 많은 주에서는 결혼이 인정되지 않는다" 만약 고향 캘리포니아를 포함한 16개 주에서 살기를 원해도 법적으로 결혼 자체가 성립되지 않으니 자신들의 결혼을 인정해주는 다른 주로 이사를 해야만 한다고 넌지시 거부감을 표시한다. 이 집의 흑인 가정부인 '틸리' 조차도 조이가 흑인과의 결혼을 반대하는 등 기존의 관념은 높기만 하다. 하지만 조애나는 제네바에서 열리는 세계보건기구에 출장 가는 존과 결혼식을 올리려고 한다. 하지만 존이 부모에게 "조애나의 행복을 위해 부모 결혼 승낙이 없는 한 어떤 결혼도 없을 거라며" 안심을 시키자 부모들은 그의 사려 깊은 행동에 서서히 마음의 문을 열게 된다.

B. 캐서린 헵번은 어떤 배우인가?

영화에 출연한 3명의 배우(스펜서 트레이시, 캐서린 헵번, 시드니 포이티에)는 모두 아카데미상을 수상한 유명 배우기도 하다. 특히 캐서린 헵번은 1930년대 독일을 포함한 구대륙에는 '마들렌 디트리히'가 있다면 미국을 포함한 신대륙에는 캐서린 헵번이 있다고 할 정도로 대단한 배우로 평가되고 있고, 이 영화와 <아침의 영광, 1933>, <겨울의 라이온, 1968>, <황금연못, 1981>에서 총 4번의 아카데미 여우주연상을 받았다. 한편 스탠리 크레이터 감독은 인종 문제, 파시즘, 핵전쟁 등과 같은 민감한 사회적 이슈들을 다뤄 흑인 차별을 비판한 <흑과 백, 1958>에 이어 인종을 초월한 사랑을 영상에 옮겨 흥행성과 작품성에서 모두 좋은 성과를 거두었다.

C. 조이 부모의 친구인 신부님의 큰 역할은?

신부님은 "난 인종을 뛰어넘어 결혼하는 많은 쌍을 알아, 아주 이상한 일이지만 그들은 보통 더 잘 살아. 아마도 좀 특별한 노력이 요구되기 때문인지도 모르지. 오늘날 보통 결혼보다는 연민과 배려가 더 필요하지"라며 두 사람의 결혼을 응원해준다. 반면 갤러리의 직원 힐러리는 집까지 찾아와서 흑인과 결혼하려는 조이를 천박하게 비난하며 상처를 주자 크리스티나는 그녀를 깔끔하게 쫓아내고 해고한다.

D. 딸이 존을 만난 지 20분 만에 사랑에 빠진 이유는?

그녀는 이름도 멋진 '존 웨이드 프렌티스'는 아주 고요하고 매사가 확실한 사람이며 긴장이란 게 없는 남자로 신념이 있고 도덕적인 판단력이 뚜렷한 사람"이라고 어머니에게 자랑한다. 결혼하면 자신은 '조애나 프렌티스'가 될 것이라고 신념에 가득 차서 결혼에 쐐기를 박는다.

224

E. 조이가 흑인 남성을 남편으로 선택하는데 주저함이 없었던 것은?

평소 조이의 부모는 "백인이 흑인보다 우월하다는 것은 잘못됐고, 검은 피부건, 브라운이건, 붉은 피부건 노란 피부건 그렇게 생각하는 사람은 증오에 찼거나 바보"라 교육해왔기에, 조이는 인종구별을 하지 않는 것이 아니라 피부색에 대해 전혀 차이점을 못 가지고 살았다. 존이 존스홉킨스대학 졸업 후 예일 의대 교수와 세계 보건기구 열대 약제 교수 등 실력 있는 의사라는 것도 그녀를 사로잡은 것일 수도 있다.

에필로그

사랑하는 딸의 갑작스러운 결혼 선언으로 당황한 아버지의 반대에, 존의 어머니는 "자기 아들이 당신의 딸을 얼마나 사랑하는지를 전혀 모르는 껍질만 남은 늙은이"라고 비난하자 그는 곰곰이 자신의 지나간 크리스티나와 사랑의 추억을 떠올려보며 중대한 결심을 하고 전체 구성원을 모아놓고 정리된 생각의 성명을 발표하게 된다. 그것은 "궁극적으로 우리의 생각은 아무 의미도 없게 됐다며, 가장 중요한 것은 두 사람이 느끼는 감정과 서로에 대한 감정이 얼마나 깊은가 하는 것이며, 그 감정이 우리가 느꼈던 사랑의 감정의 절반이라도 된다면 그게 다일 것이다. 앞으로 너희 둘에게 닥칠 문제는 상상할 수 없을 정도이지만, 그런 백인과 흑인으로서의 문제 때문에 서로 사랑함에도 불구하고 결혼을 안 하는 것은 더 견딜 수 없는 것"이라며 두 사람의 진정한 사랑을 인정하는 장면에서 큰 감동과 함께 문제의 껍질(사람들의 눈과 관습) 보다 문제의 본질(딸의 행복과 변화할 미래)에 접근하는 현실적 결정방식을 배우게 된다.

35

사랑은 비를 타고!

사랑은 비를 타고Singin' in the rain, 1952

프롤로그

—

인터넷 활용 정보기술에 능하고 자기주장이 뚜렷한 밀레니얼 세대와 유행에 민감한 디지털 네이티브 Z세대가 합친 MZ 세대가 시대를 변화시키듯이, 세상이 바뀌면 트렌드에 맞는 새로운 주인공이 탄생한다. 미래엔 인공지능(AI) 로봇과 자율주행차 시대를 견인할 인재가 나타날 것이다. 영화 <사랑은 비를 타고Singin' in the rain, 1952>에서는 무성영화 시대에서 유성영화 시대로 넘어갈 때 연기, 춤, 노래까지 만능엔터테이너 스타가 요구되면서 벌어지는 일과 사랑의 우여곡절을 보여준다. 하지만 대중이 원하는

시대의 주인공은 순리에 따라 제자리를 찾아가게 되면서 변화는 고통스럽지만 아무도 그것을 막을 수는 없다는 것을 깨닫게 된다.

● 영화 줄거리 요약

아마추어 쇼 코미디언인 돈 룩우드(진 켈리 분)와 코즈모(도널드 오코너 분)는 공연을 하며 떠돌아다니다 새 일자리를 찾아 할리우드에 온다. 룩우드는 우연히 모뉴멘틀 영화사의 스턴트맨이 되고 최고의 인기 여배우인 리나 라몬트(쟌 하겐 분)와 함께 여러 영화에 출연하면서 스타로 떠오른다.

그런데 할리우드 영화계가 무성영화에서 유성영화로 바뀌면서 목소리 연기가 형편없는 리나 때문에 영화를 완전히 망치게 되고 룩우드도 인기를 잃을 위기에 직면한다. 룩우드는 파티장에 치어걸로 나온 연극배우 지망생인 아름답고 재능 있는 캐시(데비 레이놀즈 분)에게 사랑을 느끼고 큰 도움을 받는다. 영화를 각색한 뮤지컬 <노래하는 기사>를 살리기 위해 캐시가 목소리를 내고 리나는 입만 벙긋하기로 한 것이다. 리나는 나중에 이 사실을 알고 화를 내며 캐시가 영화계에 발을

228

들여놓지 못하도록 계략을 짠다. 그러나 리나는 자신의 비열한 속임수에 자기 스스로 말려들어 관중들 앞에서 모욕을 당하고, 캐시와 록우드는 사랑과 성공의 열매를 맺는다.

● 관전 포인트

A. 돈 록우드가 할리우드 스타가 되는 계기는?

싸구려 술집의 댄서로 일하다가 할리우드 영화사에서 몸을 사라지 않고 스턴트맨 역할을 해냄으로써 그에게 새로운 기회가 열리게 된다. 그는 작은 역에도 그의 좌우명인 <'품위'를 잃지 않고 최선을 다하자>를 몸소 실천했으며, 이를 눈여겨본 감독이 그를 스타 여배우 리나의 상대역으로 전격 스카우트하게 된다.

B. 연인 캐시 셀든을 만나게 되는 우연은?

타고 가던 차가 고장이 나자 주변에 광팬들이 몰려들어 록우드의 옷을 찢는 등 소동이 벌어진다. 그는 이 상황을 모면하고자 전차 위로 올라가 아래로 뛰어내린다. 그리고 그가 뛰어내린 차가 바로 캐시의 차였고, 이를 계기로 두 사람의 운명적인 만남이 성사된다. 록우드는 "사람들이 우리가 화려하고 로맨틱한 삶을 살고 있다고 생각하죠, 하지만 우린 정말 외로워요"라며 유혹하자 무명 연극배우인 캐시는 "스크린 위의 인물들이 무언극이기에 저에게 감명을 주지는 않아요. 연기라는 건 훌륭한 배역, 멋진 대사, 그 아름다운 대사를 말하는걸 뜻해요"라며 영화는 하나를 봤으면 다 본 거나 다름없다며 록우드에게 생명력 없는 스크린 위의 그림자일 뿐이라고 혹평을 한다.

C. 록우드가 유성영화에 출연하게 되는 배경은?

최초의 토키영화이자 뮤지컬 영화인 <재즈 싱어>가 대성공했다는 소식을 접하고 위기를 느낀 제작사 사장은 <결투하는 기사>를 뮤지컬로 바꾸기로 한다. 하지만 록우드의 오랜 파트너인 리나의 목소리와 발성 연기는 너무나 형편없었고 스태프들 역시 유성영화를 만드는 일에 익숙지 않아 영화 제작이 원만하게 이루어지지 않는다. 신문에서는 "할리우드가 말하는 법을 배우다. 발음 강사 대호황"이라는 기사가 난다.

마침내 <결투하는 기사>의 시사회가 열리지만, 관객은 너무도 조악하게 제작된 영화를 보며 비웃고 만다.

D. 코즈모가 제안한 유성영화의 보완책은?

록우드의 친구 코즈모는 <결투하는 기사>를 <춤추는 기사>의 뮤지컬로 각색하여 리나의 목소리 대신에 캐시의 목소리를 입힐 것을 제안한다. 캐시가 흔쾌히 제안을 승낙하면서 모든 것이 잘 풀리는 듯싶었지만, 리나는 캐시에게 영원히 자신을 위해서 노래하는 얼굴 없는 가수로 머물 것을 강요한다. 영화 제작이 마무리되어 새로운 영화의 시사회가 열리고 관객의 폭발적인 반응 속에서 리나는 캐시의 목소리가 자신의 것인 양 가장한다. 하지만 록우드는 모든 관객이 지켜보는 앞에서 커튼을 올려 이 모든 사실을 폭로하고 캐시에게 사랑을 고백한다.

E. 이 영화 이후 떠오른 뮤지컬 영화들은?

◇ 까뜨린느 드뇌브 주연의 <쉘부르의 우산The umbrellas of Cherbourg, 1964>: 우산 가게를 하는 홀어머니와 사는 처녀 주느비에브와 기이라는 청년과의 전쟁으로 이루지 못한 애절한 사랑을 담은 걸작 뮤지컬

◇ 줄리 앤드루스 주연의 <메리 포핀스Mary Poppins, 1964>: 1910년 런던을 배경으로 은행가 자녀들의 유모로 들어온 마녀가 화목한 가정의 의미를 가르쳐주고 떠나는 판타지 뮤지컬

◇ 줄리 앤드루스 주연의 <사운드 오브 뮤직The sound of music, 1965>: 오스트리아의 트랩 대령과 수습 수녀 마리아와의 사랑이 아름다운 선율과 함께 알프스의 푸른 초원을 배경으로 펼쳐지는 뮤지컬 영화로 아카데미상 5개 부분을 수상

◇ 존 트라볼타와 올리비아 뉴튼 존 주연의 <그리스Grease, 1978>: 1972년부터 브로드웨이에서 뮤지컬로 공연되어 2,200회나 앙코르 공연된 작품을 파라마운트가 20만 달러 거액의 판권료를 지불하고 영화화하여 대히트한 뮤지컬

◇ 니콜 키드먼과 이완 맥그리거 주연의 <물랭 루주Moulin Rouge, 2001>: 19세기 말 프랑스 파리 물랭 루주를 무대로 신분 상승과 성공을 꿈꾸는 아름다운 뮤지컬 가수와 그녀에게 매혹된 젊은 시인과의 사랑을 그린 뮤지컬 멜로물

◇ 캐서린 제타 존스, 르네 젤위거 부연의 <시카고Chicago, 2002>: 1920년대 시카고를 무대로, 살인죄로 수감된 여자들과 그녀들을 전문으로 변호하는 변호사의 이야기를 그린 1975년산 브로드웨이 히트 뮤지컬을 스크린으로 옮긴 작품

◇ 라이언 고슬링, 엠마 스톤 주연의 <라라랜드La La land, 2016>: 별들의 도시에서 재즈 피아니스트와 배우지망생이 미완성이지만 사랑과 희망 그리고 열정으로 인생에서 가장 빛나는 순간인 무대를 만들어 가는 뮤지컬 로맨틱 코미디

에필로그

요즘은 해외여행 시 유적지 투어보다 지역의 인기 공연을 보는 체험형 관광이 대세이다. 미국에 가면 브로드웨이의 뮤지컬을, 이탈리아에 가면 오페라를, 일본에 가면 전통극 가부키를 보며 그 나라의 문화와 전통을 이해할 수 있다. 같이 노래하고 춤을 추면서 생활 속 우울감을 떨쳐내고 삶에 대한 용기도 충전할 수 있다. 영화 <노래는 비를 타고>에서 진 켈리가 사랑의 기쁨에 들떠서 억수같이 쏟아지는 빗속에서 우산을 휘두르면서 춤을 추듯이, 산다는 것은 신나는 것임을 깨닫고, 즐겁게 춤을 추며 코로나 블루를 날리고 새롭게 다가오는 미래를 설계해보자!

36

속박의 옷을 벗어 던져라!

풀 몬티The full Monty, 1997

프롤로그

───

사람들은 일을 통해 생계와 함께
많은 것을 추구한다. 그중 하나가
자신의 자존감을 유지하는 것이다.
그래서 은퇴한 사람들은 색소폰과
드럼을 배우고 등산을 하면서 새로
운 일을 만들어간다. 영화 <풀 몬
티The full Monty, 1997>는 한 때 잘
나갔던 남자들이 일자리를 잃고 절
망에 가까운 돈벌이 강박관념을 갖
고 있다가, 용기를 내어 여성 전용
클럽에서 스트립쇼를 하게 되면서,

자신이 가장 아끼는 가족을 되찾고 삶의 의욕과 자존감을 회복해 나가
는 스토리다. AI(인공지능) 시대가 도래할수록 점점 사람들의 역할과 존

재감은 약해질 것이다. 이 때 살아있는 인간의 모습을 보여주기 위해 발가벗는 용기를 내는 주인공들이 대단하게 여겨진다.

● 영화 줄거리 요약

1970년 퇴락한 영국 북부의 공업 중심지인 셰필드, 현대화와 함께 제철소가 문을 닫고 9만 명의 근로자들이 해고를 당하는 남부 요크셔 산업타운. 그들 중에는 태평한 이혼남 가즈(로버트 카알라일 분)와 무능하고, 뚱뚱한 그의 친구 데이브(마크 애디 분)가 있다. 그들은 생활고에 시달려 자신들이 다니던 공장에 가서 철근을 훔쳐 팔기도 하며 패배자로 전락했다. 가즈는 그의 어린 아들 네이션과 데이브와 함께 마을을 배회하면서 시간을 허비하고, 때때로 지역 직업 알선 센터에 가기도 하는데 거기에서 그들의 예전 공장 감독인 거만한 제랄드(톰 윌킨슨 분)와도 자주 마주친다. 이 세 남자의 사생활은 엉망인 상태이다. 가즈는 그의 예전 부인(에밀리 우프 분)이 아들 양육권을 빼앗겨 힘들어하며, 제랄드는 매일 회사에 나가는 것처럼 가장함으로써 그의 부인을 속이고 있다.

우연히 동네 여성 전용 클럽을 방문한 가즈는 치펜데일 남자 댄서들에게서 영감을 받아, 돈을 벌기 위해 여자들을 위한 스트립을 할 구상을 한다. 아마추어 불룸 댄서인 제랄드가 안무를 담당하고, 여기에 몸에 자신이 있는 배관공 가이(휴고 스피어 분)와 자살을 시도하다 데이

234

브의 도움으로 실패한 룸퍼(스티브 휴이슨 분), 그리고 오래된 레퍼토리만을 알고 있는 노년의 댄서 호스(폴 비버 분)가 이들과 합류한다. 리허설 도중 경찰에 체포되면서 이들  에 대한 소문이 온 마을에 퍼지게 되고, 이에 호기심 많은 여성 200명이 티켓을 구입한다. 덕분에 자신들이 더는 이 쇼를 취소할 수 없는 상황에 놓였음을 깨닫게 되자, 이들은 오직 한 번만 하되 최선을 다하기로 합의한다. 그것이 바로 '풀 몬티'(홀딱 벗음)인 것이다.

● 관전 포인트

A. 영화에서 현대인들의 애환과 삶에 대한 몸부림을 보여주는 장면은?

젊지도 않고, 잘 생기지도 못하고, 몸매는 볼품없는 사람들이지만, 단 한 번의 공연이기에 완전히 벗는(Full Monty) 무대를 보이게 된다. 그리고 그들의 표정 속에서 읽을 수 있었던 것은 마지막 스트립쇼를 통해, 의기소침한 현실에서 스스로 자신감을 되찾아가는 모습이다.

B. 가즈가 스트립쇼를 포기할 때 격려한 사람은?

드디어 풀 몬티 쇼가 열리는 순간, 관객 중에 남자가 들어왔다는 소리를 듣고 스트립쇼를 하는 것에 수치심을 느끼게 된 가즈는 그만 쇼에 나가는 것을 포기하고 만다. 그동안 비상금까지 털어 아빠를 도와주었던 어린 아들 네이선은 마지막에 포기하는 자는 비겁하며, 아빠에게 실망하고 싶지 않다고 말한다. 그리고 그동안 가즈가 쏟아왔던 쇼에 대한 열정을 무대에서 펼칠 수 있도록 아버지를 격려한다. 또한 몸매에 자신이 없었던 뚱보 데이브도 부인의 격려로 스트립쇼에 참여하게 된다.

C. 철강 산업이 망한 뒤 부상하게 된 산업은?

공장이 문 닫은 뒤에는 서비스 산업이 왕성해지면서 여성들의 일자리가 늘어나고, 돈을 버는 여성들이 스트레스를 풀 스트립 댄스클럽이 인기리에 성업 중이다. 외지에서 스트립쇼를 하는 팀을 불러와 손님당 10파운드를 받고 공연을 하기도 하자, 가즈는 아들의 양육권을 회복하기 위해 700파운드를 구해야 하는 상황에서 스트립쇼에 1천 명이 오면 1만 파운드(약 1,500만 원)나 벌게 된다는데 솔깃하게 된다.

D. 공장 감독이던 제랄드가 합류하게 되는 배경은?

거만하던 공장감독 제랄드는 냉가슴 앓듯 자신이 실직한 사실을 6개월째 부인에게 감춘다. 아무것도 모르던 부인은 계속 신용카드를 쓰고, 휴가엔 스키장을 가자고 조르기까지 한다. 이때 가즈, 데이브, 가이 일행은 스트립 댄스를 하기 위해 춤에 대해 어느 정도 아는 제랄드에게 진심으로 부탁하고, 제랄드의 거절에도 불구하고 그들의 거듭되는 요청에 결국 도와주게 된다.

E. 한국에 개봉 시 사회적 상황은?

실직자들의 무모한 도전을 보여주는 이 영화는 한국의 외환위기 사태인 1998년에 개봉되었다. 묘하게도 영국 실직자들의 모습이 우리나라의 실직사태와 매치되며 8만 5천 명이라는 적지 않은 흥행을 기록하기도 했다. 1983년에 개봉한 영화 < 플래시 댄스Flash dance > 에서 복잡한 대도시 피츠버그의 한 제철공장의 용접공으로 일하면서 밤에

236

는 나이트클럽의 플로어  댄서로 일하는 18세 소녀 제니퍼 빌즈의 영화에서도, 여자가 남자의 직업에 도전하는 모습을 보여주기도 한다. 영화의 OST '도나 섬머 Donna Summer'가 부른 '매운 음식 핫스터프Hot Stuff'도 큰 인기를 얻었다.

에필로그

—

중산층의 몰락과 여성의 사회진출, 그로 인한 성 역할의 역전이 된 사회에서, 직장도 잃고 못생긴 몸매를 가진 6명의 철강 스트리퍼 주인공들이 딱딱한 경찰복을 하나하나씩 벗어버리는 그 쇼는 인간이 스스로 만든 사회규범과 성별 및 인종, 성적 취향의 답답함을 벗어던져 버림으로써 속 시원함을 보여준다. 그리고 풀 몬티에 도달하는 그 순간, 그들은 진실로 자유로운 인간이 되었다. 자신의 콤플렉스를 모두 날려 버리는 그 순간에!

37

나 그대에게 모두 드리리

라스트 콘서트The last concert, Stella, 1976

프롤로그

정말로 사랑한다는 것은, 사람을 무언가에 속박하게 만드는 것이 아니라 타인에게 날개를 부여하는 일이다. 사랑하는 사람이 자신을 버리고 어딘가로 가버리지 않을까 하는 공포는 누구나 마음속에 안고 있다. 하지만 사랑이라는 것은 그 공포를 뛰어넘는 힘을 말하는 것일지도 모른다. 영화 <라스트 콘서트The last concert, Stella, 1976>에서 한물간 피아니스트를 진심으로 사랑하던 아름다운 소녀는 자신의 마지막 불꽃을 태워 가면서 그를 빛나는 별로 만들어 준다. 나에게 현실적으로 잘 맞는 조건을 가진 사람을 찾기보다 자신이 누군가의 숨겨진 장점을 눈부시게 세워주는 것이

가장 아름다운 사랑일 것이
다. 이장희의 오래된 노래
<나 그대에게 모두 드리
리>에서 "그댈 위해서라
면 나는 못 할 게 없네, 별
을 따다가 그대 두 손에 가

득 드리리" 가사가 가슴을 설레게 한다.

● 영화 줄거리 요약

영국인 피아니스트 리처드 라스키(리처드 존스 분)는 손에 상처를 입
어 병원에서 치료를 기다리던 중, 진찰실에서 나오는 한 아가씨의 보
호자로 착각한 의사로부터 그녀가 백혈병으로 앞으로 2~3개월밖에
살지 못한다는 것을 듣게 된다. 병원을 나온 리처드는 버스정류장에서
그녀를 다시 만나는데 리처드가 침울한 기분인 데 반해 그녀는 쾌활한
표정으로 재잘재잘 말을 건네고 두 사람을 태운 버스는 해안으로 향한
다. 그녀의 이름은 스텔라(파멜라 빌로레시 분)로, 어려서 어머니를 잃고
애인과 도망친 아버지를 찾고 있다. 한때는 유명 피아니스트로 이름을
날렸으나 오랜 슬럼프에 빠져 우울해하던 리처드는 스텔라의 티 없는
모습을 접하자 자신의 마음에 자리해 있던 우울함이 깨끗이 씻기는 것
같다. 이튿날 리처드의 도움으로 스텔라는 파리에 있다는 스텔라의 아
버지 집을 찾아가지만, 이미 아버지에게 새로운 가정이 있는 것을 발
견하고 스텔라는 크게 상심한다. 상심한 스텔라를 위해 리처드는 거처
를 몽마르트르에서 그들만의 사랑의 보금자리를 만들고 다시 피아노
연주를 준비한다. 스텔라도 리처드가 용기를 갖도록 위로를 아끼지 않
는다. 하지만 아무도 그의 연주를 받아주려고 하지 않자 리처드는 다

239

시 현실 세계에서 도망치려고 기차역으로 향하고, 스텔라는 그를 강하게 독려하며 포기하지 못하게 온 힘을 쏟는다. 마침내 노력이 결실을 보아 리처드는 <스텔라에게 바치는 콘체르토>를 작곡하고, 그 곡이 파리 교향악단에 의해 초연되던 날 스텔라는 무대 위의 리처드를 자랑스럽게 바라보면서 숨을 거둔다.

● 관전 포인트

A. 두 연인의 운명적 만남은?

외롭게 자랐던 스텔라는 음울하지만 보호 본능이 생기는 리처드에게 첫눈에 사랑에 빠지게 된다. 그는 오랜 슬럼프로 몸과 마음이 지쳐 있어 마음을 열지 못했지만, 구김살 없는 스텔라가 생기를 불어넣어주자 리처드도 점점 자신감을 회복하게 된다. 하지만 아버지를 찾아간 스텔라는 아버지가 재혼하여 어린 아들과 같이 사는 모습을 보고 허탈하게 발길을 돌리게 된다. 이 모습에 리처드는 자신과 같이 외로운 스텔라에게 동병상련의 사랑을 느끼게 된다.

B. 스텔라가 리처드에게 격려를 한 장면들은?

◇ 스텔라는 "당신의 하숙집 주인 시몬느가 연주를 좋다고 했잖아요. 그런 평범한 사람이 좋다고 했다면 그건 정말 좋은 연주예요."라며 크게 격려하자 리처드는 칭찬에 용기를 얻게 된다.

◇ 스텔라 아버지 집을 찾아갔다가 빈집에서 리처드의 연주를 듣고

"오케스트라가 보여요. 연주장을 가득 메운 청중들, 난 맨 앞줄에 앉아서 연주를 듣다가 어느 순간 감정에 복받쳐 얼굴을 감싸쥐고 우는 거예요"라며 리처드에게 확실한 꿈을 갖게 해 준다.

◇ 재기를 위해 노력하지만, 악상이 떠오르지 않자 리처드는 현실 도피를 하려고 하자 "당신은 멍텅구리에요. 어떻게 '난 끝났어, 안돼' 그런 말을 해요? 아직 시작도 안 했는데, 재기하려면 배짱이 있어야죠. 난 겁쟁이는 싫어요!"라는 스텔라의 말에 리처드는 다시 용기를 내서 <스텔라를 위한 협주곡>을 만들고 스텔라는 기쁨의 눈물을 흘린다.

◇ 리처드가 다시 피아노 연주 기회를 얻을 수 있도록 진심으로 기도하면서 꽃집에서 '행운목' 화분을 빌려서 집에 갖다두어, 결국 리처드는 일자리를 찾게 된다.

C. 스텔라가 리차드 곁을 떠나지 못한 이유는?

파리교향악단의 기존 피아니스트가 아파서 연주를 못 하는 탓에 리처드에게 황금 같은 기회가 찾아오고, 스텔라는 자신이 부담을 줄 것 같아 몰래 집을 떠나 병원에 입원한다. 하지만 실의에 빠져 공연을 포기하려는 리처드에게 "지난 몇 달 동안 내겐 가장 행복한 시간이었어요, 한 남자의 여자로 더 바랄 게 없죠. 저의 꿈이 이뤄지게 해주세요"라며 하얀 드레스를 입고 연주장 맨 앞줄에서 응원을 약속하게 되고 리처드는 다시 힘을 얻어 스텔라가 선물로 준 자신의 상징인 펜던트 별(스텔라)을 연주복에 달고 성공적으로 연주를 마치게 된다.

D. 아름답고 로맨틱한 장면은?

영화 배경음악에는 허밍, 휘파람 등이 적절히 섞이며 프랑스의 몽생미셸(성 미카엘의 산: 유네스코 지정 세계 문화유산)의 파도 치는 아름다운

해변을 쓸쓸한 피아니스트와 시한부 인생을 사는 당돌하지만 청순하고도 티 없이 맑은 소녀가 거니는 장면이 무척 로맨틱하다. 스텔라가 죽어갈 때 리처드는 "내가 사는 이유는 당신을 기억하기 위해서야, 영원히 내 곁에 있어 줘"라고 애원하고 스텔라는 "지금 그 모습 영원히 간직할게요"라며 애절한 사랑을 보여준다.

에필로그

—

티 없이 맑은 스텔라가 적극적으로 사랑을 하는 데는 그녀가 불치병으로 오래 살지 못한 것을 직감해서일 수 있지만, 그녀는 삶에 대한 낙관적 생각과 타인에 대한 조건 없는 배려로 짧은 시간 큰 사랑을 통해 한 사람의 온전한 삶을 완성하고 떠난다. 100세 시대가 보편적인 트렌드이지만, 인생은 사람들의 기억 속에 어떻게 기억되느냐가 중요하지 무작정 오래 산다고 의미 있고 행복한 삶은 아닐 것이다. 삶을 돌아보며 자신의 위해 그리고 타인을 위해 잊히지 않는 반짝이는 별(스텔라)이 되어 <아름다운 콘서트>를 연주해 보길 기대한다.

38

세상에서 가장 힘들지만 소중한 일

세 남자와 아기 바구니Trois Hommes Et Un Couffin, 1985

프롤로그

이 세상에서 가장 힘든 일은 무엇일까? 그건 바로 아기를 키우는 일일 것이다. 그래서인지 최근 젊은이들은 비혼과 비출산을 공식적으로 선언하고 자신만의 자유롭고 안락한 삶을 누리려 한다. 하지만 아기를 키워본 사람이라면 육아만큼 큰 행복과 기쁨을 주는 일은 이 세상에 없다는 것을 알게 된다. 프랑스 영화 <세 남자와 아기 바구니, 1985>에서는 뜻하지 않게 아기를 키우게 된 세 남자가 처음에는  익숙지 않은 아기 키우기에 정신을 못 차리지만, 시간이 지날수록 천사와도 같은 아기의 미소에 큰 위안을 받게 된다. 각박한 현대 생활에

243

서 아기를 훌륭히 키워내기
가 쉽지만은 않은 일이지만
적극적인 사회적 여건 개선
과 합동참모본부 같은 주변
의 지원과 함께 부모님께서
말씀하시던 "아기들은 태어
날 때 다 자기 먹을 것을

가지고 태어난다"는 진리를 믿으며 용기 있게 아기를 키워보자!

영화 줄거리 요약

　비행기 파일럿인 쟈크(앙드레 뒤꼴리베 분), 만화가 미셸(미셸 보예나 분)
그리고 광고 회사의 피에르(롤랜드 지로드 분)는 한아파트에 사는 자유분
방한 파리 독신남들이다. 어느 토요일, 쟈크는 직장 동료로부터 일요
일에 소포를 대신 받아뒀다가 목요일에 누군가 찾으러 오면 그 소포를
대신 전해달라는 부탁을 받는다. 마침 3주간 해외로 떠나게 된 자크는
미셸과 피에르에게 소포를 부탁한다. 일요일 아침, 미셸과 피에르는
아파트 문 앞에서 바구니에 담긴 아기와 편지를 발견하게 된다. 아기
엄마이며 모델로 일하는 실비아가 6개월 동안 미국으로 떠나면서 전
남자친구이자 아기 아빠인 자크에게 맡기고 떠난 것이다. 미셸과 피에
르는 생업도 뒷전으로 미룬 채 난생처음 육아 전쟁에 뛰어들게 되고,
쟈크를 원망하며 익숙지 않은 아기 키우기에 정신을 못 차린다. 피에
르는 출근도 못 하고 미셸은 집에서의 작업에 많은 지장을 받지만, 차
츰 천사 같은 아기에게 깊은 정이 들어 버린다. 휴가를 마치고 돌아온
쟈크는 자기 때문에 친구들이 겪은 고충에 미안해하며 아기를 맡길 곳
을 찾지만, 뜻대로 되지 않는다. 결국 세 남자가 교대로 아기를 돌보

244

며 아기 엄마를 기다리는
데 날이 갈수록 아기에게
흠뻑 빠져버리게 된다. 그
후 미국으로 떠났던 실비
아가 아기를 다시 데려가
자 세 남자는 정든 아기를
그리워하며 허전해한다.

● 관전 포인트

A. 영화의 시대적 배경은?

프랑스의 여성 감독 콜린 세로가 각본과 연출을 맡은 코미디 영화
로 1980년대 프랑스 사회의 가정관, 연애관을 엿보게 하는 작품으로,
여성의 사회진출이 늘어나면서 본격적으로 대두되기 시작한 육아 문
제를 유머러스하면서 따뜻한 방식으로 풀어냈다. 1987년 미국에서도
영화 <뉴욕 세 남자와 아기>가 리메이크되어 큰 인기를 끌었다.

B. 주인공 세 남자가 달라지는 과정은?

세 남자는 결혼과 출산에 따르는 책임을 구속으로 여기면서 자유
롭고 기약 없는 연애를 추구하는 한편 자기 일에는 열정을 가진 독신
남이다. 매일같이 집에서 파티를 열고 사람들을 초대하며 예쁜 아가씨
들과 자유분방한 연애를 즐기며 서로에 대해 간섭은 하지 않는 꿈같은
총각 생활을 즐기고 있다. 그러던 이들에게 난데없이 아기가 등장하면
서 반강제적으로 부모의 역할을 익히고 책임감을 느끼게 되는 과정이
코믹하게 그려진다. 육아는 남녀 공동의 몫이라는 인식의 변화를 반영
하는 동시에 그 확산에 일조한 작품이다.

C. 육아의 협동 정신이 나타난 것은?

세 남자는 3교대로 시간을 나누어 24시간 아기를 돌보는 일에 적응해 나간다. 회사원인 피에르는 회사에 이런저런 핑계를 대며 출근을 미루고, 만화가인 미셸은 마감일을 늦추어 가면 간신히 아기를 돌보고, 파일럿인 자크도 지상직 근무로 보직을 옮긴다. 막상 실비아가 아기를 다시 데려간 후, 허전함을 느낄 때쯤 육아에 지친 실비아가 아기와 함께 다시 찾아와 도움을 청하자 그들은 기뻐하며 아기와 실비아를 반기며 해피엔딩을 맞는다.

D. 영화에 나오는 프랑스의 모습은?

영화 가득히 1980년대 프랑스의 건물과 거리풍경, 그리고 세 사람이 사는 아파트의 식기와 인테리어가 레트로한 색감으로 그려져 있다. 프랑스는 아기용품의 발전이 빨라 기저귀의 종류와 신생아 용품에 관해 주인공들이 다양한 상품을 구매하는 데 적응하려 한다. 이 모습이 마치 육아프로그램을 보는 것 같았다. 영화에 나오는 아기 장난감, 아기 옷, 요람의 디자인과 색상은 꼭 과일 맛 사탕과 솜사탕처럼 다채롭고 사랑스럽게 보인다.

에필로그

—

　맞벌이 부부 시대에 육아는 엄청난 경제적, 심리적 부담으로 다가오고 있다. 하지만 계산기로 셈할 수 없는 행복감과 아기의 미래에 대한 설렘 또한 큰 것이 사실이다. 어릴 적 어머니가 잠투정에 칭얼대는 아기를 등에 업고 "자장자장 우리 아가/꼬꼬닭아 우지마라/착한 아기 잘도 잔다/검둥개야 짖지 마라/삽살개야 우지마라"라고 정성을 다해 키우던 사랑이 깃든 노래가 그리워진다. 비혼, 딩크DINK족이라는 단어가 유행일 정도로 다양한 삶의 방식을 추구하는 사람들이 늘어나고 있지만, 이 영화를 통해 아기 양육을 해보지 않은 삶이 인간의 삶으로서 완성되지 못한 불완전한 것임을 느낄지도 모른다. 우리나라도 <82년생 김지영, 2019>와 같은 영화에서 육아의 어려움이 이슈가 된 후, 많은 사람이 육아의 중요성을 인식하고 협동하고 힘을 보태 아름답고 슬기롭게 아기들을 키워나가는 계기가 되면 좋을 것 같다.

39

힘들 땐 무작정 달려라!

포레스트 검프Forrest Gump, 1994

프롤로그

—

　인간은 무지개 너머 행복을 찾아 헤매지만, 행복의 실체를 발견할 때쯤이면 인생의 종착점 죽음이 다가오는 순간을 맞이하게 된다. 현대사회는 과거보다 물질적으로 풍요해졌고 과학의 발전으로 많은 문명의 이기로 편리해졌지만, 적자생존의 경쟁 사회에서 몸과 마음은 더욱 지치고 우울해졌다. 그래서 병원에는 몸과 마음이 아픈 사람들로 가득 차고 스스로 생을 포기하는 사람들도 증가하고 있다. 영화 <포레스트 검프Forrest Gump, 1994>에서 주인공은 사회 통념적 기준으로는 남들과 비교해서 많이 부족하지만, 내면의 세계는 따

248

뜻한 사랑과 정직함으로 진
정 행복한 삶을 향해 달려
간다. 권력과 명예보다는 남
들에게 양보하고 베풀며 살
아가는 가운데, 걷고 달리
는 트레킹속에서 즐거움과
편안함을 느낄 수 있다.

◉ 영화 줄거리 요약

불편한 다리, 남보다 조
금 떨어지는 지능을 가진
외톨이 소년 포레스트 검
프(톰 행크스 분)는 헌신적이
고 강인한 어머니의 보살
핌과 첫사랑 소녀 제니(로
빈 라이트 분)와의 만남으로
사회의 편견과 괴롭힘 속

에서도 따뜻하고 순수한 마음을 지니고 성장한다.

여느 날과 같이 또래들의 괴롭힘을 피해 도망치던 포레스트는 누
구보다 빠르게 달릴 수 있는 자신의 재능을 깨닫고 늘 달리는 삶을 살
아간다. 포레스트의 재능을 발견한 대학에서 그를 미식축구 선수로 발
탁하고, 졸업 후에도 뛰어난 신체 능력으로 월남전에 참전하여 상관인
댄 중위(게리 시나이즈 분)를 구해내는 성과를 거둬 무공훈장을 받는 등
탄탄한 인생 가도에 오르게 된다.

하지만 영원히 행복할 것만 같았던 시간도 잠시, 어머니가 병에 걸

려 죽음을 맞이하고 첫사랑 제니 역시 그의 곁을 떠나가며 다시 한번
인생의 전환점을 맞이하게 된다.

● 관전 포인트

A. 제니는 포레스트에게 어떤 의미였나?

어릴 적 친구들이 병신이라고 놀릴 때 제니는 나무타기, 읽기를 가르
쳐 주면서 항상 포레스트의 편을 들어주고 용기를 주는 소녀였다. 하지
만 가정폭력에 시달렸던 그녀는 성장하면서 많은 남자를 만나고 마약에
찌든 폐인 생활로 포레스트를 힘들게 했다. 오랜 시간이 흘러 병이 깊어
돌아온 그녀는 포레스트에게 아들을 선사하고 세상을 떠나게 된다.

B. 월남 참전 때 만난 댄 테일러 중위는 어떤 사람인가?

조상 때부터 모든 전쟁에 참전하여 명예로운 이름을 남긴 집안으로
댄 테일러 중위자신도 그렇게 죽고 싶었으나, 베트콩들의 기습작전에 총
상을 입은 댄 중위를 포레스트가 구해 돌아오는 바람에 그는 전장에서의
명예로운 죽음도 군인으로서의 삶도 모두 잃게 되자 "사람에겐 운명이란
게 있다. 그냥 일어나는 일은 없어 모두 예정된 일의 일부지. 난 소대원
들과 전장에서 죽었어야 했어!"라고 포레스트를 원망한다. 하지만 포레
스트는 죽은 전우 버바와의 약속대로 댄 중위와 배를 사서 새우잡이를
나가게 되고 폭풍우에서 기도 덕분에 만선을 하게 되고 그 돈으로 12척
의 배를 사서 포춘지에 실리기도 한다. 이를 계기로 댄 중위는 인생의
참된 의미를 깨닫게 되고 결혼도 하여 새로운 인생의 행복을 되찾는다.

C. 영화에 나오는 깃털의 의미는?

인간의 삶에 불어오는 바람은 막을 수는 없지만, 그 바람을 피하지

250

않고 자신만의 삶을 만들어 갈 수 있다는 철학을 포레스트는 보여준다. 그는 어린 시절부터 업신여김, 조롱을 당하며 자라났지만 결국 누구보다도 이웃을 존중하고 사회를 위해 참전하여 공을 세우고, 순수하고 아름다운 사랑을 하고, 새우잡이 배로 성공한 생활인이 된 것은 좌절에 굴하지 않고 자신만의 운명의 깃털을 잡았기 때문이다.

D. 포레스트가 계속 달린 결과는?

남들보다 특별한 능력도 없던 포레스트는 제니의 충고대로 앞을 향해 계속 달려 나간다. 그런 여정에서 그는 대학교 미식축구 선수도 되어 MVP가 되고, 월남전에도 참전하여 공을 세우게 된다. 또한, 탁구선수가 되어 국가대표로 참가하여 존슨 대통령에게 무공훈장도 받게 되고 새우잡이 사업으로 큰 성공을 거두어 최고의 기부자가 되기도 한다. 하지만 사랑하는 여인 제니가 떠나자 삶의 방향을 잃고 다시 달리게 된다. 2년 이상 달리는 그의 여정에 희망의 순례길처럼 많은 사람이 따르게 되고 결국 3년 2개월 14일 16시간이 지난 시점에서 앨라배마의 집으로 돌아가게 된다. 결국 자신의 길을 찾은 그에게 제니가 찾아오고 결혼도 하게 되면서 행복을 되찾게 된다. 오늘 당면한 문제가 해결되지 않는다면 어떤 일에 무작정 집중해보자.

에필로그

    감당하기 힘든 인생의 좌절 속에서도 하느님과 화해하고 자유로운 삶을 찾아가는 영화의 주인공들을 보면서 오늘도 자신의 운명과 우연 사이의 깃털을 찾아 끊임없는 선택을 통해 묵묵히 걷고 달려가는 삶이 필요해 보인다. 포레스트의 어머니가 말한 "인생은 초콜릿 상자와 같은 거니까, 어떤 맛을 먹게 될지 아무도 모르거든!"처럼 지금은 힘들지만, 열심히 살아가다 보면 곧 달콤한 행복의 순간을 만날 수 있을 것이다.

#잊힌 로맨틱한 사랑은,
영화 속에서 그 설렘을 찾는다!

제4부
—
환상의 나라

40

빈센트의 별밤(Stary Night)을 가슴에 품어보라!

러빙 빈센트Loving Vincent, 2017

프롤로그

—

그림을 잘 모르는 사람도 빈센트의 그림을 보면 인간애와 자연의 생동감을 통해 많은 영감이 떠오른다. 그것은 농부들의 정직한 노동, 태양과 별들의 찬란함, 들판과 꽃들의 외로움이다. 영화 <러빙 빈센트Loving Vincent, 2017>는 빈센트의 화풍이 재현된 무려 5만 6천 장의 수려한 유화가 동원된 놀라운 영상미를 보여준다. 이 영화를 보면서 다시 한번 빈센트의 인생을 생생하게 그의 그림으로 느낄 수 있다. 살아생전 800여 점의 작품을 남겼지만, 단 한 점(붉은 포도밭: 당시 400프랑/20만 원에 판매/모스크바의 푸시킨 박물관 소장) 밖에

255

작품을 팔지 못해 궁핍한 생활을 했던 그였기에 더욱 애환과 예술에 대한 사랑이 가슴 속 깊이 공감이 된다. 빈센트는 "난 내 예술로 사람들을 어루만지고 싶다. 그들이 이렇게 말하길 바란다. 마음이 깊은 사

람이구나. 마음이 따뜻한 사람이구나"라고.

[빈센트 반 고흐Vincent Van Gogh: 네덜란드의 후기 인상주의 화가. 37년의 짧은 생애였지만 가장 유명한 불꽃의 화가로 남아있다. 초기 작품은 어두운 색조의 작품이었고, 후기 작품은 표현주의의 경향을 보였다. 고흐의 작품은 20세기 미술 운동인 야수주의와 독일 표현주의가 발전할 수 있는 토대를 제공했다.]

● 영화 줄거리 요약

<러빙 빈센트>는 빈센트가 자살로 세상을 떠난 1년 후의 아를에서 시작한다. 아를의 우체국장인 '조셉 룰랭'의 아들인 '아르망 룰랭'은 아버지로부터 심부름을 하나 맡게 된다. 빈센트의 마지막 편지를 그의 동생 '테오'에게 직접 전달해달라는 것이다. 아르망은 마을 사람들이 빈센트에 관해 수군거리는 것 때문에 그 심부름이 내키지 않지만, 아버지의 설득에 연락이 닿지 않는 테오의 행방을 찾기 위해 여정을 떠난다. 파리에 도착한 그는 빈센트가 주로 물감을 샀던 재료상인 페르 탕기와 만나지만 그에게서 테오도 빈센트가 세상을 떠난 뒤 수개월 후에 죽었다는 얘기를 듣게 된다. 그런데도 아르망은 편지를 테오의 미

256

망인에게 전달하기 위해 빈센트와 친했던 가셰 박사를 만나러 오베르로 간다.

아르망은 오베르에 도착하자마자 가셰 박사를 찾았으나 그는 파리로 출장을 간 상태였고, 어쩔 수 없이 아르망은 빈센트가 묵었다는 라부 여관에 짐을 풀고 가셰를 만나기 전까지 빈센트에 대해 알아보기로 한다. 여관 주인의 딸인 아들린 라부, 가셰의 가정부인 루이스 슈발리에, 가셰의 딸인 마르그리트 가셰, 오베르의 뱃사공, 마제리 박사 등을 만나며 아르망은 빈센트의 마지막을 조립해나간다. 하지만 누군가에게 그는 미치광이였으며, 또 누군가에게는 천재로, 빈센트를 기억하는 사람들의 시선은 천차만별이었다. 아르망은 빈센트에 관한 수많은 해석에 흔들리고 이틀 후 가셰 박사를 만나며 모든 사실을 알게 된다.

빈센트의 죽음을 조사하는 과정에서 오베르의 인물들이 쏟아내는 다양한 해석으로 인해 영화는 다분히 미스터리의 성격을 띠게 된다. 인물들의 회상 장면은 흑백으로 그려지는 데 그로 인해 모든 플래시백이 같은 질량을 갖게 된다. 어느 한 명의 진술이 분명히 설득력을 얻게 되는 게 아니라, 모든 진술이 모호하게 축적된다. 빈센트의 생애는 결국 수많은 타인의 기억 속에서 각자의 방식으로 그려지게 된다.

하지만 빈센트가 오베르에서 죽기 전에 그린 그림 중 하나인 <까마귀가 나는 밀밭>의 밀밭에서 아르망이 가셰의 딸 마르그리트를 만나면서 이야기의 초점은 다르게 흘러간다. 아르망은 그녀에게 빈센트의 타살 가능성을 주장하지만, 그녀는 그가 총을 맞아 죽었든, 외로움을 못 이겨 자살했던 결과는 다르지 않다고 얘기한다. 그러면서 "당신은 그의 죽음에 대해 그렇게나 궁금해하면서 그의 삶에 대해선 얼마나 알죠?"라고 묻는다. 아르망은 "많이 노력했단 건 알아요. 뭔가를 잘 할 수 있단 걸 보여주려고…."라고 대답한다. 서사의 방향은 그 순간 그의 죽음에서 삶으로 바뀐다. 다음 날, 아르망은 드디어 가셰 박사를 만난다. 그리고 그에게서 수많은 소문이 둘러싼 단 하나의 진실을 알게 된다. 다른 사람들에게는 들리지 않고, 보이지 않아서 각자의 상상으로 채워졌던 장면들이 가셰의 이야기 속에서 분명해지면서 결국 그런 최후를 선택해야만 했던 빈센트의 삶을 이해하게 된다.

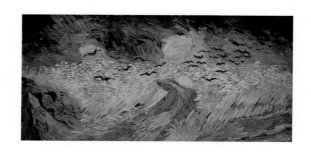

● 관전 포인트

A. 이 영화의 제작 배경은?

　<러빙 빈센트>는 전 세계가 사랑하는 화가, 빈센트 반 고흐의 미스터리한 죽음을 바탕으로 기획부터 완성까지 총 10년이 걸린 전 세계 최초 유화 애니메이션이다. 반 고흐의 주요 걸작들은 특유의 강렬한 유화 필치로 스크린에 구현된다는 놀라운 기획으로 제작 단계에서부터 전 세계 관객들을 설레게 한 글로벌 프로젝트다. 영화의 제작에 참여하기 위해 전 세계 각지에서 모인 4천여 명의 화가 중, 오디션을 통해 뽑힌 107명의 화가가 2년이라는 시간 동안 직접 그린 62,450점의 유화로 완성된 <러빙 빈센트>는 애니메이션의 칸 영화제라 불리는 프랑스 안시Annecy 국제애니메이션 페스티벌에서 관객상을 받아 작품성과 대중성을 입증했고, 제20회 상하이 국제영화제 금장 애니메이션상을 수상, 뜨거운 호평을 받았다. 영국의 국립 미술관으로 반 고

흐의 걸작들이 전시된 런던 내셔널 갤러리와 네덜란드 암스테르담 반 고흐 미술관에서 공식 상영됨은 물론, 해외 유수의 매체들에 호평을 받아 걸작임을 증명했다.

B. 빈센트 반 고흐의 대표작은?

◇ 별이 빛나는 밤The Starry Night, 1853: 고갱과 다툰 뒤 자신의 귀를 자른 사건 이후 생레미의 요양원에 있을 때 그린 작품으로, 밤하늘은 무한함을 표현하는 대상이었다. 그는 "별이 반짝이는 밤하늘은 늘 나를 꿈꾸게 한다"라고 얘기하곤 했다.

◇ 감자 먹는 사람들The Potato Eaters, 1885: 빈센트는 "나는 불빛 아래서 감자를 먹고 있는 사람들이 접시로 내밀고 있는 손, 자신을 닮은 그 손으로 땅을 팠다는 점을 분명히 보여 주려고 했다. 그 손은, 손으로 하는 노동과 정직하게 노력해서 얻은 식사를 암시하고 있다"라고 테오에게 얘기했다.

◇ 해바라기Sunflowers, 1888: 프랑스 아를Arles에서의 시기에 그려졌으며, 해바라기는 태양처럼 뜨겁고 격정적인 자신의 감정을 대변하는 영혼의 꽃이라 할 수 있고, 꽃의 섬세함을 포착하면서도 자신이 본 것을 그대로 재현하기보다는 빛과 색채를 통한 감각과 감정을 표현하고자 하였다. 그를 '태양의 화가'라는 호칭을 안겨준 중요한 작품이다.

◇ 까마귀가 나는 밀밭Wheat field with crows, 1890: 독특한 더블 스퀘어 크기의 캔버스 구성 작품으로 자살하기 직전에 그려졌다. 표면에서 요동치는 빠른 필치로 거칠게 그려진 어둡고 낮은 하늘과 불길한 까마귀 떼, 어디로 가야 할지 알 수 없는 전경의 세 갈래의 갈림길은 자살 직전 그의 절망감을 강하게 상징하는 듯하다.

C. 반 고흐의 죽음은?

빈센트는 동생 테오의 결혼과 조카가 태어난다는 희망에 일시적으로 병이 호전되지만, 결국 자신이 동생 테오에게 짐이 될 뿐이라는 자괴감으로 그는 37세인 1890년 7월 27일에 밀밭에 나가 가슴에 리볼버 권총을 당겼다. 그는 즉사하지 않고 라부 부부의 여인숙으로 돌아와 이틀 뒤 동생 테오가 바라보는 가운데 숨을 거두었다. 반 고흐가 죽은 뒤 테오의 건강도 급속히 악화되어 6개월 뒤 위트레흐트에서 사망했다. 테오의 부인은 660여 통의 고흐의 편지를 책으로 발간하여 또 다른 명작을 만들었다.

D. 반 고흐가 자화상을 많이 그린 이유는?

빈센트는 무려 40~50개의 자화상을 남겼는데, 그는 궁핍한 생활로 모델료를 구하기 어려워지자 인체를 심도있게 연구하기 위해 자신을 대상으로 자화상을 그렸다고 한다. 자화상에서 느껴지는 분위기는 그림마다 전부 그 순간 자신의 마음들의 느낌들이 나타난다. 고흐 자신은 이 자화상을 수도자의 마음으로 그린다고 할 정도로 공부를 한다는 생각으로, 심혈을 기울여 작품을 완성하고 그 결과 지금까지도 모든 사람들로 하여금 사랑받고 인정받는 작품으로 남아 있다.

E. 반 고흐를 기리기 위해 만든 곡은?

돈 맥클린Don Mclean의 Vincent(Starry Starry Night, 1971): Starry, Starry Night/Paint your palette blue and gray/Look out on a summer's day/with eyes that know the darkness in my soul(별이 빛나는 밤, 팔레트에 파란색과 회색을 칠하고, 한 여름날의 밤을 내다봅니다, 내 영혼의 어둠을 꿰뚫는 눈을 통해 말이죠)

Shadow son the hills/Sketch the trees and the daffodils/Catch the breeze and the winter chills/In colors on the snowy linen land(언덕 위의 그림자들, 나무와 수선화를 그려봅니다. 산들바람과 겨울의 추위를, 눈처럼 하얀 린넨 화폭 위에 색을 담습니다)

Now I understand/What you tried to say to me/How you suffered for your sanity/How you tried to set them free/They would not listen, they did not know how/Perhaps they'll listen now(이제야 난 알았습니다. 당신이 내게 무엇을 말하려고 했는지. 맑은 영혼을 가지려 얼마나 당신이 고통스러워했는지, 그들을 자유롭게 하기 위해 얼마나 애썼는지, 아무도 들으려 하지 않았죠, 어떻게 듣는 줄 몰랐을 거예요, 아마도 이제는 들을 거예요)

Starry, Starry Night/Flaming flowers that brightly blaze/Swirling clouds in violet haze/Reflect in Vincent's eyes of China blue/Colors changing hue/Morning fields of amber grain/Weathered faces lined in pain/Are soothed beneath the artist's loving hand(별이 빛나는 밤, 불꽃처럼 환하게 타오르는 꽃들, 보랏빛 실안개 속에서 소용돌이치는 구름, 빈센트의 연회 청색 눈에 어리네요, 색조를 바꾸는 물감, 황금색 이삭의 아침 들판들, 고통으로 주름지고 바래진 표정들이, 화가의 사랑스러운 손길 아래서 위로를 받습니다)

For they could not love you, love you/But still your love was true/And when no hope was left in sight/on that starry starry night/You took your life as loves often do/But I could have told you Vincent/This world was never meant for one as beautiful as you(그들은 당신을 사랑할 수 없었습니다. 하지만 당신의 사랑만은 여전히 진심이었습니다. 가슴속 어떤 희망도 남아 있지 않던 바로 그 별이 찬란하게 빛나던 밤에, 연인들이 종종 그렇듯 당신은 그렇게 인생을 마감했죠. 하지만, 난 이 말을 해줄 수 있었습니다. 빈센트, 이 세상은 당신만큼 아름다운 사람과는 전혀 어울리지 않다는 것을요)

Starry, starry night/Portraits hung in empty halls/Frame—less heads on nameless walls/With eyes that watch the world and

261

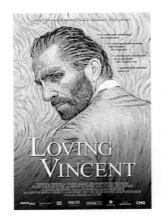

can't forget/Like the strangers that you've met/The ragged men in ragged clothes/The silver thorn of bloody rose/ Lie crushed and broken on the virgin snow(별이 빛나는 밤, 텅 빈 복도에 걸려 있는 초상화들, 이름 없는 벽의 액자도 없이 걸려있는 얼굴들은, 이 세상을 응시하는 잊을 수 없는 눈을 가졌습니다. 당신이 만나온 그 낯선 이들처럼 남루한 옷차림의 초라한 사람들, 피처럼 붉은 장미의 은빛 가시는, 순결한 눈 위에 부서지고 뭉개져 놓여 있습니다)

Now I think I know/Oh, What you tried to say to me/How you suffered for you sanity/How you tried to set them free/They would not listen they're not listening/Still Perhaps they never will(이제 난 알 것 같습니다. 당신이 내게 무엇을 말하려고 했는지, 당신의 맑은 영혼 때문에 얼마나 고통스러웠는지. 또 얼마나 자유를 갈망했었는지. 그들은 듣지 않았겠죠, 여전히 듣지 않고 있습니다. 아마도 영원히 그럴 테죠)

에필로그
―

<러빙 빈센트>에서 고흐의 그림들이 꿈틀대고, 그가 살았던 주변 지인들이 그림으로 생명을 얻어 눈과 입으로 메시지를 전하는 모습을 보면서, 전율이 느껴질 정도의 강한 시각적 경험을 하게 된다. 전기 문학의 걸작으로 꼽히는 '어빙 스톤Irving Stone'의 "빈센트 반 고흐: 이 책은 커크 더글러스 주연의 영화 <열정의 랩소디, 1956>"의 원

262

작소설에서 고흐를 "자연에는 폭풍의 드라마, 인생에는 고통의 드라마: 빈센트 반 고흐의 생애는 예술이 곧 운명이었다. 그의 작품 하나하나는 그의 전 존재의 폭발이자 고통과 환희의 생의 절규였다. 그의 생애는 한 영혼의 소진이요, 한 정신의 비극이었다. 그는 세속의 삶은 거부되었지만, 그림 속에서 자신을 구하고 마침내 자신을 불살라 버렸다"라고 피력하였다. 영화를 통해 빈센트의 삶과 예술세계를 깊이 이해할 수 있다. <러빙 빈센트>나 '마이클 잭슨'의 사후 홀로그램을 통한 공연 방식을 보면서, 과거의 소중한 유산을 현재에 재해석하고 음미하여, 오늘을 사는 현대인들이 자신의 삶에 투영하여 더욱 슬기로운 삶을 사는 시도가 필요할 것이다.

41

산타클로스에게 선물은 누가 주나요?

34번가의 기적Miracle On 34TH Street, 1994

프롤로그

12월 첫눈이 내리면 지나온 크리스마스의 추억이 하나 둘 떠 오른다. 어릴 적 크리스마스 아침이면 무심코 잠에서 깨어 손으로 머리맡을 만졌다. 그럴 때는 어김없이 산타가 '캐릭터가 그려진 필통'이나 '하모니카' 같은 선물을 두고 간 것을 알고 무척 행복해했던 기억이 난다. 많은 크리스마스 영화 중 가장 크리스마스다운 영화가 <34번가의 기적 Miracle On 34TH Street, 1994>이다. 산타로 나온 배우 '크리스 아텐보로'는 가장 산타의 분위기가 나는 배우로 뽑힐 만큼 인자한 얼굴과 하얀 수염, 포근한 몸매를 가졌다. 외형적인 모습뿐만 아니라 위트가 넘
치고, 어린이를 사랑하는
따뜻한 마음을 가져 완벽
한 산타의 모습을 그려낸
다. 크리스마스의 추억을
생각하면서 따뜻하고 행복
한 순간이 되길 기원한다.
산타클로스를 믿으며 크리스마스의 나눔과 사랑의 정신을 실천한다면
당신도 산타클로스이다!

● 영화 줄거리 요약

아빠 없이 외롭게 자란 6살 '수잔(마라 윌슨 분)'은 엄마의 현실적 교
육방식으로, 모든 어린이의 영원한 동경과 환상의 대상인 산타클로스
할아버지의 존재에 대한 믿음을 갖지 못하는 소녀였다. 그러나 수잔의
이러한 생각은 엄마 '도로시 월커(엘리자베스 퍼킨스 분)'가 다니는 백화점
에서 크리스마스 시즌 홍보용 산타로 일하게 된 '크리스의 등장(Kriss
Kringle: 산타클로스의 독일 이름)'으로 완전히 바뀌게 된다. 수잔에게 산타
의 존재를 믿게 하려는 크리스의 노력으로 수잔은 물론이고 바쁜 현실
속에서 각박하게 살아가던 많은 인물도 마침내 사랑과 믿음, 그리고
가족의 소중함에 대해 새로이 눈을 뜨기 시작한다. 산타클로스의 기적
이 드디어 수잔의 가슴 속에 일어난 것이다. 그러나 크리스의 활약으
로 백화점 영업이익이 급증하자 경쟁사에서는 크리스에게 없는 죄를
만들어서 재판에 올린 후, 자신을 산타라고 하는 크리스를 정신병자로
몰고 간다. "산타가 존재하지 않으니, 크리스도 산타가 아니다"라는
판결을 얻어 내려는 상대측과 그것을 변호하는 크리스의 친구들, 이를

재판하는 판사의 마음도 처음에는 믿으려고 하지 않지만, 크리스를 보면서 아름다웠던 동심을 떠올리게 되면서 결정적인 증거를 발견하게 되고 산타라는 판결을 받게 되면서 결국 훈훈한 크리스마스를 만들어 간다.

● **관전 포인트**

A. 진짜 산타인 '크리스 크링글'이 크리스마스에 홍보 산타로 활동하게 된 배경은?

가짜 산타가 술을 마시며 산타 흉내를 내는 모습을 보면서 어린이들의 '아름다운 환상'이 깨질 것을 우려하여 본인이 직접 백화점의 홍보 산타가 되기로 결심한다. 또한 수잔 가족처럼 마음이 메말라버린 사람들에게 크리스마스의 정신을 일깨워주기 위해서이기도 하다.

B. '수잔'이 산타에게 어떤 소원을 빌면서 진짜 산타임을 증명해 보이라고 했나?

마당이 있고 그네가 있는 멋진 집을 선물로 받기를 원했고 혼자 바쁘게 살아가는 엄마에게 멋진 남편이 생기기를 원했는데, 결국 마당이 있고 그네가 있는 멋진 집을 가진 변호사 브라이언과 결혼에 골인하게 되는 엄마를 보며 산타의 존재를 믿게 된다.

266

C. 현실 세계에서 백화점의 홍보 활동을 하던 '크리스'가 진짜 산타임이 나타나는 부분은?

백화점에서 한 아이의 엄마가 장난감 가격이 부담스럽다고 걱정하자, 크리스는 옆 라이벌 백화점에서는 장난감이 반값이라는 정보를 알려주며 "어디서 사든 어린이만 행복해하면 돼요"라고 말하는 부분에서 그가 진짜 산타임을 알 수 있다.

D. '크리스'가 진짜 산타임을 증명하는 결정적인 증거는?

법정에서 수잔은 판사에게 1달러 지폐를 크리스마스 카드에 넣어 가져다준다. 판사는 거기에 쓰여있는 한 문장을 바탕으로 산타클로스의 존재를 인정한다. 그것은 바로 1달러 지폐에 쓰여 있는 "IN GOD WE TRUST(우리는 신을 믿습니다)"이다. 판사는 연방 정부가 특별한 물증 없이 미연방 정부 재무성에서 발행되는 지폐에서도 신의 존재를 인정했듯이 뉴욕시 재판정에서 시민들의 요구에 따라 산타의 존재를 인정하기로 한다. 그야말로 기발한 증명법이 되었다. 미국 정부에서도 신의 존재를 증명할 수는 없지만, 신이 존재함을 알기에 이렇게 지폐에까지 인쇄한 것이고, 같은 논리로 산타의 존재를 증명하기 위해 과학적, 이론적 증명은 필요하지 않다. 그러므로 산타는 존재하는 것이며 그것이 '크리스 크링글'임을 인정하게 된 것이다. 결국, 재판 장면을 통해 산타클로스가 진짜 존재하는지의 여부보다 산타클로스에 대한 믿음과 그가 대변하는 가치가 가장 중요하다는 것을 명확하게 설명하게 된다.

E. 1947년에 개봉한 영화에서 산타클로스를 증명한 증거는?

1947년 흑백영화로 개봉된 영화에서는, 산타클로스에게 배달된 수만 통의 편지가 뉴욕시 법정으로 배달되면서, 판사는 공신력이 있는 우체국이 제대로 배달을 한 것으로 판단하여 '크리스 크링글'을 산타로 인정하게 된다.

F. 수잔이 산타 할아버지에게 소원을 부탁하는 편지에 회신한 산타 의 편지 내용은?

[착하고 예쁜 수잔, 안녕? 내가 늘 수잔 어머니한테 얘기하는데 아 직도 믿지 않으시는구나. 수잔! 나는 산타클로스가 맞단다. 북극에서 나고 자랐고, 크리스마스 이브가 되면 순록을 타고 하늘을 날아다니면 서 세상 모든 착한 아이들에게 선물을 주러 다니지. 바쁘지만 수잔 같 은 어린이 친구들을 더 많이 만날 수 있어서 행복하단다. 수잔의 어머 니도 어렸을 때는 나에게 소원을 빌던 아이였다는 거 알고 있니? 그러 다 나이가 들면서 점점 날 잊고 지냈던 것 같구나. 수잔, 보이는 것만 믿기 보다는 보이지 않는 것도 믿는 게 더 중요해. 엄마를 무척이나 사랑하는 수잔의 그 마음은 보이지 않잖니. 하지만 분명히 이 세상에 존재하고 있다는 건 수잔이 더 잘 알 거고, 그렇지? 비슷한 거란다. 사 람들이 산타클로스를 믿지 않으면 않을수록 이 세상은 더욱 의심이 가 득해지고 삭막해질 거야. 수잔의 친구들을 잘 보렴. 산타클로스를 믿 고 있는 어린이들은 무척이나 행복해 보이지 않니? 그러니까 우리 수 잔도 나를 믿고, 좀 더 행복했으면 좋겠다. 메리 크리스마스!]

G. 크리스의 고객 응대 방식이 백화점에 미친 영향은?

백화점에 없는 상품을 찾는 고객에게 경쟁사 백화점을 소개해준 크리스의 응대로 500명 이상의 고객이 사장에게 감사의 편지를 보내 자, 사장은 경영진을 불러 산타클로스의 방식대로 "친절하고, 따뜻하 고, 이윤보다는 고객에게 도움이 되는 응대 방식"으로 고객을 대하라 고 지시한다. 결국 그런 시민의 행복을 추구하는 방식이 백화점에 큰

268

이윤을 가져오게 된다.

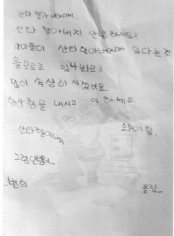

필자의 딸이 쓴 크리스마스 카드

에필로그

—

　한때 영국의 한 초등학교 교사가 자신이 가르치는 학생들에게 "산타클로스는 어른들이 만들어 낸 허상에 지나지 않는다"라고 얘기해서 아이들이 큰 혼란에 빠진 사건이 있었고, 이에 교육위원회는 아이들 동심에 큰 상처를 남긴 교사를 전격 해고한 사례가 있었다. 영화 <34번가의 기적>에서처럼 우리는 오직 눈에 드러나는 진실과 과학적인 근거로만 살아가기에는 풀 수 없는 수수께끼가 많다는 것을 깨닫게 된다. '크리스'는 "내 존재를 믿음으로 받아들이지 못한다면 의심으로 가득 찬 인생을 살게 될 뿐이요"라며 산타, 천사 같은 절대적인 선에 대해서는 마음으로부터의 믿음이 필요할 것 같다(첨부: 필자의 딸이 어릴적 산타할아버지에게 보낸 카드처럼). 갈수록 이기심과 증오로 가득 찬 지구촌에 우리 스스로가 기적처럼 산타와 같은 신비하고 사랑스러운 존재가 되어 따뜻하고 행복한 사회를 만들어 나가기를 기원해본다. 이번 크리스마스에 산타는 여러분입니다!

42

무지개 너머 나의 꿈은?

오즈의 마법사The Wizard, 1939

프롤로그

영화 <오즈의 마법사The Wizard, 1939>는 '프랑크 배움바움'의 1900년 대 동화 <위대한 오즈의 마법사/The Wonderful Wizard of OZ>를 영화 로 만든 작품이다. 미국 대다수 사람의 정신적 근간을 이루게 하는 home sweet home의 철학이 담겨있기도 하 다. 누구나 지루한 일상이나 새로운 것 없는 현실에서 벗어나 동화책이나 꿈 에서나 보게 될 '무지개 너머'의 새로 운 세상을 꿈꾸며 현실 속에서의 막연

한 권태감을 잊기 위해 멀리 여행을 떠나고 싶어 한다. 하지만 낯선 곳에서 여행하는 동안 두려움을 배우고 다시 집으로 돌아가고 싶다는

열망을 품기도 하고, 가장 소중한 건 지금 자기가 있는 곳이며 가장 소중한 사람들은 바로 자기 옆에 있는 사람들이라는 것을 깨닫게 되기도 한다. 또한, 인지하지 못하고 있던 자신의 숨겨진 능력과 감사하는 마음을 발견하기에 여행은 더욱 소중한 것이다. 오늘 도로시와 같이 노란 벽돌이 깔린 길을 따라 '에메랄드 시티'로의 상상 여행을 통해 자신이 가지고 있는 것에 대한 감사와 행복을 발견하길 바란다.

● 영화 줄거리 요약

온통 회색빛인 쓸쓸한 캔자스주에서 헨리 삼촌, 엠 아주머니와 함께 사는 금발 머리에 통통하고 붉은 볼을 가진 귀여운 소녀 '도로시(주디 갈랜드 분)'는 현실에서 단조롭고 탈출구가 없어 무지개 건너 저편을 동경하던 중, 회오리바람(토네이도)에 휩쓸려 오즈의 나라로 내던져진다.

오즈의 나라는 빨강, 노랑, 파랑, 보라, 초록의 다섯 개의 나라로 이루어진 신기한 왕국으로 온갖 이상한 마법을 부리는 마법사와 마녀들이 다스리고 있었다. 그곳에 사는 사람들은 각각 키가 작고 이상한 옷을 입은 쿼들링, 윙키, 뭉크킨, 길리킨 들이다. 도로시는 집으로 되돌아갈 수 있는 유일한 길이 위대한 오즈의 마법사를 만나는 것임을 알고 그를 찾아 긴 여정을 시작한다.

도로시는 애견 토토와 함께 노란 길을 따라 오즈의 마법사가 사는 에메랄드 시티로 향한다. 도중에 만난 제각각 현실에서 불만족스러운

272

부분이 하나씩 있던 세 명
의 친구들을 만난다. 지능
(뇌)을 얻고자 하는 '허수아
비(레이 볼 거 분)'와 심장을
원하는 '양철 나무꾼(잭 헤
일리 분)', 용기를 가지고 싶
어 하는 '겁쟁이 사자(버트
라 분)'와 함께 오즈의 마법사(프랭크 모간 분)에게 자신들의 소원이 이루
어지도록 부탁하기 위해 도로시와 함께 경쾌한 발걸음을 옮긴다.

그러나 가는 도중 많은 문제를 해결해 나감에 있어서, 항상 모든
좋은 생각은 허수아비를 통해서 나오고, 심장이 없어 감정을 못 느낀
다는 양철 나무꾼은 캐릭터 중에서 제일 잘 울고, 겁쟁이 사자는 가장
먼저 진격한다. 서쪽 나라 마녀를 물리치고 마침내 만난 오즈의 마법
사에 각자의 소원을 이야기하지만 사실 모두 자신이 간절히 원하던
것, 없다고 생각했던 것을 이미 가지고 있었다.

알고 보니 평범한 사람이었던 오즈가 커다란 풍선 기구를 만들어
서 혼자 날아가 버리는 바람에 허수아비는 에메랄드 시의 왕이 되고,
양철 나무꾼은 서쪽 나라의 나쁜 마녀 대신 윙키의 나라를 다스리기로
한다. 겁쟁이 사자는 동물의 왕이 되어 숲속을 다스린다. 마지막까지
소원을 이룰 수 없었던 도로시는 착한 마녀 글린다의 도움으로 루비
구두를 얻어 뒤꿈치를 세 번 치면서 주문(There is no place like home)을
외워 집으로 돌아가게 된다.

A. 영화 속 나오는 유명한 음악은?

주인공 도로시가 부르는 <무지개 너머Over the rainbow, 해럴드 앨런 작곡, 에드가 이프 하버그 작사>, <딩동, 마녀는 죽었네Ding Dong, The Witch is Dead>, <내게 두뇌가 있다면If Only Had Brain> 등의 노래는 아카데미 삽입곡상 및 악보 위 2개 부문을 수상했다. 현재에도 어릴 적 동화 같은 꿈에 대한 그리움을 불러일으켜 미국인들이 뽑은 영화음악에서 1위에 올랐다. [Somewhere over the rainbow way up high(무지개 너머 저 하늘 높이 어딘가에) There's a land that I heard of once in a lullaby(옛날 자장가에서 얘기 들었던 아름다운 나라가 있어요) Somewhere over the rainbow skies are blue(무지개 너무 어딘가에 하늘은 파랗고) And the dreams that you dare to dream really do come true(마음으로 꿈꾸면 정말로 이루어지는 곳이죠) Someday I'll wish upon a star(언젠가 나는 별을 보고 소원을 빌고) And wake up where the clouds are far behind me(저 하늘의 겹겹이 쌓인 구름 위에서 잠을 깰거예요) Where troubles melt like lemon drops(근심은 레몬 사탕처럼 녹아버려요) Away above the chimney tops(굴뚝 꼭대기보다 훨씬 높은 그곳에서) That's where you'll find me(거기서 날 찾을 수 있을 거예요) Somewhere over the rainbow blue birds fly(무지개 너머 어딘가에 파랑새들이 하늘을 날아다녀요) Birds fly over the rainbow(무지개 너머 어딘가에 새들이 날아다녀요) Why then, oh why can't I?(그러니 왜, 나라고 날 수 없겠어요?) If happy little blue birds fly beyond the rainbow(무지개 너머에 귀여운 파랑새들이 행복에 잠겨 날아다니는데) Why oh why can't I(왜, 나라고 날 수 없겠어요)

B. 1939년의 개봉 영화로는 놀라운 점은?

'캔자스에 사는 도로시라는 현실적인 공간'은 흑백으로 처리하고, '오즈의 나라라는 환상의 공간'은 천연색으로 처리하는 판타지적인 설정은 상당히 획기적인 아이디어였다. 뮤지컬 영화라는 점에서도 상당히 독특한 느낌이 들고, 오즈의 공간과 그 안에 펼쳐지는 환상적인 세계는 마치 70년 뒤의 영화인 <찰리와 초콜릿 공장, 2005>을 떠올리게 할 만큼 굉장히 매력적이며 환상적이다. '월터 살레스' 감독의 로드무비 <모터사이클 다이어리, 2004>와 같이 캔자스에 있는 집으로 돌아가기 위해 마법사를 찾아가는 도로시의 여정과 함께한 세친구가 서로를 돕고 믿고 의지하는 여정에서, 소중한 경험을 얻고 그런 것들이 주인공들의 내면의 깨달음을 통해 성장하게 만들어 준다.

C. 밝혀진 오즈의 마법사 실체는?

서쪽 마녀의 빗자루를 가지고 오면 소원을 들어주겠다고 했던 오즈의 마법사는 약속을 미루려고 한다. 그에 강아지 토토가 오즈가 숨어 있던 커튼을 들춰내자 그는 실상 열기구를 타고 마법의 나라에 잘못 들어온 평범한 사람으로 특수효과와 영사기를 사용해 정체를 속여오다가 들통납니다. 하지만 오즈는 허수아비에게 박사학위를 수여하고, 양철 나무꾼에게는 하트모양의 시계를 선사하고, 사자에게는 훈장을 수여하여 그들 자신이 가지고 있던 지혜와 마음과 용기를 치하하며 소원을 들어준다.

D. 이 영화와 같이 상상력을 주는 작품은?

◇ 이상한 나라의 앨리스, 팀버튼, 2010: 1865년 영국의 동화작가 루이스 캐럴이 쓴 동화로 토끼굴 아래로 굴러떨어진 주인공 앨리스가 이상한 약을 마시고 몸이 줄어들거나 커지기를 반복하면

서 땅속 나라를 여행하는 이야기다. 빅토리아 시대의 사회적, 문화적 배경들이 절묘하게 반영된 말장난을 비롯해 어린이들을 사로잡는 매력적인 판타지 세계와 유머들이 작품 곳곳에 녹아 있다.

◇ 해리 포터 시리즈, 1997: 영국의 작가 조앤 롤링이 쓴 판타지 소설로 한 소년의 성장기 통과 의례를 다룬 고전적 이야기이다. 악을 이기는 선의 승리, 우정과 인간관계에 있어 신뢰와 안전, 사랑의 영원성, 다양성의 수용, 편견과의 투쟁, 성인의 유년기 동심 유발 같은 기본적인 욕구를 채워주는 스토리이다.

◇ 하울의 움직이는 성, 미야자키 하야오, 2004: 19세기 말, 마법과 과학이 공존하고 있는 유럽의 마을 앵거리를 무대로 삼아, 마녀의 저주로 인해 90세 노인이 된 18세 소녀 소피를 통해 진정한 인생과 사랑의 의미를 전하는 애니메이션이다.

◇ 찰리와 초콜릿 공장, 팀 버튼, 2005: 1964년 영국의 작가 로알드 달이 쓴 아동소설. 유명한 거대 초콜릿 공장의 주인인 윌리 윙카의 공장을 견학하게 된 소년 찰리 버킷의 모험 이야기이다.

E. 뮤지컬 영화로 만들어진 배경은?

뮤지컬 영화의 산실로 거듭 나고자 했던 제작사 MGM은 1937년 월트디즈니의 뮤지컬 애니메이션 <백설 공주와 일곱 난쟁이>의 흥행을 보며 이를 뛰어넘을 작품을 만들고자 했다. <오즈의 마법사>가 오랜 세월 동안 생명력을 이어오는 이유는, 독특한 상상의 세계를 통해

인간 세상을 은유한 점, 또한 지혜, 사랑, 용기 같은 인간의 기본가치에 관해 이야기하고 있다는 점 때문이다.

에필로그

—

각박한 현실사회 속에서 자신을 결핍을 가진 존재라고 생각하고 살아가는 사람들에게 영화 주인공들은 여정을 통해 서로에 대한 유대감이 생기고 상처와 결핍들을 이해하게 된다. 주인공들은 여행 도중 위기 상황에 몰리면 서로를 구하기 위해 자신에게 결핍되어 있던 것을 자신들도 모르는 사이에 조금씩 꺼내게 된다. 자신의 약점은 결핍이 아닌 관점의 전환으로 회복할 수 있는 장애물임을 깨닫고[도로시는 자신을 기다리는 집(회귀할 공간)이 있었고, 사자는 성에 침투할 때 선봉장으로 용기를 보여주고, 양철 나무꾼은 눈물을 흘리는 따뜻한 감성을, 허수아비는 마녀의 성에 침투할 작전을 짜는 등 지혜를 가지고 있었음] 오즈의 마법사 도움 없이도 스스로 행복한 존재로 다시 태어난 것처럼, 불교에서 얘기하는 일체유심조(모든 것은 오로지 마음이 지어내는 것)의 철학같이, 결국 자신의 행복과 자신감은 스스로 생각의 관점으로 되찾을 수 있음을 깨닫게 된다. 요즘과 같은 혼돈의 세상에서 용기를 주는 것은, 화가 난 도로시가 퍼부은 물벼락에 맞고 사악한 마녀가 황설탕처럼 녹아버렸듯, "착한 힘은 악한 힘보다 강하다!"

43

가족의 재구성!

미세스 다웃파이어Mrs.Doubtfire, 1993

프롤로그

—

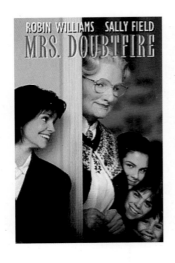

30년 전의 영화인 <미세스 다웃파이어Mrs.Doubtfire, 1993>는 부모의 이혼으로 고통받는 아이들의 심리 치료 목적의 책을 토대로 만들었다. 영화에서는 현대사회에서 일어나는 가족 해체기에 부모의 역할 재구성을 미리 보여주고 있다. 전통적으로 남자는 돈을 벌고 여자는 가사와 육아를 책임지는 역할에서 지금은 여성도 일을 하고 남자도 가사와 육아에 참여하는 시대가 도래된 것이며 이혼의 보편화로 다양한 형태의 가족관계에서 성장통을 겪는 아이들의 고민도 깊어져 간다. 남녀의 역할 변화로 성 대결 시대를 부르짖는 사람들도 많지만, 복잡하게 변해가는 환경의 흐름속에서 새로운 형태로 재구성된 가족들이 진실한 사랑과 적극적 소통을 통해 역할을 잘 수행한다면 행복한 가정을 만들어 나갈 수 있을 것이다.

● 영화 줄거리 요약

성우인 '다니엘(로빈 윌리엄스 분)'은 자유분방하고 호탕한 사나이다. 그는 규율이나 규칙보다는 아이들이 순수하고 즐겁게 자라길 바라는 자상한 아빠이다. 반대로 '미란다(샐리 필드 분)'는 다니엘의 지나친 낙천주의적 성격과 무능함에 짜증을 내고 있던 터에, 아들의 생일파티에 동물을 데려와 난장판으로 만든 계기로, 남편 다니엘과 큰 다툼을 벌여 이혼에 이르게 된다.

양육권을 빼앗긴 다니엘은 일주일에 단 한 번만 아이들과 만날 수 있게 되자, 미란다가 아이들을 돌볼 가정부를 구한다는 소식을 듣고 '다웃파이어'라는 이름의 유모로 변장하여 그 집에 잠입하여 가족의 좋은 벗이 된다. 특히 부인인 미란다의 고민을 제삼자적 관점에서 객관적으로 경청하고 위로도 해주면서 그동안 알지 못했던 미란다의 고충을 이해하는 계기가 된다.

어느 날 미란다의 과거 남자친구인 '스튜(피어스 브로스넌 분)'와의 가족 외식 시간 도중 스튜가 후추 알레르기로 숨을 못 쉬게 되어 다니엘이 그를 구하다가 변장이 벗겨져 정체가 들통나게 된다. 결국 그의 거짓 행각으로 가정법원에서 이제 1년에 한 번만 아이들을 만날 수 있다는 판사의 말을 듣게 된다. 그 이후 다니엘은 '미세스 다웃파이어'의 복장으로 TV 교육프로그램에 나와 아이들에게 친근하고 넉넉한 유모로 어린이 프로를 진행하는 것을 본 미란다는 그를 이해하게 된다. 그리고 그를 가정부가 아닌 아이들의 아빠로 따뜻한 재회를 허락하게 된다.

● 관전 포인트

A. 다니엘이 유모로 변신이 가능했던 이유는?

원래 만화영화 더빙 성우였던 다니엘은 드라마 분장사인 남동생 부부의 도움으로, 솜을 꿰맨 답답한 보정기구와 가발, 틀니까지 동원하여 넉넉한 인상, 푸근한 몸집의 품위 있는 유모로 완벽한 변신을 하게 된다. 그가 가장 힘들어했던 것은 바로 하이힐로 "이것은 분명 여성 혐오주의자가 만들었을 거야"라며 투정하기도 한다.

B. 아들에게 자신의 변장을 들키게 되는 계기는?

화장실에서 용변을 보면서 아무도 안 보는 줄 알고 서서 보자, 아들이 기겁하게 된다. 하지만 자신이 아이들을 보고 싶어 변장한 것이라고 설득하여 무사히 위기를 넘기게 된다.

280

C. 여성 또는 남성으로 변장을 하는 영화/드라마는?

◇ 남자배우로 성공하지 못해 여장으로 변신하여 성공하는 더스틴 호프만 주연의 <투씨Tootsie, 1982>

◇ TV 드라마 <커피프린스 1호점, 2007>에서 윤은혜는 남자로 위장하여 취업에 성공하지만, 공유와의 사랑으로 큰 혼란을 겪게 된다.

◇ TV 드라마 <성균관 스캔들, 2010>에서 박민영이 금녀의 기관인 성균관에서 사랑과 공부의 아슬아슬한 유생 생활을 전개해 나간다.

◇ TV 드라마 <구르미 그린 달빛, 2016>에서 김유정은 환관으로 나와 세자인 박보검과 운명적 사랑을 나눈다.

D. 이름을 다웃파이어로 정한 이유는?

미란다와의 인터뷰 때 이름을 묻자 당황한 다니엘은 테이블 위에 놓인 신문 기사의 헤드라인에 "경찰은 방화로 추정Doubt Fire하고 있음"을 보고 미세스 다웃파이어라고 자신을 소개하게 된다.

E. 가정부로 변신 후 달라진 다니엘은?

다니엘은 예전에 자기가 아이들을 대했던 것과는 다른 방식으로 아이들을 다룬다. 아빠일 때는 지나치게 관대하고 너그러웠지만, 정해진 시간을 초과해 TV를 보면 리모컨을 어항 속으로 던져버리고, 숙제를 안 하면 벌로 청소를 시킨다. 생전 처음 요리를 하다가 재료와 냄비를 모두 태운 것도 모자라 위장된 가슴에 불이 붙어 옷까지 태우자, 몰래 중국 배달 요리를 시킨다. 퇴근한 미란다는 완벽한 고품격 만찬에 크게 감동한다.

F. 다니엘이 방송국에 취직한 배경은?

　　다니엘은 방송국에서 녹화된 필름을 나르는 아르바이트를 하다가, 우연히 진행자가 어린이 프로그램을 지루하게 진행하는 것을 보게 된다. 자기 같으면 이렇게 안 할 텐데라고 생각한 다니엘은 아무도 없는 세트장에서 혼자 아이들과 놀던 때를 회상하며 프로를 진행하게 되고, 이 광경을 지나가던 사장이 보게 되어, 그에게 진행자를 맡기게 된다.

에필로그

—

　　현대를 살아가는 젊은이들은 비혼이나 비출산을 새로운 가치로 인식하는 경향이 짙어지고 있다. 그만큼 결혼생활이나 육아는 자기희생과 경제적 부담감이 뒤따르기 때문이다. 영화 <미세스 다웃파이어>에서처럼 가족해체의 위기를 예방하고 극복하기 위해서는 가족 구성원들의 적극적인 소통으로 문제 해결과 환경에 맞는 역할의 재구성이 필수적이다. 얼마 전만 해도 남자의 육아휴직은 생소했지만, 지금은 보편화가 되었고, 아이 돌보미 서비스 등도 사회적으로 정착되어 갈 것이다. '가화만사성'이라는 옛날 격언이 큰 의미로 와닿는 것은, 결혼생활과 육아를 해보면 더욱 실감할 수 있다. 행복한 가정생활을 통해 구성원들은 삶의 에너지를 얻고 나아가 사회는 건전하고 튼튼해질 수 있다는 것을 새삼 깨닫게 된다. 영화 속 다웃파이어의 말처럼 가족이 위기에 직면하더라도 "서로 사랑하는 한 마음속에 가족은 영원하다."

44

보이지 않는 사랑!

그녀Her, 2013

프롤로그

페이스 투 페이스(얼굴 보면서 하는) 소통 방식을 부담스러워하는 시대가 도래했다. 가족들에게도 응급상황이 아닐 때 전화하면 결례다. 그러다 보니 SNS나 e-mail이 더 편하다. 혼자의 시대가 가속화되면서 프라이버시 존중이 중요해졌다. 가까운 사이에도 미리 SNS로 상황을 파악 후 일정 확인 후에야 통화나 만남을 가질 수 있게 되었다. 결혼한 자녀가 있는 경우 불쑥 찾아갔다가는 큰일이 난다. 사랑하는 사이에도 서로의 프라이버시를 침해하지 않는 범위내에서만 공유해야 한다. 그 룰이 깨지면 사랑도 깨진다. 영화 <그녀Her, 2013>에서 주인공이 사람 대신 OS(운영체제)와의 관계를 통해

284

행복을 느끼는 것에 공감
이 가는 것은 우연이 아닌
현실적인 현상일 것이다.
그러나 아이러니한 것은 주
인공의 직업은 사람들의 관
계를 끈끈하게 연결해주는
대필 작가라는 점이다. 편

함을 선택한 혼자의 시대에서 보이지 않는 사랑은 편리하지만, 결국
영혼의 교감과 인간적 스킨십 소통으로 희로애락의 행복은 완성될 것
이다.

● 영화 줄거리 요약

2025년 미래도시(촬영은 중국 상해의 푸둥에서 함), 인간관계가 어려운
사람들에게 관계를 이어줄 편지를 써주는 대필 작가 '테오도르(호아킨
피닉스분)'는 타인의 마음을 전해주는 일을 하고 있지만, 정작 자신은
아내와 별거 중인 외롭고 공허한 삶을 살아가는 고독하고 내향적인 남
자다. 어릴 적부터 오랫동안 알고 지내오다 사랑하게 되었고 결혼까지
했던 아내 캐서린과 별거한 이후로 줄곧 삶이 즐겁지 않다.

그 공허한 자리는 스스로 생각하고 심리적으로 성장하고 배워가며
느끼는 인공지능 운영체제(OS) '사만다(목소리: 스칼렛 요한슨 분)'로 인해
조금씩 상처를 회복하고 행복을 되찾기 시작한다. 직장에서도 동료들
의 진심 어린 칭찬도 받게 되고 그가 좋아하는 출판사에서 책을 내주
겠다는 회신도 받을 만큼 사랑을 통해 활력을 얻고 많은 것들이 치유
되어간다. 어느새 점점 사만다에게 사랑의 감정을 느끼게 되면서 놀이
동산, 바닷가, 설산을 함께 다니는 등 좋은 시간을 보내며 진짜 사람과

의 관계처럼 독점욕까지 느끼게 된다.

하지만 점점 깊은 관계로 가면서 사만다가 자신 외에도 사랑을 나누는 대상이 무려 641명이라는 사실을 듣게 되고, 아연실색하게 된다. 사만다 또한 테오도르에게 맞춰질수록 더는 앞으로 나갈 수 없고 갇혀있다는 생각이 들었고, 매일매일 새로운 지식을 급속도로 빠르게 흡수한 그녀는 해탈의 깨달음을 얻어 그와의 작별을 고하게 된다. 마치 영화 <토이 스토리3, 2010>에서 유년시절의 소중한 친구였던 장난감들이 주인공 앤디가 진짜 어른이 될 수 있도록 놓아주는 것처럼, 상처받았다고 생각했던 테오도르는 운영체제와의 소통을 통해 사랑하는 방법을 깨닫게 됨으로써, 다시 사람을 사랑할 수 있는 상태로 구원된 자신을 발견하게 된다.

● **관전 포인트**

A. 주인공 호아킨 피닉스는 어떤 배우인가?

영화 <조커Joker, 2019>에서 싸이코 인격을 갖춘 '아서 플렉/조커'로 현 사회의 문제점을 심도 있게 부각한 배우 호아킨 피닉스 Joaquin Phoenix는 골든 글로브 남우주연상을 받기도 했다. 2000년 <글래디에이터Gladiator>에서 아버지 아우렐리우스 황제를 살해한 독재자 황제 코모두스로 열연하기도 했다.

B. 운영체계 사만다가 제안한 기상천외의 사랑 방식은?

사랑이 깊어지자, 몸체가 없는 운영체계 사만다는 인간 남성인 테오도르의 욕망 충족을 위해 인간 여성 '이사벨라'를 개입 시켜 자신이 해줄 수 없는 육체적 관계를 매개 하려고 시도하지만, 테오도르는 죄책감을 느끼고 매개의 시도는 무산된다. 사만다는 8,316명과도 동시에 상호작용으로 대화하며, 641명과도 사랑에 빠졌지만, 이런 사실이 테오도르에 대한 사랑을 변하게 하기는커녕 더 점점 강하게 만든다고 말하며, 또한 "난 당신의 것이지만 당신만의 것은 아니죠"라며 작별을 고하게 된다.

C. 운영체제인 사만다가 테오도르를 사로잡은 이유는?

인공지능 사만다는 테오도르의 모든 정보(음식, 음악, 영화, 자주가는 곳, 쇼핑 정보, 친구 관계)를 분석하여 그에게 가장 친근하고 편한 여자친구로, 스스로 학습(딥 러닝)을 통해 마음을 사로잡게 된다. 물론 인간 연인처럼 잔소리나 의견 차이로 인한 말다툼, 과도한 선물도 요구하지도 않고 테오도르의 말에 귀 기울이고, 이해하고, 집중해주는 이상적인 사랑 방식이다. 비행기에 나오는 기내식처럼 배고플 땐 빨리 음식 서빙을 받고 싶어 하지만, 먹고 난 뒤에는 신속히 치워주기를 바라는 인간의 변덕 심리를 간파했다고나 할까?

D. 영화에서 시사하는 소통이 어려운 시대의 대안?

소통은 사람과 사람 사이의 공통분모를 찾게 되는 한 차원 높은 대화이며 그런 소통이 가능하기에 사회는 구성이 될 수 있고, 사랑은 최고의 소통 채널이기도 하다. 하지만 문명의 발달로 사람 간 소통은 점점 어렵고 부작용을 낳을 수도 있기에, 상대적으로 부담과 책임이 덜한 제3의 소통 채널을 선호하게 되는 것이다. 자신은 사람과의 소통 메신저로 일을 하면서도 그 자신은 실체 없는 인공지능과 사랑을 하는 아이러니 속에 결국 다시 사람을 사랑할 수 있는 상태로 자신만의 치유와 구원의 길을 찾아 나가게 된다.

E. 주인공이 OS와의 사랑으로 깨달은 후 헤어진 부인에게 보낸 편지는?

테오도르는 소중한 사람을 틀에 가두려고 하는 자신의 모습을 보게 된 후 "나 당신에게 사과하고 싶은 것들을 되뇌고 있어. 서로를 할퀴었던 아픔들. 당신을 탓했던 날들. 당신을 내 틀에 맞추려고만 했었지. 진심으로 함께 커온 당신을 영원히 사랑해. 그 덕에 지금의 내가 있고. 이것만은 알아줘. 내 가슴 한편엔 늘 당신이 있다는 거. 그 사실에 감사해. 당신이 어떻게 변하든 이 세상 어디에 있든. 내 사랑을 보낸다. 언제까지나 당신은 내 좋은 친구야. 사랑하는 테오도르가"라며 캐서린에게 진정한 사과의 편지를 쓰게 된다.

에필로그

"내가 가장 소중하다"라는 사회적 분위기로 이기적인 개인주의가 팽배해지는 가운데 데이트 폭력, 리벤지 포르노(보복성 음란물), 배신의 댓글로 사랑하는 사람을 죽음으로 모는 불행한 파편이 곳곳에서 발견되고 있다. 그래서 많은 사람은 인간과의 사랑을 두려워하고 피하면서 상대적으로 안전한 반려동물, SNS, 인공지능으로 사랑의 대상을 변경시키고 있다. 하지만 시행착오를 통해 인간과의 희로애락이 담긴 소통으로 진정한 행복을 찾아 나가는 것이 삶의 여정일지도 모른다. 박보영이 주연한 영화 <너의 결혼식, 2018>에서도 죽을 만큼 사랑하여 맺어진 관계지만 결국 소통의 불일치로 서로 각자의 길로 떠나게 배려하는 것 또한 사랑이듯, 테오도르와 사만다처럼 서로 고마움을 표현하고 행복을 빌어주며 각자 또 다른 길을 찾아가는 사랑의 여정임을 배우게 된다. 너무 가깝다는 이유만으로 바로 옆에 존재하는 소중한 사람과의 대화나 감정에 귀 기울이지 않는다면, 공허한 마음은 무엇으로도 채워지지 않을 것이다.

45

월레스와 그로밋의 화려한 외출!

월레스와 그로밋 - 화려한 외출Wallace & Gromit - A grand day out, 1989

프롤로그

—

　　클레이(찰흙)로 만든 캐릭터를 조금씩 움직여가면서 촬영한 영화 <월레스와 그로밋 - 화려한 외출 Wallace & Gromit - A grand day out, 1989>은 자극적인 만화 영화와는 달리 따뜻함과 편안한 행복감을 준다. 이 영화의 주인공 월레스가 크래커에 치즈를 얹어 먹는 즐거움을 만끽하기 위해 로켓을 타고 달나라로 여행을 떠나는 좌충우돌 모험 여행기이다. 이 영화를 보면 클레이로 만든 사람과 개가 가지각색의 표정을 지을 수 있도록 한 기법에 놀라게 된다. 어릴 적 상상력과 따뜻한 마음을 간직한 사람은 성인이 되어서도 기발한 아이디어로 더 좋은 세상을 만들 수 있다. 그러므로 동화책이나 만화 영화 그리고 인형극을 통해 상상력을 자극하고 말랑한 생각을 할 수 있도록 노력해야 한다.

● 영화 줄거리 요약

이 영화는 주인인 월레스와 반려견인 그로밋의 우정과 연대감을 기초로 한 23분짜리 단편작품이다. 월레스는 런던의 단독주택에 사는 독신 남성이며 상당한 손재주를 가진 발명가이다. 그와 함께 사는 반려견 그로밋은 바흐의 음악을 들으며 뜨개질을 하는 재능을 가졌다. 월레스는 커피와 함께 치즈를 얹은 크래커를 먹는 게 낙인데, 냉장고를 열어보니 치즈가 다 떨어진 것을 발견하고 낙심한다. 그러다

문득 창문으로 내다본 달이 노란 치즈로 덮였다고 확신을 하고, 그의 반려견 그로밋과 함께 로켓을 만든 후 그 로켓을 타고 달나라로 출발한다. 치즈로 덮인 달나라에 도착한 월레스는 치즈를 듬뿍 먹고 가득 담아 지구로 귀환하려 하지만, 달을 지키는 깡통 로봇이 딱지를 발부하는 등 함부로 치즈를 먹은 월레스를 응징을 하려 한다. 하지만 뜻밖에 깡통 로봇은 월레스 소유의 스키 여행 잡지를 보게 되고, 자신도 지구에 가서 스키를 타겠다는 목표를 가진다. 이에 월레스와 그로밋이 지구로 귀환하려는 틈을 타 깡통 로봇도 무임승차를 시도하고, 그 과정에서 불이 연료에 잘못 붙어 폭발한다. 연료의 폭발로 깡통 로봇은 로켓의 부품을 잡고 달로 다시 떨어져 버리지만, 잡고 있던 로켓 부품

을 스키 장비로 개조하여 달나라에서 신나게 스키를 즐길 수 있게 된다. 그 덕분에 월레스와 그로밋은 무사히 지구로 돌아가게 된다.

● 관전 포인트

A. 이 영화의 제작 방식은?

클레이 스톱모션 기법을 활용하여 '플라스티신'이란 재료로 캐릭터의 형상을 만든 뒤 한 장면 한 장면 조금씩 움직여 촬영하여 많은 시간과 정성이 들어갔다. 덕분에 캐릭터의 질감, 표정 등에 생명력이 깃들 수 있었다. 이 애니메이션은 공감가는 에피소드를 중심으로 소소한 재미와 뜻밖의 악역 등장으로 인한 긴장감과 휴머니즘과 철학적인 부분까지 보여준다. 월레스와 그로밋이 탄 로켓이 발사될 때 이를 지켜보던 지하실의 쥐들이 모두 선글라스를 쓰고 있는 장면처럼 숨은 그림찾기식 아이디어가 곳곳에 숨어있다.

B. 먹방의 원조라고 불리는 이유?

크래커에 노란 체다Cheddar치즈를 올려 맛있게 먹는 주인공들을 보면 누구라도 치즈를 먹고 싶어진다. 영화 속 등장하는 웬즐리데일Wensleydale 치즈사는 실제로 당시 문을 닫을 위기에 처해있었지만, 이 영화로 인해 치즈의 인기가 급상승했고 급기야 <월레스와 그로밋 치즈>까지 출시하며 다시 일어설 수 있었다고 한다. 월레스의 대사 중 "Everybody knows the moon is made of cheese!(달이 치즈로 만들어졌다는 건 누구나 아는 사실이지)"라는 대사에서는 익살스러움과 상상력의 끝판왕을 느끼게 된다.

[체다치즈: 세계에서 가장 사랑받는 치즈 중 하나다. 가장 오랜 역사를 지닌 이 치즈는 영국 낙농법의 중심지인 서미싯주의 이름에서 유

292

래한 것이다.]

C. 월레스와 그로밋의 성격은?

◇ 월레스: 옷을 입혀주는 로봇을 발명하고, 밥상 차림과 설거지도 자동으로 되도록 발명하는 등 움직이는 것을 굉장히 싫어한다. 그리고 큰일 생기면 그로밋만 찾는다. 하지만 그로밋을 위해 강아지를 위한 전자공학Electronics for dogs책도 만들어 주는 자상함이 있다. 실제로 양을 목욕시키고 양털까지 한 번에 깎는 기계를 만들어 특허 신청도 내고, 달에 가기 위해 직접 우주선을 만드는 등 능력은 천재적이지만 특허에 대한 소득이 없어 부업으로 여러 가지 잡일을 하며 생계를 유지한다.

◇ 그로밋: 월레스의 유일한 반려견이자 조수로 월레스보다 더 사람 같고 똑똑하다. 월레스와 치즈로 된 달로 떠날 때 로켓을 직접 조종하기도 한다. 개의 동물적 감각과 인간의 지능과 감성을 가지고 있으며, 이는 월레스가 우주선을 만드는 과정에 직접 연장을 가지고 참여하는 모습에서 증명된다. 더구나 주인인 월레스보다 눈치가 빨라서 여러 상황에 한발 앞서 대처하는 모습을 보여주기도 한다. 평소에는 자는 월레스의 침대를 기울이는 장치를 작동해 월레스를 깨우고, 토스트 장치를 작동해 아침 식사를 준비하는 등 가정부 역할을 보이기도 하지만, 잠은 집 바깥에 있는 개집에서 잔다. 가장 아끼는 물건은 자명종, 뼈다귀, 그리고 월레스와 함께 찍은 사진이다.

D. 유명한 제작사는?

아드만 스튜디오Aardman Animation Studios는 영국 브리스틀에서 1972년 창립하여 스톱모션 클레이clay 애니메이션의 명가로 알려져 있다. 시리즈로는 월레스와 그로밋 – 전자 바지 소동(The wrong trousers, 1993, 아카데미 애니메이션 부문 최우수상 수상), 월레스와 그로밋 – 양털 도둑 (A Close shave, 1995, 아카데미 애니메이션 부문 최우수상 수상), 치킨 런(Chicken Run, 2000), 월레스와 그로밋 – 거대토끼의 저주(Curse of the Were – Rabbit, 2005), 플러쉬(Flushed away, 2006), 월레스와 그로밋 – 빵과 죽음의 문제 (A matter of loaf and death, 2008), 아더 크리스마스(Arthur Christmas, 2011), 허당 해적단(The Pirates! In and adventure with scientists, 2012)가 있다.

E. 월레스와 그로밋을 연상케 하는 유명 캐릭터는?

◇ 쿠키몬스터, 엘모, 머핏: 1969년 제작된 미국의 어린이 텔레비전 교육프로그램 <세서미 스트리트Sesame street>에 나오는 오래된 봉제 인형의 추억

◇ 무민Moomin: 핀란드 작가 토베 얀손의 만화에 나오는 하마를 닮은 트롤(초자연적 괴물)

◇ 토토로: 일본 애니메이션 <이웃집 토토로>에 나오는 곰처럼 생긴 신비한 숲의 정령

◇ 만복이, 꺼벙이: 길창덕 화백이 그린 만화 주인공으로 월레스처럼 엉뚱한 발명품을 만드는 명랑한 장난꾸러기 캐릭터

◇ 위니드 푸Winnie – the – Pooh: 1926년 발표된 밀른의 동화에 나오는 주인공으로, 꿀을 좋아하고 느긋한 성격을 지녔으나 시나 노래를 만드는 것을 좋아하는 순수한 곰돌이

F. 달에서 만난 로봇이 꿈꾸던 것은?

자판기인 줄 알고 월레스가 동전을 넣자 살아난 로봇은 자기 배속의 서랍을 열어 스키책을 분석한 후 스키를 타고 싶어 한다. 하지만 월레스와 그로밋은 몽둥이를 들고 쫓아오는 로봇을 피해 로켓을 출발시킨다.

294

깡통 로봇은 지구에 가면 스키를 탈 수 있다고 생각해 우주선을 잡았지만, 로켓이 발사된 후 떨어져 나온 로켓 부품으로 스키 장비를 만들어 치즈 계곡에서 행복하게 스키를 타게 된다.

에필로그

—

영화 <월레스와 그로밋>는 어벤져스 영화처럼 스릴 넘치는 자극적 내용은 아니지만, 마음이 복잡하거나 단순히 뭔가에 빠져보고 싶을 때 마음을 편안하게 해주는 힐링을 준다. 팍팍한 현실적 세계와는 달리 무한한 상상력과 맛있는 먹방이 있는 나라이기도 하다. 이 영화는 대사가 많이 없는데도 이해가 쉽고 몸과 마음이 훈훈해지고 클레이 인형들의 익살스러운 표정에 기분이 좋아진다. 오늘 월레스와 그로밋을 보면서 크래커에 치즈를 올려 따뜻한 차 한잔을 한다면 피곤한 현실 속 우울감을 깨끗이 청소할 수 있고, 풀리지 않던 문제도 단순하게 해답이 떠오를 수도 있다. 풍부한 질감의 클레이 인형들이 살아 움직이게 하는 OST 음악 "빠반빰 빠반빰 빠밤~"도 꼭 즐겨보시길 권한다.

46
사랑의 힘으로 만든 발명품!

플러버Flubber, 1997

프롤로그

—

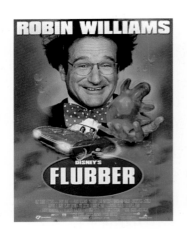

신소재, 신물질의 개발은 인간의 생명 연장과 생활 선진화에 엄청난 혁신을 불러일으켜 왔다. 하지만 우리나라의 경우 반도체, K팝, 화장품, 식품은 비약적인 발전을 했지만, 신소재 부문은 일본에 비해 크게 뒤처져 있다. 신소재는 기초과학의 탄탄한 토대 위에 오랫동안 노벨 수상자 등 핵심 인재를 통한 R&D(연구개발) 활동이 필수적이기 때문이다. 영화 <플러버Flubber, 1997>에서는 주인공이 사랑하는 사람을 위해 에너지의 공급 없이 날 수 있는 획기적인 신물질 개발과정을 상상력 있게 보여주고 있다. 미래에 대한 준비는 신소재 개발의 과감한 투자와 지원이 필수적이다.

296

무서운 바이러스의 백신부 터, 친환경 에너지까지 모 든 부문에 있어서 혁신적 인 개가를 올릴 때 중진국 의 전술 국가에서 선진국 의 전략 국가로 도약할 수  있을 것이다. 이 모든 창의 적 열정은 누군가를 사랑할 때 뜨겁게 점화한다.

● 영화 줄거리 요약

필립 브레이너드 교수(로빈 윌리엄스 분)는 매사 너무 골똘히 생각하 는 탓에 언뜻 보면 넋이 나간 사람처럼 보이기도 한다. 그의 건망증은 약혼녀인 메드필드 대학 학장 사라(마샤 게이 하든 분) 박사와 결혼식 날 짜를 번번이 잊어먹어 참석을 못 할 정도이다. 하지만 재정적으로 어 려움을 겪고 있는 사라에게 도움을 주기 위해 큰돈을 벌 수 있는 새로 운 혁명적 에너지 개발을 위해 '준 안정 합성체' 연구에 매진하게 된 다. 그러던 세 번째 결혼식 날, 브레이너드 교수는 마침내 실험에 성 공하여 숙원의 발명품을 만들어 내는 데 성공한다. 이 물질에는 중력 의 법칙이 적용되지 않으며 생김새는 영락없는 연질의 고무처럼 생긴 이 물질의 이름이 바로 '플러버'이다. 하지만 결혼식 불참으로 사라에 게 파혼당한 브레이너드는 사랑을 회복하기 위해 온갖 노력을 기울인 다. 자신이 개발한 신물질 '플러버'를 약체 메리 필드 대학 농구 팀원 들의 운동화, 농구공 등에 묻혀 러틀랜드 대학과의 친선시합에서 우승 하게 만든다. 하지만, 평소 자신의 연구 아이디어를 훔쳐 가던 몰염치 한 윌슨 교수는 자신의 약혼자 사라를 빼앗으려고 한다. 게다가 플러

버를 탈취하려는 악당 세력과 맞서야만 한다. 위보의 노력으로 브레이너드의 진심을 알게 된 사라는 신물질 플러버를 포드 자동차사에 고액으로 매각하여 학교를 살린다. 이후 악당의 집으로 찾아가 플러버로 모두를 통쾌하게 응징하고, 동시에 결혼에 성공하여 하와이로 신혼여행을 떠난다. 최고의 발명품 플러버와 망가진 로봇 위보의 프로그램으로 새로 만든 딸(AI)과 함께~

● 관전 포인트

A. 브레이너드 교수가 번번이 결혼식 날을 잊어버리는 이유는?

스스로 연구에 몰두하면 모든 것을 잊어버리는 성격 탓도 있지만, 그의 인공지능 비서 '위보'가 큰 원인이다. 위보는 딥러닝을 통해 인간의 감정을 학습하면서 브레이너드 교수를 사랑하게 되었기 때문에 그가 결혼식 일정을 기억할 수 없도록 아예 삭제해버린다. 이는 지나치게 인공지능에 의존하면 생길 수 있는 부작용을 보여주기도 한다.

B. 브레이너드 교수가 개발한 '플러버'는 어떤 물질인가?

이 기적의 발명품은 액체와 고무의 중간 형태로 물렁물렁한 고무처럼 끈적거리는 반향 중합체 물질이다. 자동차나 볼링공, 사람의 호주머니 등 집어넣기만 하면 엄청난 속도로 공중에 날아다니게 해주는 획기적인 물질이다. 자동차에 설치하면 하늘을 날아다니는 차가 되고,

298

운동화 바닥에 살짝 발라두면 매우 높이 점프할 수 있다. 이 물질에는 중력의 법칙이 적용되지 않으며 생김새는 영락없는 연질의 고무처럼 생겼다. 이 물질의 이름이 바로 날다와 고무를 합성한 '플러버(Fly+Rubber)'이다. 특별한 에너지를 가진 액체 괴물로 자아가 있고 어떤 형태로도 변형이 가능하다.

C. 브레이너드가 사라를 사랑한 마음은?

브레이너드 교수는 상심한 마음을 자신의 AI 로봇 위보에게 "사람이란 뭘까, 여자란 또 뭘까, 감정이며 열정이란 건 또 뭘까? 그런 걸 이해할 수 있으면 좋으련만, 그랬다면 평생 실험실에 처박혀 세상이 어떻게 움직이는지 궁리하지 않고, 세상에 나가 세상이 왜 그리 움직일까를 알아볼 텐데, 내 대뇌변연계의 모든 세포는 사라로 인해 페닐레슬라민으로 꽉 차서 행복감과 당당함과 유쾌함이라 주고 있어"라며 자신의 얼이 빠져 있는 건 이기적인 것도 미친 것도 무심해서도 아닌 사라를 사랑하기 때문이라며 독백한다. 위보는 이 장면을 찍어 사라에게 보여주면서 브레이너드가 사라를 얼마나 사랑하는지 확인시켜주는 역할을 한다.

D. 플러버를 훔치러 온 악당들은?

브레이너드 교수가 담당하는 화학 과목에 낙제해서 학사경고를 받아 농구팀에서도 쫓겨난 학생의 아버지가 우두머리이다. 우두머리는 플러버를 훔치기 위해 부하들을 연구실로 보내서 연구실을 지키고 있던 위보를 야구방망이로 무자비하게 망가트린다. 플러버를 훔치는 데 성공한 그들은 악당 교수 월슨에게 연구를 맡기지만 플러버의 불안정성으로 결국 브레이너드 교수에게 협조를 압박한다.

E. 영화에 나왔던 날든 자동차는?

포드사의 선더버드라는 중고차를 개조하여 가속장치를 특수 용기에 연결하여 가속장치를 밟으면 감마 방사선이 추진력을 높여 날게 된다. 이 영화는 <해리포터와 비밀의 방, 2002>에서도 비슷한 장면(해리포터가 친구 론의 아버지 차를 타고 호그와트로 가는)이 연출되기도 한다.

에필로그

마트에 가면 카트에 가득 담기는 것은 세제, 방향제, 샴푸 등 화학제품이 상당한 부분을 차지하는 것을 보고 놀라게 된다. 그만큼 인간이 살아가면서 화학제품의 다양화로 위생과 예방의학의 발전이 이루어진 것이 사실이다. 프랑스 대혁명을 배경으로 제작된 영화 <레미제라블Les Miserables, 2012>에서 길에서 몸을 파는 프랑스 하층민들은 비위생적인 환경과 청결하지 않은 신체로 비참하게 죽어갔다. 하지만 산업혁명 이후 비누를 비롯한 위생용품의 다양화와 대중화로 많은 전염병에서 살아날 수 있어 생명 연장의 계기가 된 것이다. 향후 다양한 바이러스의 대유행이 예고되는 시점에서 인간의 생명과 산업의 발전을 뒷받침할 신소재, 신물질의 개발에 박차를 가해야 할 시점이다. 최근 코로나바이러스 사태로 대기 환경은 좋아졌다고 하나, 재활용보다는 일회용품의 증가, 대중교통보다는 개인차량 증가로 환경오염이 우려되기도 한다. 그러기에 친환경적인 신물질 개발의 두 마리 토끼를 잡기 위해 인류의 뜨거운 열정과 부단한 노력을 기대한다.

47

달콤한 푸드트럭의 비밀!

아메리칸 셰프Chef, 2014

프롤로그

삶이 지치고 힘들 때 맛집을 찾아가 맛있는 음식을 먹으며 위로받는 사람들이 많다. 심지어 유명 집밥 전문가는 다음 대통령에 출마해야 한다는 얘기까지 나오기도 한다. 그만큼 현대인들에게 음식은 힐링과 용기를 준다. 영화 <아메리칸 셰프Chef, 2014>에서는 창의적인 음식을 만들고 싶어 하는 요리사가 레스토랑 주인의 압박과 유명 음식평론가 (파워 블로거)의 악평으로 추락하게 되지만, 푸드 트럭으로 밑바닥부터 다시 시작하여 자신만의 독특한 음식으로 성공하게 된다는 내용이다. 이 영화를 보며 음식은 단순한 먹거리가 아닌 삶의 소중한 위안이라는 생각이 든다. 코로나가 창궐하는 요

즘 같은 시기에 집에서 가족들을 위해 간단한 음식을 만들어 힐링의
시간을 선물하는 것은 어떨까?

● 영화 줄거리 요약

창의력과 열정이 가득
한 셰프 칼 캐스퍼(존 파브
로 분)는 레스토랑 주인인
리바(더스틴 호프만 분)가 무
난한 메뉴만 만들라는 지
시로 어쩔 수 없이 그의
뜻에 따라 음식을 만들게
된다. 하지만 한 유명한 음식 블로거 운영자 겸 비평가 램지(올리버 플
랫 분)로부터 '지루하고 진부하다'는 혹평을 받게 되고, 칼과 램지는 트
위터로 싸움이 붙게 된다. 이에 사태는 걷잡을 수 없이 커져서 칼은
결국 해고를 당하게 된다.

하지만 칼의 이혼한 전 부인인 이네즈(소피아 베르가라 분)의 권유로
그가 좋아하는 샌드위치를 만들며 푸드트럭을 타고 마이애미에서부터
LA까지 돌며 재기를 시작하게 된다. SNS에 익숙한 칼의 초등학생 아

들 퍼시(엠제이 안소니 분)가 실시간으로 칼의 투어 상황과 다양한 동영상을 올리면서 많은 사람의 관심이 집중되고, 그 덕분에 칼의 원조 쿠바식 '하바나 샌드위치'를 먹기 위해 그의 푸드트럭 앞에 사람들이 길게 줄을 서게 된다. 한편 이를 지켜보던 비평가 램지가 찾아와서 자신의 레스토랑에서 셰프로 일해 달라고 요청하게 되고, 그는 사랑하는 가족들과의 행복을 위해 그의 요청을 수락한다.

● 관전 포인트

A. 주인공은 어떤 요리사인가?

칼은 본인 레스토랑도 없고 남의 식당에서 일하지만, 요리 개발에 대한 열정만은 흘러넘친다. 하지만 레스토랑 사장 리바는 "여기 오는 사람들은 당신이 5년간 만들던 음식을 먹으러 오는 사람들이야. 그들이 이 가게를 유지해 주는 거지. 쓸데없는 예술가 흉내는 내지 마"라고 말하며 칼을 힘들게 한다. 한편 일에만 몰입하는 바람에 아내와 이혼하고 아들과도 소원해졌지만, 요리라면 누구에게도 안 밀리는 그는 "난 돈을 벌고 싶은 게 아니야. 요리하고 싶다고, 난 이 일을 사랑해. 내 인생의 모든 좋은 일은 이 일을 하면서부터 시작됐거든"이라며 요리에 대한 강한 애정을 표시한다.

B. 폐차에 가까운 푸드트럭에서 성공한 요인은?

비록 폐차에 가까운 트럭이지만 깨끗이 청소하여 식수와 가스를 연결하고, 원조 쿠바의 맛인 '마이애미 리틀 하바나 샌드위치'를 만들어 레게와 삼바, 라틴 재즈(뉴올리언스 재즈와 블루스가 혼합된) 음악도 틀어 흥겨운 레스토랑 분위기를 낸다. 또한 자신을 따르던 부주방장 마틴이 이에 동참해 주었고, SNS에 익숙한 어린 아들이 홍보전략을 도와주면서 히트를 치게 된다.

C. 아들과 친해지는 계기는?

이혼한 후 아들과는 주말에만 만나 놀이공원에 가는 정도로 형식적 관계를 유지했지만, 푸드트럭을 시작하면서 아들과 더러운 차를 청소하고 주방용기도 같이 구매하며 끈끈하게 부자간의 정을 만들어 간다. 아버지는 주방용 칼을 선물하며 요리의 소중함을 알려준다. 뉴올리언스로 가면서는 '카페 듀 몽드'라는 유명한 슈크림 빵(비네) 제과점에 들러 자신이 감명 깊게 먹었던 과자를 사주며 좋은 추억을 선물한다. 방학이 끝나면서 집으로 보내려고 했던 아버지는 아들이 만든 그동안 여정을 담은 짧은 1초 영상을 보고 감동하여 주말에만 같이 푸드트럭을 같이 운영하자고 제안한다.

D. 존 파브로는 어떤 배우인가?

존 파브로는 감독과 주연배우를 겸하며 저 손으로 요리를 할 수 있을까 싶을 정도로 둔해 보이는 덩치를 가졌지만, 극중 요리를 할 때는 눈빛이 바뀌는 모습을 보여주고, 트위터나 여론에 욱하는 모습과, 아들과 전 부인에게 서툴지만, 사랑을 표현할 줄 아는 칼의 캐릭터를 완벽히 연기했다. 존 파브로가 아이언맨의 감독이기도 해 그때의 인연으로 극 중 로버트 다우니 주니어와 스칼렛 요한슨이 우정 출연하기도 한다.

E. 악연 블로거 램지와 화해는?

칼의 푸드트럭이 유명해지자 칼을 찾아온 램지는 "난 원래 그쪽 팬인데, 그 식당에서 냈던 요리는 정말 엉망이었잖아요"라며 "내가 1,000만 달러를 받고 대기업에 판 자금으로 땅을 좀 샀어요. 식당 하

305

나 해봐요. 메뉴는 마음대로 하고, 우리 화해한 사연도 이슈 감이니 손님은 몰릴 거예요. 당신은 요리만 하면 돼요. 이번 샌드위치는 정말 맛있었거든요."라며 칼의 음식에 투자하겠다는 뜻을 밝히게 된다. 이에 칼은 램지의 요청을 받아들이게 된다.

F. 영화에 나오는 SNS의 경제학은?

모든 사건은 LA에서 트위터 팔로어 12만 명을 거느린 가장 핫한 음식 블로거 램지가 칼의 음식을 먹고 남긴 리뷰 한 건으로 시작한다. "실망했다. 칼의 추락을 보여주는 요리. 별 두 개"라는 혹평에 상처 입은 칼은 트위터로 램지를 공개 저격한다. 둘의 설전은 SNS를 통해 생중계되고 하룻밤 새 1,653명의 팔로어가 생기고 레스토랑을 다시 찾아온 비평가와 싸움이 생중계되면서 팔로어가 2만 명까지 늘어나 악성 '인플루언서'가 되면서 칼은 레스토랑에서 해고당하게 된다. 하지만 요리를 계속하고 싶었던 칼은 푸드트럭에 도전하고, SNS에 익숙한 아들은 매일 푸드트럭의 영업장소를 위치 태그를 걸어 알리고 샌드위치를 만드는 과정과 재료 사진도 실시간으로 공유한다. 과연 그 결과는 '대박'이었다. 램지와 싸우면서 얻은 2만 명의 팔로어가 칼에게 기회가 됐다. 푸드트럭은 SNS에서 '인증샷 성지'가 된다.

에필로그

———

창의성 높은 주인공 셰프는 자신만의 요리를 통해 가족과도 화해하고 자기를 비판했던 사람들과도 새로운 비즈니스 파트너로 거듭난다. 매일 먹는 식사에서 우리는 일상의 소중함과 행복감을 발견하듯이, 코로나 블루의 시기인 요즘 일상에서 좋아하는 음악을 들으며 요리를 하면서 행복한 시간을 만들어 보는 것은 어떨까? 줄리아 로버츠가 출연한 영화 <먹고 기도하고 사랑하라Eat Pray Love, 2010>에서도 현실 속 큰 시련에 부딪힌 주인공이 여행길에서 '가장 가까운 만족감 음식Eat'과 '잊어버린 애절한 기도Pray' 그리고 '나에게 팔 벌려줄 사랑 Love'을 통해 진정한 행복을 발견하고 마침내 위기를 극복해내던 모습이 크게 공감되는 시기이다.

48
인생은 갬블같은 드라마!

스팅The Sting, 1973

프롤로그

—

한편의 아름다운 뮤지컬과 같은 태양의 서커스나 자유의 여신상을 사라지게 하는 '데이비드 카퍼필드'의 환상적인 마술쇼를 보면서 많은 상상력과 영감을 얻기도 한다. 하지만 보는 내내 연기자들의 실수만을 집요하게 찾으려고 한다면 즐거움과 행복감을 놓치게 된다. 삶도 살아가는 방식이나 생각의 관점에 따라 행복과 불행이 올 수 있기에 상황에 따라 진지하거나 낙천적인 방식을 선택하는 지혜가 필요하다. 영화 <스팅The Sting, 1973>에서 주인공들은 나쁜 사람들을 속여서 성과물을 내는 고등 사기꾼이다. 하지만 이 과정에서 삶의 유머와 여유를 통해 인생은 희로애락이 담긴 도박 같은 드라마라는 것을 느끼게 해
준다. 코로나 사태로 모든
것을 심각하게만 생각하지
말고 오늘 밤 예쁜 케이크
라도 사서 사랑하는 사람
과 촛불을 환하게 밝혀 코
로나 블루를 날려버리자!

● 영화 줄거리 요약

1936년 대공황 쇠퇴기
일리노이주 졸리에트 거리
에서 2인조 사기꾼이 뉴욕
의 갱 두목 도일 로니건(로
버트 쇼)의 검은돈 운반책의
거금을 탈취한다. 2명 중
'루서'는 로니건 일당에게
사실되고 후커(로버트 레드퍼드)는 쫓기는 몸이 되어 루서의 친구인 시카
고의 헨리 곤돌프(폴 뉴먼)를 찾아가 도움을 청하고 곤돌프는 친구 루서
의 복수를 결심한다. 곤돌프와 후커는 그날부터 로니건의 주변을 조사
해 그가 포커와 경마광임을 알고 치밀하게 복수계획을 짠다. 교묘한
술책으로 악당 로니건의 신임을 받게 된 후커는 곤돌프의 마권 판매장
에 전화로 통보되는 레이스의 승패 결과를 미리 알아내서 이긴 레이스
의 마권을 몽땅 사들이면 큰돈을 벌 수 있다며 로니건을 유혹하여 큰
돈을 경마에 걸게 하여 돈을 강탈하는데 성공한다. 이때 FBI가 들이닥
치자, 후커의 배신에 화가 난 곤돌프가 쏜 권총에 후커가 쓰러지고 곤

돌프도 총에 맞는 아수라장에서 스나이더 형사는 지명수배된 로니건을 체포해 사라진다. 하지만 죽은 줄로 알았던 곤돌프와 후커가 아무렇지도 않은 듯이 일어나 통쾌하게 웃는다. 모두가 계획한 대로의 일대 사기극이었다. 50만 달러를 거머쥔 두 사람은 유유히 사라진다.

● 관전 포인트

A. 이 영화의 특별한 점은?

아카데미상 7개 부문(작품상, 감독상, 각본상, 미술상, 편집상, 의상디자인상, 편곡상) 석권하고 스콧 조플린의 피아노곡 엔터네이너The Entertainer의 주제곡은 1974년 빌보드 차트에 오를 정도로 인기를 끌었다. 조지 로이 힐 감독은 <내일을 향해 쏴라, 1968>에서 처음으로 폴 뉴먼과 로버트 레드포드와 함께 영화를 만들었고, 그 결과 서부영화에 대한 관객의 관심을 다진 후 4년 후 만들어진 <스팅>에서는 뉴먼과 레드포드의 우정과 교묘한 트릭을 바탕으로 한 희극적 모험이 담긴 미국적 드라마를 만들어 냈다.

B. 갱 두목 로니건에게서 신뢰를 받기 위해 벌인 전략은?

일단 이발소와 양복점을 들러 변신을 하고, 노련한 사기꾼들을 모아 조직을 만든 후 로니건이 뉴욕과 시카고를 오가는 기차 안에서 포커를 즐긴다는 정보를 얻고 '포커를 미끼로 경마 사기를 치자'는 결론에 도달한다. 먼저 곤돌프는 악당 로니건이 속한 기차 포커판에 참여하기 위해 차장을 매수하고, 가짜 마권영업소와 엑스트라도 철저히 준비한다. 후커는 기차간에서 로니건의 지갑을 훔친 후 곤돌프는 그 돈으로 로니건의 돈 만오천 달러를 따자 로니건은 화가 끝까지 난다. 이때 후커가 찾아가 곤돌프가 시켜서 지갑을 훔쳤다고 하면서 지갑을 돌려주며, "곤돌프가 운영하는 마권영업소를 자신이 차지할 수 있도록 도와 달라"며 자신이 알려주는 대로 돈만 걸면 몇십 배의 수익을 벌 수 있다고 로니건을 유혹한다.

C. 로니건을 회유하기 위한 마권 시스템의 허점은?

모든 경주 결과를 마권 업자들에게 배달하는 역할을 하는 웨스턴 유니온 전신국 동업자가 후커에게 전화로 알려주면 곤돌프가 운영하는 마권영업소에 가서 3~4분 안의 시차를 이용하여 베팅만 하면 된다는 것이다. 하지만 의심 많은 로니건이 전신국으로 가서 직원을 직접 만나 확인하겠다고 하자, 후커는 조직원들을 페인트공으로 변장하게 하여 전신국에 침투시킨다. 전신국 직원으로 변신한 조직원들은 로니건을 감쪽같이 속여 거금 50만 달러를 경마에 걸게 한다.

D. FBI가 노리는 것은?

FBI특별수사관은 고도의 사기꾼 곤돌프를 잡기 위해 스나이드 형사를 통해 후커를 잡아 오게 하고, 결국 후커는 협박에 못 이겨 곤돌프를 체포하는 작전에 협조하게 된다. 악당 로니건의 돈을 가로챈 상황에서 FBI가 들이닥치고, 곤돌프는 배신한 후커를 총으로 쏘고 이에 FBI는 곤돌프를 쏘자, 스나이드 형사는 로니건을 데리고 줄행랑을 치게 된다. 그러나 사실은 FBI도 곤돌프의 일원으로 한 편의 영화처럼 사기극은 성공하게 된다.

에필로그

—

영화 <미션 임파서블>처럼 철저한 팀을 준비하여 작전을 수행하던 중, 후커가 여성 암살자로부터 살해당하기 직전, 친구 곤돌프가 미리 붙여준 보디가드로 인해 목숨을 건지는 것을 보면서 사기꾼도, 건성으로 사는 듯 같지만 중요한 순간에는 철저한 대비를 하는 것을 보며 놀라게 된다. 인생도 미지의 결과를 예측해 운명을 거는 하나의 도박이기에 나름의 철학과 유머로 드라마를 만들어 가는 삶의 긴박감과 동시에 여유로움을 가지는 것이 필요할 것이다.

49
하울의 움직이는 성

하울의 움직이는 성Hawl's moving castle, 2004

프롤로그

놀이공원은 환상의 음악 속에 카니 발 특유의 회전목마와 퍼레이드가 단연 압권이다. 아름다운 유럽의 풍경을 배경 으로 벌어지는 일상, 전쟁, 사랑, 마법의 스토리가 가득 담긴 영화 <하울의 움 직이는 성Hawl's moving castle, 2004>에 서 복잡하고 우울한 성의 주인을 소녀가 깨끗이 청소하여 전쟁과 탐욕이라는 악의 마법에서 구해내고 사랑을 이루게 되는 과정에서 결국 모든 것을 행복으로 되돌

려 놓을 수 있는 것은 순수한 마음과 사랑이며, 자신이 사랑하는 소중한 것을 지키기 위해서는 더 이상 도망가지 말고 정면으로 맞설 용기가 필 요함을 깨닫게 된다.

● 영화 줄거리 요약

　18세 소녀 '소피'는 돌아가신 아버지의 모자 가게를 계승해 모자를 만들지만, 정작 자신이 하고 싶은 일은 하지 못한 채 수동적인 삶을 사는 소녀다. 어느 날 소피는 골목길에서 불량한 군인들을 만나 곤란한 상황에 놓인다. 그 순간 마법사 '하울'이 나타나 소피를 구해주고, 소피는 하울을 따라 하늘을 걷는 신기한 경험을 한다. 하지만 이 때문에 질투심에 불탄 '황무지 마녀'는 소피를 90세 노파로 만들어버린다. 저주를 풀기 위해 마법사 하울을 찾으러 황무지로 간 소피는 자신과 같이 마법에 걸린 허수아비 '카브'의 도움으로 하울의 성에 들어갈 수 있게 된다. 이윽고 성을 움직이는 불의 악마인 '캘시퍼'와 하울의 제자 '마르클', 그리고 하울과 함께 하울의 성에서 청소부로 살게 된다.

　한편 전쟁이 발발하면서 왕실에서는 하울과 황야의 마녀에게 도움을 요청하지만, 겁이 많은 하울은 소피에게 자신의 엄마를 사칭해 왕실 마법사 '설리만'을 찾아가 전쟁에 참전하지 못한다고 전한다. 이에 설리만이 하울을 비난하자 소피는 순수한 하울을 대변한다. 전쟁이 절정에 이르고 그동안 겁쟁이였던 하울이 소피를 위해 전쟁터에 뛰어들고, 소피도 하울을 살리기 위해 성을 대정리 하게 된다. 소피는 전쟁으로 고통받으며 자신의 모습을 잃어버린 하울을 구하기 위해 하울의 과거로 들어가 하늘에서 떨어지며 죽어가던 별 캘시퍼와 거래를 하는 어린 하울의 모습을 보게 된다.
하울이 강한 힘을 얻기 위해 캘시
퍼에게 자신의 심장을 주어 살리
고, 그 대가로 캘시퍼의 강한 마
력을 받는 계약을 하는 장면을 목
격한 소피는 이것이 캘시퍼와 하울에게 걸린 저주임을 알게 된다.

소피는 전장에서 생긴 부상과 악마와의 계약으로 죽어가는 하울에
게 캘시퍼(심장)를 넣어줌으로써 그를 소생시킨다. 소피의 사랑으로 하
울과 캘시퍼 모두 살아나게 되고, 허수아비도 소피의 키스로 저주가
풀려 이웃 나라 왕자인 자신의 모습을 찾고 자기 나라로 돌아가 전쟁
을 끝내겠노라며 떠난다. 또한 설리만도 전쟁을 끝내기로 결정한다.
소피와 하울은 사랑을 확인하고 행복한 결말을 맞는다.

● 관전 포인트

A. 황야의 마녀가 소피에게 마법을 건 이유는?

하울의 마음을 얻고 싶어 하던 마녀는 하울과 소피가 함께 탈출한
사실을 알고 두 사람이 사랑하게 되는 것에 대해 질투를 한다. 그날
저녁 황야의 마녀는 소피를 찾아가 90세의 노인으로 변하는 저주를
걸게 된다. 하지만 소피는 자신에게 잔혹한 마법을 건 황야의 마녀가
사랑을 얻기 위해 한 행동을 알고, 왕실 마법사 설리만에 의해 힘이
빠진 그녀를 엄마처럼 정성으로 돌보아 줌으로써 결국 그녀가 가진 하
울의 불씨로 죽어가던 하울을 마법을 풀어 소생시킨다.

B. 하울의 성 현관문의 색상이 4가지 변화는 의미는?

현관문의 빨강, 파랑, 초록, 검정 4가지 색상이 변할 때마다 각양각

315

색의 도시로 들어갈 수 있는 마법의 문으로 변하게 된다. 이것은 우리나라 드라마 <도깨비>에서 도깨비 김신(공유 분)이 자신의 신부 지은탁(김고은 분)과 함께 문을 열자 바로 캐나다의 아름다운 풍경 속으로들어가는 장면을 연상케 한다. 무기와 잡동사니로 채워진 성은 전쟁도구로 키워지고 사용되는 마법사 하울의 운명을 나타낸다.

C. 성을 움직이는 동력은?

하울은 유성에서 날아온 악마 캘시퍼를 잡게 되고, 서로의 생존을위해 계약으로 심장과 몸이 분리된다. 캘시퍼의 불은 하울의 심장을본체로 불타고 있음으로 성을 움직이는 근본적인 동력은 하울의 심장이다. 지저분한 성의 내부를 소피가 청소한다는 것은 하울의 복잡한내면을 깨끗하게 만들어 준다는 것을 상징한다.

D. 하울이 소피를 사랑하게 되는 계기는?

하울이 성의 내부에 소피의 방을 만들어 준 것은 하울의 내면에 소피의 자리가 생겼다는 것을 암시한다. 그리고 어릴 적 마법사인 삼촌이 만들어준 자신의 가장 비밀스러운 은신처를 소피와 공유하면서 연인으로서 자리매김하게 된다. 겁이 많고 전쟁으로 물든 사회에서 벗어나 자유롭고 싶던 하울은 소피에게 "나는 지금껏 도망쳐 왔어, 이제야지켜야 할 것이 생겼어. 바로 너야"라며 여인을 사랑하는 책임 있는남자로 거듭나게 된다.

E. 전쟁의 끔찍함에 대한 작가의 반전 메시지는?

미야자키 하야오는 영화에서 소피가 날아가는 군함을 향해 하울에게 "적이야 우리 편이야?"라고 묻자 "어느 쪽이든 마찬가지야"라며 말하는 하울의 대사를 통해 인간을 파괴하고 괴물로 만드는 것은 전쟁이

316

라고 이야기한다. 미야자키 하야오는 전쟁은 무서운 폭력이며 그런 내용을 그리지 않는다는 것은 거짓이라는 강한 메시지를 나타내고 있다.

에필로그

—

국왕의 마법사 설리먼이 하울을 악마와 결탁한 나쁜 마법사라고 비난하자 소피는 "하울은 이기적이고 겁쟁이고 생각 없이 보이긴 하지만, 솔직하고 자유롭게 살려는 것뿐입니다. 하울은 전쟁에 미친 당신과 타협하러 오지도 않을 것이고 마왕이 되지도 않을 거예요. 악마와의 관계는 스스로 정리할 것이라고 난 믿어요"라며 하울에 대한 강한 신념을 나타내자 늙은 자신의 얼굴이 젊고 아름답게 변한다. 그것은 일과 의무와 열등감에 찌들어 있을 땐 바로 할머니로 변하는 것과 대조적으로 순수하고 아름다운 마음을 가지고 살아갈 때 나이와 관계없이 젊은 열정은 그 빛을 발하게 됨을 보여준다. 결국, 하울도 소피를 사랑하게 되면서 동심의 순수한 마음을 되찾으면서 악을 피해 도망가지 않고 맞서 싸우며 소피를 지키는 책임감 강한 남자로 성장한다. '히사이시 조'의 <인생의 회전목마> OST가 하울과 소피의 사랑만큼이나 감미롭다.

산타클로스The Santa Clause, 1994

프롤로그
—

지난해는 다사다난했다는 말로 표현할 수 없을 정도로 많은 일들이 닥친 한해였다. 코로나 바이러스로 일상의 평온함까지 잃어버리고 고통과 우울함에 빠져 살아왔다. 하지만 올해에도 어김없이 크리스마스는 우리에게 다가올 것이고, 여전히 산타클로스의 신비한 이야기는 우리에게 희망을 가득 선사해 줄 것이다. 영화 <산타클로스The Santa Clause, 1994>는 우울한 일상을 살던 주인공이 운명처럼 새로운 산타클로스가 되면서 잃었던 사랑과 행복을 되찾는 이야기이다. 용기가 필요한 우리에게 다가올 크리스마스는 더욱 소중하다. 스스로

가 산타클로스가 되어 가
족과 이웃에게 감사와 사
랑의 선물을 나누며 따뜻
한 연말을 만들어 보자.

● 영화 줄거리 요약

완구 회사의 마케팅팀장 스캇(팀 알렌 분)은 아내인 로라와 이혼하고
혼자 살고 있다. 로라와 함께 생활 중인 아들 찰리(에릭 로이드 분)와는
가끔 만나 어색한 부자의 관계를 이어가고 있다. 그러던 어느 크리스
마스 이브날, 산타클로스가 스캇의 지붕에서 떨어져 죽는 사고가 발생
한다. 이에 스캇은 산타클로스의 옷 속에 있던 메모의 조항대로 산타
의 옷을 입게 된다. 그러자 스캇과 찰리는 순록이 있는 마차에 이끌려
북극에 도착하게 된다. 그곳에서 이들 부자는 요정들의 대장인 버나드
(데이비드 크룸홀츠 분)를 만난다. 버나드는 스캇에게 산타의 옷을 입은
사람은 반드시 산타의 의무와 책임을 떠맡아야 한다고 이야기한다. 스
콧은 갑작스러운 자신의 신분 변화에 황당해한다.

졸지에 산타가 된 스캇
은 그 후 12개월 동안 몸
무게가 늘더니 급기야 엄
청나게 비대해져 버린다.
게다가 아침에 말끔히 면
도해도 오후가 되면 덥수
룩하게 턱수염과 구레나룻

319

이 자라난다. 그는 마침내 자신의 산타의 모습을 인정하고, 지구의 모든 아이들에게 크리스마스의 사랑과 행복의 선물을 전달하게 된다. 그 덕분에 아들 찰리와도 따뜻하고 다정한 관계를 키워가면서 부자간의 사랑을 선물받게 된다.

● **관전 포인트**

A. 스캇이 산타클로스가 되는 계기는?

우연히 산타의 죽음을 목격한 스캇은 "내게 무슨 일이 일어나면 내 옷을 입으세요. 그러면 순록들이 어떻게 할지 가르쳐 줄 것입니다"라는 산타의 메모를 발견한다. 그는 메모대로 산타의 옷을 입게 되고, 8마리 순록이 끄는 산타 썰매를 발견하게 된다. 그가 산타 썰매에 올라타는 순간 산타의 선물을 전할 집으로 안내받게 되고, 얼떨결에 산타가 되어 선물을 돌리게 된다.

B. 북극 산타 마을에 도착한 스캇과 찰리가 하게 되는 일은?

산타 마을에서 선물을 만드는 대장요정 버나드는 "산타의 모자와 외투를 입고 썰매를 타게 되면, 착용자는 과거의 모든 권리를 포기하고, 모든 산타의 의무와 책임을 수락한 것으로 이는 착용자가 사고로 의무를 수행 못할 때까지 영구히 지속한다"라는 산타 계약 문구를 보여준다. 그리고는 스캇에게 이미 산타 계약이 체결된 것임을 알려주며 추수감사절에 다시 북극으로 돌아와서 크리스마스 선물 준비를 해달라고 요청한다. 산타의 후덕한 모습에 걸맞게 스캇의 몸무게는 무려 126kg으로 늘어나게 되고, 수염도 흰색으로 풍성하게 자라나 아무리 면도를 해도 다시 덥수룩해지고 만다. 심장 박동 소리 또한 '징글벨'로 나며 결국 '냉혹한 어른들의 마음'에도 따뜻한 눈송이를 수북하게 만들

320

어 주는 산타가 된다. 평소 어른인데도 산타는 있다고 믿고 있는 스캇 Scott Calvin의 이니셜도 Santa Clause와 같은 S.C로 운명을 예감한다.

C. 북극에서 돌아온 아들 찰리가 하는 행동은?

산타 마을에서 집으로 돌아온 찰리는 자신의 아버지가 산타라고 친구들에게 자랑을 한다. 담임선생은 아버지 스캇을 불러 아이에게 쓸데없는 망상을 심어주지 말라고 경고하고, 심지어 전 아내 로라와 그녀의 새 남편까지 스캇을 나무란다. 이런 현상은 눈에 보이는 것만 믿는 어른들의 경직된 사고로, 어린이들이 성장할수록 산타클로스에 대한 아름다운 상상이 파괴되고 마는 현실의 슬픈 단면을 보여주기도 한다. 스캇은 찰리의 아름다운 상상을 깨고 싶지 않기에, 자신이 산타라는 것은 둘만의 비밀로 간직하자고 약속한다. 하지만 로라와 로라의 새남편은 찰리의 정신 건강을 지킨다는 이유로 법원에 스캇을 만날 수 없게 조치하게 된다. 이에 스캇은 찰리를 몰래 데리고 북극으로 떠나게 되고 크리스마스에 다시 돌아오게 된다. 무사히 돌아온 후 경찰들이 아동 납치 혐의로 스캇을 체포하게 되는데, 요정특공대의 도움으로 풀려나와 스캇은 다시 혼자 산타의 임무를 수행하게 된다.

D. 스캇은 로라와 어떻게 화해하나?

찰리를 다시 로라에게 데려다 주자, 이제야 스캇이 진정한 산타클로스임을 알게 된 로라 부부는 스캇에게 찰리를 언제든지 만날 수 있도록 마음을 바꾼다. 찰리를 두고 떠나는 스캇은 요정이 준 글라스 볼을 흔들면 언제든지 아빠를 볼 수 있고 찾아오겠다고 약속을 하고 떠나게 된다. 또한 로라 부부에게는 어릴 적 산타의 존재에 실망한 데이트 게임기와 핫도그 피리를 선물하여 다시 동심을 되살려준다.

E. 크리스마스가 다가오면 보고 싶은 영화들은?

◇ 맥컬리 컬킨 주연의 <나 홀로 집에 1(1990), 나 홀로 집에 2 (1992)>

◇ 팀 버튼 감독의 만화영화 <크리스마스 악몽, 1993>

◇ 리처드 어텐보로 주연의 <34번가의 기적, 1994>

◇ 짐 캐리 주연의 <그린치, 2000>

◇ 짐 캐리 주연의 <크리스마스 캐럴, 2009>

에필로그

—

겨울에는 하얀 눈꽃송이가 내리는 가슴 뛰는 크리스마스가 찾아온다. 크리스마스는 한 해 동안 열심히 달려온 자신과 가족 그리고 친구들에 대한 감사의 선물을 전하고 새롭게 다가오는 새해를 설렘과 함께 맞이하는 특별한 날이기도 하다. 이번 크리스마스에도 자신이 한 해 동안 얼마나 착하게 살았는지를 돌아보고 산타 마을의 요정이 얘기한 대로 "보인다고 믿음이 생기는 게 아니라, 믿으면 보이는 거죠"라는 말을 기억하며, 산타를 믿는 아이들의 순수한 마음으로 돌아가 따뜻한 코코아를 행복하게 마셔보자.

51

최고의 성탄 선물은?

솔드 아웃Jingle all the way, 1996

프롤로그

—

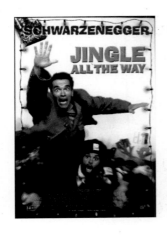

크리스마스엔 소중한 사람에게 마음이 담긴 선물을 준비하면서 한 해 동안의 감사와 새해에 대한 희망을 그려보게 된다. 영화 <솔드 아웃Jingle all the way, 1996>에서 주인공이 평소 회사 일로 돌봐주지 못했던 자신의 아들에게 선물을 주기 위해 노력하지만 엄청난 난관에 부딪힌다. 하지만 그 과정을 통해 진정한 사랑을 몸소 보여주며 아들의 신뢰를 얻게 된다.

유난히 다사다난했던 한 해의 끝자락에서 크리스마스와 산타클로스의 행복한 기억을 떠올리며 즐거운 연말과 설레는 한해를 맞게 되길 기원해 본다.

● 영화 줄거리 요약

하워드(아널드 슈워제네거 분)는 의욕적이고 능력 있는 사업가로 일이 너무 바빠 아들 제이미와 아내 리즈에게는 부족한 가장일 수밖에 없다. 반면 그의 옆집에 사는 이혼남 테드는 아들에게 극진한 정성을 보이는 완벽한 아빠로 대비되어 하워드는 늘 자신이 부족한 아빠라는 콤플렉스에 시달린다.

크리스마스를 이틀 앞둔 어느 날, 하워드는 아들에게 크리스마스 선물로 터보맨이라는 로봇을 사주기로 했던 걸 깜빡 잊고 있었음을 깨닫는다. 모처럼 아들에게 점수를 만회할 기회를 놓치게 된 그는 터보맨 로봇을 사러 이브날 아침 일찍 백화점으로 달려가지만 아이들에게 가장 인기 있는 터보맨은 이미 동이 나고 없다. 그때부터 터보맨 로봇을 사기 위한 하워드의 필사적이고 눈물겨운 노력이 시작된다. 그러나 하워드 못지않게 필사적으로 터보 로봇을 사려는 우체부 마이런(신드바드 분)이 가는 곳마다 나타나서 하워드를 괴롭힌다.

모처럼 아빠 노릇을 제대로 한 번 해보려는 하워드의 노력을 방해하는 인물들은 마이런뿐이 아니다. 가는 곳마다 하워드와 맞닥뜨리는 험멜 경관, 하워드의 애타는 부정을 이용해 한몫 잡으려는 사기꾼 산

타클로스가 있다. 결국 터
보맨 로봇을 구하지 못한
하워드는 아들과의 마지막
약속이라도 지키기 위해 아
내와 아들이 있는 성탄절
거리 축제 행사장으로 달려

가고, 그곳에서 주최 측의 착오로 인간 터보맨이 되어 가장행렬의 영
웅이 된다. 아이들의 환호 속에 아들 제이미에게 터보맨 로봇을 상품
으로 주는 순간, 악당 디멘토로 분장한 마이런이 나타나 아들 제이미
를 위협한다. 이때부터 제이미와 터보맨 로봇을 사이에 두고 하워드와
마이런은 수많은 관중 앞에서 대결을 펼친다.

● **관전 포인트**

A. 하워드가 아들에게 터보맨을 사주기로 약속한 이유는?

일에 파묻혀 살던 하워드는 아들의 가라데 승급 심사 날 늦는 바람
에 아들에게 큰 실망을 안기고 만다. 이에 크리스마스 날 아들의 소원
인 TV 인기 영웅 터보맨 로봇을 선물해 주기로 약속한 뒤 마음을 풀
게 하지만, 또다시 바쁜 일로 그 로봇을 살 기회를 놓치게 되는 위기
에 처하게 된다.

B. 장난감 제조사의 횡포는?

하워드가 천신만고 끝에 한 쇼핑몰에 터보맨이 입고됐다는 소식에
달려가지만, 그곳에서는 장난감을 2배 가격에 추첨 볼을 통해 판매한
다고 한다. 하지만 장난감을 사러 온 부모들은 그야말로 피 튀기는 전
쟁을 벌이게 된다. 또한 쇼핑몰을 홍보하는 산타는 하워드에게 고가의

326

짝퉁 터보맨 로봇을 강권하여 싸움이 붙고 경찰들이 들이닥친 순간 간신히 그 자리를 탈출한다.

C. 하워드의 터보맨 입수 대작전은?

지역 방송국에서 썰매를 끄는 순록 8마리의 이름을 맞추면 터보맨 장난감을 준다고 한다. 이에 하워드와 우체부는 방송국에 도착하고, 마이런은 가지고 있던 소포를 사제폭탄이라고 위협하고 터보맨을 탈취하려고까지 한다. 하워드는 마지막으로 옆집 남자 테드가 자신은 벌써 아들에게 줄 터보맨을 장만했다는 말을 떠올리고 그의 집으로 숨어 들어가지만 그 집의 순록에게 들켜 실패하고 아내와 아들에게도 크게 신뢰를 잃고 만다.

D. 성탄 퍼레이드에서 벌어지게 되는 일은?

터보맨 로봇은 구하지 못했지만 아들과의 약속을 지키러 퍼레이드장에 도착한 하워드. 그는 진행자실에서 하워드를 터보맨으로 오해한 스탭으로 인해 그는 터보맨 옷을 입고 얼떨결에 퍼레드이드 장소에 나가게 된다. 뜻밖에 터보맨이 된 하워드는 "한 어린이에게 특별히 만든 터보맨 로봇을 준다"는 기적과도 같은 사실을 알고 자신의 아들 제이미를 찾아 감동의 선물을 전하게 되지만 경쟁자 우체부가 필사적으로 공격해온다.

E. 악당 디멘토와의 결투는?

우체부 마이런이 행사장의 디멘토 배우를 감금하고 자신이 대신 악당 역할로 등장하며 제이미에게서 터보맨 로봇을 **뺏**으려고 시도한다. 이때 하워드는 마이런을 물리치고 옥상으로 피신한 제이미를 안전하게 엄마에게 데려다준다. 터보맨이 아빠임을 알게된 제이미는 큰 감동을 받고, "터보맨 로봇이 왜 필요해요? 난 터보맨 아빠가 있는데요!"라며 자신이 가지고 있던 터보맨 인형을 집배원 마이런에게 양보하며 아름다운 성탄절의 정신을 지킨다.

에필로그

—

누군가의 마음을 얻는 것은 무척 어려운 일이다. 연인들은 서로에게 비싼 보석과 명품을 선물해주고, 부모들은 아이들의 마음을 얻기 위해 인기 장난감을 선물한다. 그래서 백화점에는 그렇게 수많은 물건들이 쌓여있는 모양이다. 하지만 물질적 선물도 좋지만 더욱 소중한 건 주인공 아들 제이미가 아빠에게 말한 "친구관계를 지키려면 약속을 지켜야죠"처럼 상대에게 신뢰를 주는 진정한 친구가 되는 일이다. 서유석의 노래 <아름다운 사람>의 가사처럼 장난감은 싫증이 나면 곧 부숴버리지만 사랑이 담긴 감동과 신뢰는 영원히 간직될 것이기 때문이다.

[아름다운 사람: 장난감을 받고서 그것을 바라보고 얼싸안고 기어이 부숴버리는 내일이면 벌써 그를 준 사람조차 잊어버리는 아이처럼 아름다운 나의 사람아]

328

52

월튼네 사람들

월튼네 사람들The Waltons

프롤로그
—

복잡하고 삭막해진 사회에서 살아가
는 젊은이들은 점차 비혼이나 비출산을
보편적 가치로 생각하는 경향이 커지고
있다. 특히 과거 부모 세대들의 결혼생
활이나 육아에 대한 어려움을 지켜보면
서 행복과는 거리가 멀다는 것을 느꼈을
지도 모른다. 이럴 때 필자의 어린 시절,
오랫동안 방영했던 <월튼네 사람들The
Waltons>이라는 미국 드라마가 생각이
난다. 어려운 경제 대공황 시기 할아버
지와 할머니 그리고 8남매와 함께 살아

가는 부부의 삶에서 인생의 진정한 행복을 엿볼 수 있었다. 사랑하는 사
람과 결혼하고 자신을 닮은 아이들이 커가는 모습을 지켜보는 삶은 가장

인간다운 삶일 것이다.

[월튼네 사람들 : 버지니아주의 작은 산골에서 통나무집을 짓고 사는 월튼 가족의 생활을 잔잔하게 그려낸 시리즈로, 제작자인 '얼 해머' 작가의 자전적인 이야기를 원작으로 10년간 CBS(1971~1981)에서 시리즈로 방송. 미국 경제 대공황과 2차 세계대전의 어려운 시기에 미국인들에게 큰 희망과 용기를 주었다.]

● 영화 줄거리 요약

할아버지, 할머니 그리고 자상하고 책임감 강한 아버지(랄프 웨이트 분)와 인자하고 현명한 어머니(마이클 러너드 분), 그리고 8남매로 구성된, 3대가 모여 사랑스럽게 살아가는 모습을 보여준다. 또한, 3대의 대식구들이 그려나가는 소박한 생활 모습들이 미국을 비롯해 많은 나라에서 높은 공감을 얻었던 작품이기도 하다. 주인공인 존과 올리비아 부부는 슬하에 5남 3녀의 자식을 두었다. 그들은 존 보이, 제이슨, 메리, 벤, 에린, 쌍둥이 짐과 조셉, 막내인 엘리자베스이다. 또한 존 부부는 부모인 에스더와 젭을 모시고 살기 때문에 3대라는 대가족이 함께 살고 있다. 이들 대가족이 슬픔과 기쁨, 시련 등을 함께 극복하며, 내일에 대한 희망을 가지고 삶을 헤쳐나가는 모습이 많은 이들에게 공감과 큰 감동을 주었다.

● 관전 포인트

A. 이 드라마가 미국에서 유명한 이유는?

가족이 함께 사는 이야기는 사실 미국 드라마에선 좀처럼 보기 쉬운 모습은 아니다. 경제 대공황부터 2차 세계 대전이 발발한 20세기 초의 대격변기까지, 미국 중산층 대가족이 한 시대를 관통한 슬픔과 기쁨, 시련을 다 함께 극복하고 헤쳐나가는 모습은 당시 TV를 보던 미국인들에게 많은 감동을 주었다. 조지 부시 미국 대통령이 선거 연설 중에 "미국 가정은 블랙코미디 같은 '심슨 가족' 보다는 월튼네 사람들을 지향해야 한다"고 언급하기도 했다. 이는 '월튼 가족'의 모습이 미국 공화당이 내세우는 보수적인 가족주의와 부합한다고 생각했기 때문이다.

B. 드라마의 전개 방식은?

1963년 유명한 작가가 되는 큰아들 존 보이(리처드 토마스 분)가, 1933년부터 1946년까지 있었던 이야기를 회상하면서 전개된다. 이 시기는 미국 경제 대공황기, 그리고 2차 세계대전이라는 엄청나게 어려운 시기를 배경으로 하고 있다. 주제곡의 트럼펫 연주가 울리면, 집안의 모든 불빛이 차례대로 꺼지면서 가족들이 모두 굿나잇 인사와 함께 잠자리에 드는 마지막 장면이 인상적이다.

C. 인상적인 에피소드는?

크리스마스를 앞두고 아이들은 아버지에게 찾아와 자신들이 산타

331

에게 기대하는 선물을 얘기한다. 아버지는 겨울철 목재를 내다 팔아서 내년 봄까지 생활비를 장만해야 했지만, 돈을 모두 아이들 선물에 써 버린다. 이에 부인은 큰 걱정을 하는데, 이때 그는 "하느님이 좋은 일을 했으니 잘 보살펴 주실 거야"라며 부인을 위로하고, 이에 부인도 따뜻한 미소로 화답하는 장면을 볼 수 있다. 덕분에 가난하지만, 행복한 가정의 온기를 느낄 수 있었다.

D. 가족 간의 아름다운 사랑으로 유명한 드라마는?

미국의 동화작가 '로라 잉걸스 와일더'가 쓴 원작을 드라마로 한 <초원의 집Little house on the prairie> 1972년에서 10년간 NBC TV에서 인기리에 방영되었다. 1870년대 미국 서부를 배경으로 개척시대를 살아가는 가난하지만 강한 의지로 살아간 행복한 가족의 이야기로, 주인공은 바로 소녀 로라 잉걸스(멜리사 길버트 분) 작가 자신이다. 그녀가 소녀의 감성으로 부모의 역할, 역경을 헤쳐나가는 가족의 끈끈한 이야기를 표현함과 동시에 18세까지 성장한 모습을 그려냈다. 아버지는 마이클 랜든으로 큰 인기를 끌었다. 이와 같이 가족 간의 아름다운 사랑을 다룬 영화는 성공한 사업가로 나오는 니콜라스 케이지가 우연히 천사의 도움으로 잊었던 가족과의 행복했던 시간을 갖게 되면서 특별한 선택을 하게 되는 영화 <패밀리 맨The family man, 2000>도 있다.

E. 결혼과 출산을 활성화 시킬 수 있는 아이디어는?

젊은 세대가 결혼과 출산을 두려워하는 것은 문화적으로는 보여주기식 사회적 관념, 사다리 없는 경제적 비전 부재, 권력자들의 선택적 법 적용 등 가치관의 혼란이 있고 현실적으로는 경조사의 허례허식으로 인한 젊은 층의 부담감, 주택 등 거주지마련에 대한 불안감, 육아에 드는 비용과 엄청난 노력, 맞벌이 환경에서 일과 생활의 균형이 어

려운 사회적 현실을 들 수 있다. 이러한 상황들을 극복하고 행복한 삶을 꿈꿀 수 있게 하려면, 사회지도층의 적극적 선행과 솔선수범이 요구되며, 경조사, 제사, 김장 등 정신적·육체적으로 부담을 주는 행사를 대폭 간소화하고, 주택문제·육아 문제에 대한 현실적인 청사진이 필요하다.

에필로그
—

저출산 문제로 출산장려금, 육아 수당 등의 정책도 중요하지만, <월튼네 사람들>에서처럼 사랑하는 사람과의 행복한 삶을 이어가는데 가족이 가장 소중한 역할을 한다는 자연스러운 공감과 인식이 생길 수 있는 사회적 분위기가 중요하다. 그러기 위해서는 지금처럼 트집, 고집, 흠집, 아집으로 상대에게 상처를 주지 말고 따뜻하게 배려하는 모습이 필수적이다. 또한 방송에서도 아름다운 가정 이야기를 자주 보여주어 이를 통해 젊은이들이 따뜻한 가정을 만들 용기가 생기게 하고, 그곳에서 사회적 에너지가 충전되는 선순환의 가치가 이어지길 기대한다.

53

인생이 더 이상 행복하지 않다면?

미드나잇 인 파리Midnight in Paris, 2011

프롤로그
—

　　나이가 들면서 가끔씩 "과거로 돌아가 새로운 삶을 살아본다면 어떨까?"라고 상상하곤 한다. 하지만 많은 시행착오를 거쳐 도달한 지금의 나의 모습은 하루아침에 그냥 이루어진 게 아니기에 현재를 감사하게 받아들이게 된다. 몸은 늙었지만, 인생의 맛을 알게 됐고, 나름대로 결실(가족, 추억, 일, 친구 등)을 이뤄냈기 때문이다. 영화 <미드나잇 인 파리Midnight in Paris, 2011>에서 과거의 문학적 낭만을 동경하던 주인공이 마법처럼 1920년대의 고전적 정서의 시대로 돌아가서 많은 예술인을 만나 교류하게 된다. 하지만 결국 현재만이 자기 삶의 가치를 스스로 만들어 갈 수 있기에, 현재의 가치는 과거와 비교할 수
없다는 것을 깨닫게 된다.
지금껏 남의 눈을 의식한
삶을 살아왔던 주인공은
자신만의 스타일을 추구하
며 새로운 시작으로 나아
가게 된다. 과거를 후회하고 미래를 두려워하기보다는 우리가 만들어
나갈 수 있는 현재를 마음껏 즐길 수 있길 바래본다.

● 영화 줄거리 요약

할리우드의 잘나가는
극작가 길(오웬 윌슨)은 자신
만의 문학적 세계를 추구
하기 위해 소설가가 되기
로 마음먹고 약혼녀 '이네
즈'(레이첼 맥아담스)와 파리
여행을 하게 된다. 하지만
그곳에서 만난 약혼녀의 친구 커플 '폴과 캐론'을 만나면서 자신이 추
구하는 낭만과 예술의 감성을 즐기기 위한 파리 여행이 현실적인 피곤
함에 물들게 된다. 한편 길은 약혼녀와 가치관이 크게 다르다는 것을
깨달으며 약혼녀와 멀어지게 되고, 파리의 밤거리를 혼자 배회하게 된
다. 그러던 중 자정의 종소리가 울리자 마법같이 나타난 자동차에 엉겁
결에 타게 되고, 1920년대 파리로 이동하게 된다. 그곳에서 전설적인
예술인들을 직접 만나 환상적인 문학적 교류를 하게 되고 신비한 여인
아드리아나(마리옹 고띠아르 분)를 만나 사랑에도 빠지기도 한다. 하지만

그 과정에서 길은 자신의 삶에 대해 깊이 성찰하게 된다. 결국 길은 현실적 가치관에 몰입된 약혼녀와 결별하고 자신만의 문학 스타일을 찾는 동시에 서로의 삶의 방식과 꼭 닮은 파리지앵 여인 가브리엘(레아 세이두 분)과 사랑을 시작하게 된다.

● 관전 포인트

A. 주인공이 추구하던 삶은?

길이 영화 시나리오 작가에서 소설가로 전직을 결심하자, 약혼녀와 그녀의 부모는 반대한다. 이와 같은 갈등 속에 파리의 밤길을 걷던 길은 자정의 종소리가 울리자 신비한 자동차가 나타나 함께 동승해서 이동하게 되는데, 그가 도착한 곳은 1920년대의 파리였다. 그곳에서 소설가 헤밍웨이와 스콧 피츠제럴드, 화가 피카소와 달리, 시인 장 콕토 등을 만나 자신의 삶과 문학을 토론하는 기회를 얻게 된다.

B. 헤밍웨이와의 만남에서 깨달은 것은?

길의 소설을 보고 헤밍웨이는 그녀의 약혼자가 구닥다리라고 혹평했던 것과는 달리 크게 칭찬하며 소설가로서의 가능성을 인정해 준다. 또한, 헤밍웨이는 "진정한 사랑은 죽음마저 잊게 만든다고 생각하네. 하지만 언젠가 두려움은 다시 찾아오겠지, 그럼 또 뜨거운 사랑을 찾아야 하고"라며 가슴 뛰는 사랑이 인생을 살게 하는 원동력임을 일깨워준다. 이에 길은 용기를 얻어 미인이지만 가치관이 다른 약혼녀와 헤어지기로 결심한다.

C. 1920년대에 만난 여인과의 사랑은?

1920년 파리는 에펠탑의 건설 등 문화적 부흥의 시대임과 동시에 예술과 문학의 로스트 제너레이션의 자유와 창조가 두드러졌던 시대로 많은 예술가가 살아 숨 쉬던 찬란한 시기였다. 길이 1920년대에서 만난 '아드리아나'는 코코 샤넬에게 패션을 배우러 온 여인이었으며, 자유로운 연애와 낭만을 추구하는 예술가들의 뮤즈로 길 역시 그녀의 매혹에 빠지게 된다. 하지만 그녀는 다시 1871년대 프랑스의 <벨 에포크Belle epoque: 1871~1914 아름다운 시절, 좋은 시절> 시대로 돌아가 물랭루주에서 로트랙, 드가 등과 교류하며 살고 싶어 하고, 길은 그녀에게 "지금 이곳에 머물면 이 순간이 현재가 돼요, 그러면 또 다른 시대를 동경하겠죠. 환상들을 없애야죠, 과거에 살았다면 행복했을 거란 것도"라며 그녀와 헤어져 현재로 돌아오게 된다.

D. 길이 현재의 삶에 집중하기로 한 이유는?

1920년대의 파리에서 다시 1871년의 벨 에포크시대로 돌아가 보지만 "내가 사는 현재에 집중하여 행복을 찾는다면 과거를 동경할 필요가 없다"라는 것을 깨닫게 된다. 또한 돌이켜보면 과거는 불편한 것이 참 많다. 항생제도 없고, 치과 진료 시 마취제도 없고, 스마트폰과 컴퓨터도 없기에 지금의 문명의 이기에 감사하기도 한다.

E. 길이 새로운 여인을 찾게 된 것은?

미인이지만 가치관이 달랐고 다른 남자에 관심을 가진 이네스와 파혼 후, 파리의 골동품 시장에서 1920년대 감성의 LP판을 파는 파리 지앵 여인 가브리엘(레아 세이두 분)을 만나게 된다. 두 사람은 비가 오는 날에도 우산 없이 함께 걸으며 낭만을 즐길 줄 아는 취향으로 서로에게 빠져 새로운 사랑을 시작하게 된다.

에필로그

—

영화에서 주인공은 자신이 갈망하던 문학과 예술의 황금기로 시간 여행을 떠나 전설적인 인물들과 교류하며 큰 감동과 설렘을 느끼지만, "과연 동경하던 과거로 돌아가면 모든 것이 나아질까"라는 자문을 하게 되면서, 결국 인생은 스스로가 만들고 살아가면서 가치를 완성해 나간다는 것을 깨닫고 실천해 나가게 된다. 현대인들은 주어진 환경 속에서 다람쥐 쳇바퀴처럼 달려가고 있지만, 영화 속 주인공처럼 자기 삶의 방식을 성찰하며 조금씩 삶의 가치와 행복의 방식을 자신의 것으로 바꾸어 나가는 시도가 필요하다. 인생은 한 번밖에 살 수 없기에 기쁨과 행복, 낭만적 사랑을 추구하는 길을 주도적으로 찾아 나서라. 현재 이 순간에 집중한다면 행복은 따라오게 된다.

저자약력

서태호

삼성증권 인사팀장/도곡지점장
삼성정밀화학 인사지원실장/전무
롯데정밀화학 케미칼사업부장/전무
미국 PPG Korea 부사장
현)대구대학교 교수
현)한경닷컴 칼럼니스트
이메일: boss5533@naver.com

저서

프라이빗뱅커의 고객창조 마케팅(2007)
서태호의 영화로 보는 삶(2020)
혹한의 시대가 온다(2021)

서태호의 영화로 보는 삶 3

내 인생의 어느 멋진 날

초판발행 2021년 11월 18일

지은이 서태호
펴낸이 안종만·안상준

편 집 탁종민
기획/마케팅 장규식
표지디자인 박현정
제 작 고철민·조영환

펴낸곳 (주) **박영사**
서울특별시 금천구 가산디지털2로 53, 210호(가산동, 한라시그마밸리)
등록 1959. 3. 11. 제300-1959-1호(倫)

전 화 02)733-6771
f a x 02)736-4818
e-mail pys@pybook.co.kr
homepage www.pybook.co.kr
ISBN 979-11-303-1272-9 03300
979-11-303-1447-1(세트)

정 가 20,000원